Langenscheidt
Standardgrammatik

Spanisch

Von María Luz Cámara Hernando

Langenscheidt
München · Wien

Impressum

Herausgegeben von der Langenscheidt-Redaktion
Layout: Ute Weber
Umschlaggestaltung: KW 43 BRANDDESIGN
Projektmanagement/Lektorat: Eva Maria Weermann, TextMedia
Muttersprachliches Lektorat: María-Luz Villarejo García-Denche

www.langenscheidt.de

Satz: kaltner verlagsmedien GmbH, Bobingen
Druck und Bindung: Stürtz GmbH, Würzburg

ISBN 978-3-468-34873-0

13010

Vorwort

Das Ziel
Für alle, die die spanische Grammatik von Grund auf lernen möchten, ist die *Standardgrammatik Spanisch* ideal.

Das Standardwerk zum Nachschlagen präsentiert alle wichtigen Grammatikthemen der Niveaustufen A1 bis C2 des Europäischen Referenzrahmens. Sie können sich Ihre Lernportionen individuell zusammenstellen, je nachdem, welches Sprachniveau Sie als nächstes erreichen wollen. Der Niveaustufentest zeigt Ihnen zu Beginn, auf welcher Stufe Sie stehen; am Ende können Sie hier überprüfen, welche Fortschritte Sie gemacht haben.
Die Gliederung der einzelnen Kapitel in sinnvolle Lerneinheiten ermöglicht schnelles und gezieltes *Nachschlagen*, sodass keine Grammatikfrage offenbleibt. Erklärungen und zahlreiche Beispiele helfen Ihnen dabei, schnell zu *verstehen* und leicht zu *lernen*. Wer mit den Grundregeln schon vertraut ist, sein Wissen aber noch *vertiefen* möchte, wird hier ebenfalls fündig. Sollten Ihre Spanischkenntnisse einfach nur etwas eingerostet sein, können Sie die Grammatikregeln systematisch *wiederholen* und Vergessenes ganz leicht *auffrischen*.
Mithilfe der Zwischentests am Ende eines jeden Kapitels können Sie *überprüfen*, ob Sie die behandelten Themen verstanden haben und welche Grammatikregeln noch nicht richtig sitzen, damit Sie sich konsequent *verbessern* können.
Aufgrund ihrer übersichtlichen, farbigen Gestaltung – fremdsprachliche Wörter und Beispielsätze sind blau hervorgehoben – ist die *Standardgrammatik Spanisch* besonders benutzerfreundlich.

Der Aufbau
Literarische Originaltexte und Zitate führen in das jeweilige Grammatikthema ein. Gleich zu Beginn eines Kapitels steht eine Grundregel, die das Wichtigste zum Thema zusammenfasst. Jedes Kapitel folgt einem klar strukturierten Aufbau: Zunächst werden die Formen dargestellt, im Anschluss daran wird ihr Gebrauch erörtert und durch Beispiele mit Übersetzung veranschaulicht. Am Ende des Kapitels finden Sie einen Zwischentest, um zu überprüfen, ob Sie mit den gelernten Regeln bereits vertraut sind. Die Lösungen finden Sie gleich unten auf der Seite, damit Sie nicht umständlich hin- und herblättern müssen.

Die Symbole
Die Verwendung von selbsterklärenden Symbolen trägt dazu bei, dass Sie sich innerhalb der Kapitel auf Anhieb gut zurechtfinden.
Folgende Symbole werden Ihnen in den einzelnen Kapiteln immer wieder begegnen:
Unter ℹ erhalten Sie Informationen zu den speziellen Spracheigenheiten des Spanischen sowie zum landestypischen Sprachgebrauch.
Unter 💡 finden Sie einen Merksatz, den Sie sich gut einprägen sollten.
⇄ Hier wird der Sprachgebrauch im gesprochenen dem geschriebenen Spanischen gegenübergestellt.

⚡ weist Sie auf Stolpersteine hin, damit Sie diese möglichen Fehlerquellen vermeiden können. Dabei handelt es sich zumeist um Unterschiede zwischen dem deutschen und dem spanischen Sprachgebrauch.
◐ signalisiert Ihnen, dass es sich hier um eine Ausnahme oder Sonderform handelt, die Sie sich besonders gut merken sollten.
L! hält einen Lerntipp für Sie bereit.
➕ gibt Ihnen eine kleine Hilfestellung.
🔑 kennzeichnet die Lösungen.
G Nach diesem Symbol finden Sie die Grundregel.
Das Symbol ▷ verweist auf andere Kapitel im Buch, die Sie sich bei dieser Gelegenheit ansehen sollten. So können Sie auch gut nachvollziehen, wie die einzelnen Grammatikthemen zusammenhängen.

Die Niveaustufenangaben gemäß dem Europäischen Referenzrahmen
Neben den wegweisenden Symbolen warten in jedem Kapitel auch die Niveaustufenangaben A1, A2, B1, B2, C1, C2 auf Sie. Diese verraten Ihnen, welche Grammatikthemen und welche Regeln für Ihr Lernniveau relevant sind. Die Niveaustufen beziehen sich nicht nur auf das jeweilige Grammatikkapitel, sondern auch auf das in den Beispielsätzen verwendete Vokabular. So wissen Sie auch genau, dass Ihnen dieser Wortschatz bekannt sein sollte.
In der Praxis heißt das: Ist ein Grammatikkapitel beispielsweise der Niveaustufe A1 zugeordnet, so sind alle verwendeten Vokabeln A1, es sei denn, sie sind mit einer anderen Niveaustufe, z. B. A2 (direkt vor dem jeweiligen Wort oder Satz), versehen. Alle in diesem Kapitel enthaltenen Grammatikregeln sollten Sie dann beherrschen, es sei denn, eine Niveaustufenangabe am Rand weist Sie darauf hin, dass diese Regel für ein höheres Niveau, z. B. B1, bestimmt ist.

Hier eine kurze Erläuterung, welche Kenntnisse auf die einzelnen Niveaustufen des Europäischen Referenzrahmens zutreffen:

A1/A2: *Elementare Sprachverwendung*, d. h.
A1: Sie können einzelne Wörter und ganz einfache Sätze verstehen und formulieren.
A2: Sie können die elementaren Gesprächssituationen des Alltags bewältigen und kurze Texte verstehen oder selbst verfassen.

B1/B2: *Selbstständige Sprachverwendung*, d. h.
B1: Sie können sich in den Bereichen Alltag, Reise und Beruf schriftlich und mündlich gut verständigen.
B2: Sie verfügen aktiv über ein großes Repertoire an grammatikalischen Strukturen und Redewendungen und können im Gespräch mit Muttersprachlern bereits stilistische Nuancen erfassen.

C1/C2: *Kompetente Sprachverwendung*, d. h.
C1: Sie können sich spontan und fließend zu verschiedenen, auch komplexen oder fachspezifischen Sachverhalten äußern und sich schriftlich wie mündlich an die stilistischen Erfordernisse anpassen.
C2: Sie können mühelos jeder Kommunikationsform in der Fremdsprache folgen und sich daran beteiligen. Dabei

verfügen Sie über ein umfassendes Repertoire an Grammatik und Wortschatz und beherrschen die verschiedenen Stilebenen von formell bis informell.

Der Niveaustufentest
Mit diesem Test können Sie vorab Ihre Sprachkompetenz einstufen und nach dem Studium der Grammatik die gemachten Fortschritte überprüfen. Die Lösungen hinten im Buch zeigen Ihnen nicht nur auf, wo Sie eventuell noch Schwachstellen haben oder welches Gebiet Sie schon sehr gut beherrschen, sondern geben auch Empfehlungen zur Verbesserung der Sprachkenntnisse.

Tipps & Tricks
Damit Ihnen der Einstieg in die spanische Grammatik leichter fällt, verraten wir Ihnen vorab in einem Extrateil ein paar Tipps & Tricks zum Grammatiklernen. Dadurch bleibt das Gelernte besser im Gedächtnis haften und Sie können sich auch schwierigere Konstruktionen schneller merken. Sie werden sehen, wie Erfolgserlebnisse Sie weiter motivieren!

Die Terminologie
Wenn Ihnen ein grammatikalischer Begriff im Deutschen oder im Spanischen nicht ganz klar ist, haben Sie im Terminologieverzeichnis die Möglichkeit, diesen in einer alphabetisch sortierten Liste nachzuschlagen.

Die unregelmäßigen Verben
Ferner finden Sie am Ende des Buches eine Übersicht über die wichtigsten unregelmäßigen spanischen Verben. Hier haben Sie alle Sonderformen auf einen Blick und können sich diese gut einprägen.

Die Musterkonjugationen
Auf diesen Seiten können Sie die Musterkonjugationen einiger wichtiger Verben nachschlagen. Für eine bessere Übersichtlichkeit sind hier die typischen Formen bzw. Endungen fett hervorgehoben, Ausnahmen sind blau.

Die Verben mit Präposition
Hier finden Sie eine Auflistung häufig benutzter spanischer Verben, die mit bestimmten Präpositionen verwendet werden.

Das Register
Um gezielt nach einzelnen Themen und Begriffen suchen zu können, haben wir im Register die wichtigsten Schlagwörter für Sie erfasst, sodass Sie mühelos und schnell den entsprechenden Eintrag finden.

Nun wünschen wir Ihnen viel Spaß und Erfolg beim Spanischlernen!
Ihre Langenscheidt-Redaktion

Inhaltsverzeichnis

Abkürzungen

bzw.	beziehungsweise
d.h.	das heißt
etw.	etwas
f.	feminin
Imperf.	Imperfekt
Ind.	Indikativ
jdm.	jemandem
jdn.	jemanden
m.	maskulin
Pers.	Person
Pl.	Plural
Präs.	Präsens
Sing.	Singular
Subj.	Subjuntivo
u.a.	unter anderen
unpers.	unpersönlich
usw.	und so weiter
z.B.	zum Beispiel

Terminologie

Terminus Spanisch	Terminus Deutsch
acento (ortográfico)	*Akzent*
adjetivo	*Adjektiv*
adverbio	*Adverb*
adverbio de afirmación	*Adverb der Bejahung*
adverbio de cantidad	*Adverb der Menge*
adverbio de duda	*Adverb der Vermutung*
adverbio de lugar	*Lokaladverb*
adverbio de modo	*Modaladverb*
adverbio de negación	*Adverb der Verneinung*
adverbio de tiempo	*Temporaladverb*
artículo	*Artikel*
artículo determinado	*bestimmter Artikel*
artículo indeterminado	*unbestimmter Artikel*
aspecto	*Aspekt*
comparación	*Vergleich*
comparativo	*Komparativ*
comparativo de igualdad	*Komparativ der Gleichheit*
comparativo de inferioridad	*Komparativ der Unterlegenheit*
comparativo de superioridad	*Komparativ der Überlegenheit*
concordancia	*Angleichung*
condicional	*Konditional*
condicional simple	*Konditional I*
condicional compuesto	*Konditional II*
conjunción	*Konjunktion*
conjunción causal	*kausale Konjunktion*
conjunción concesiva	*konzessive Konjunktion*
conjunción condicional	*konditionale Konjunktion*
conjunción consecutiva	*konsekutive Konjunktion*
conjunción coordinante	*nebenordnende Konjunktion*
conjunción final	*finale Konjunktion*
conjunción modal	*modale Konjunktion*
conjunción subordinante	*unterordnende Konjunktion*
conjunción temporal	*temporale Konjunktion*
correspondencia temporal	*Zeitenfolge*
desinencia verbal	*Verbendung*
diéresis	*Trema*
dígrafo	*Digraph*
discurso (o estilo) indirecto	*indirekte Rede*

Terminus Spanisch	Terminus Deutsch
expresión deíctica	*deiktischer Ausdruck*
futuro	*Futur*
futuro simple	*Futur I*
futuro compuesto	*Futur II*
género	*Genus*
gerundio	*Gerund*
grado positivo	*Positiv*
homónimo	*Homonym*
imperativo	*Imperativ*
imperativo afirmativo	*bejahender Imperativ*
imperativo negativo	*verneinter Imperativ*
imperfecto	*Imperfekt*
indefinido	*historische Vergangenheit*
infinitivo	*Infinitiv*
locución adverbial	*adverbialer Ausdruck*
modo	*Modalität*
negación	*Verneinung*
numeral	*Zahlwort*
número cardinal	*Kardinalzahl*
número fraccionario	*Bruchzahl*
número ordinal	*Ordinalzahl*
objeto directo	*direktes Objekt/Akkusativobjekt*
objeto indirecto	*indirektes Objekt/Dativobjekt*
oración afirmativa	*Aussagesatz*
oración concesiva	*Konzessivsatz*
oración condicional	*Konditionalsatz*
oración exclamativa	*Ausrufesatz*
oración final	*Finalsatz*
oración interrogativa	*Fragesatz*
oración interrogativa general	*Gesamtfrage*
oración interrogativa parcial	*Teilfrage*
oración relativa	*Relativsatz*
oración relativa especificativa	*bestimmender Relativsatz*
oración relativa explicativa	*nicht bestimmender Relativsatz*
oración sustantiva	*Que-Satz*
oración temporal	*Temporalsatz*
ortografía	*Rechtschreibung*
palabra compuesta	*Kompositum*
participio	*Partizip*
pasiva refleja	*Se-Passiv*

Terminus Spanisch	Terminus Deutsch
perfecto	*Perfekt*
perífrasis verbal	*verbale Umschreibung*
plural	*Plural*
pluscuamperfecto	*Plusquamperfekt*
pregunta indirecta	*indirekte Frage*
preposición	*Präposition*
presente	*Präsens*
pronombre	*Pronomen*
pronombre demostrativo	*Demonstrativpronomen*
pronombre indefinido	*Indefinitpronomen*
pronombre interrogativo	*Interrogativpronomen*
pronombre personal	*Personalpronomen*
pronombre personal tónico	*betontes Personalpronomen*
pronombre personal átono	*unbetontes Personalpronomen*
pronombre posesivo	*Possessivpronomen*
pronombre posesivo átono	*unbetontes Possessivpronomen*
pronombre posesivo tónico	*betontes Possessivpronomen*
pronombre relativo	*Relativpronomen*
pronombre reflexivo	*Reflexivpronomen*
pronunciación	*Aussprache*
singular	*Singular*
superlativo (relativo)	*Superlativ*
superlativo absoluto	*Elativ*
sustantivo	*Substantiv*
verbo	*Verb*
verbo de cambio	*Veränderungsverb*
verbo impersonal	*unpersönliches Verb*
verbo intransitivo	*intransitives Verb*
verbo modal	*Modalverb*
verbo reflexivo	*reflexives Verb*
verbo transitivo	*transitives Verb*
(voz) pasiva	*Passiv*
(voz) pasiva de acción	*Vorgangspassiv*
(voz) pasiva de estado	*Zustandspassiv*

Tipps & Tricks zum Sprachenlernen: Grammatik lernen, fast kinderleicht

Beneiden Sie nicht auch manchmal Kinder, die eine Sprache so ganz einfach nebenbei lernen, ohne sich über lästige Grammatikregeln oder fehlerhafte Konstruktionen Gedanken zu machen? Ganz so sorglos können wir Ihnen die Grammatik nicht nahebringen, aber nichtsdestotrotz heißt Sprachenlernen und insbesondere Grammatiklernen nicht zwingend stures Auswendiglernen und langweiliges Regelpauken. Um Ihnen den Umgang mit Grammatik etwas zu erleichtern, verraten wir Ihnen hier einige praktische Tipps & Tricks zum Sprachenlernen.

Pioniergeist ist gefragt

Versuchen Sie, die Andersartigkeit der Fremdsprache und ihre grammatischen Eigenarten nachzuvollziehen. Sehen Sie das Erlernen der Sprachregeln, der verschiedenen Zeiten und Formen einer Fremdsprache als Chance, Ihren eigenen Erfahrungsschatz zu erweitern, als Einblick in Denkweisen, die Ihnen nicht vertraut sind, die für andere Menschen, die diese Sprache täglich sprechen, aber ganz selbstverständlich sind. Zeigen Sie Pioniergeist! Lassen Sie Ihrer Freude am sprachlich Neuen, Fremden und Andersartigen freien Lauf!

Das Gesetz der Regelmäßigkeit

Grammatik ist wie Sport. Wer nur einmal alle Jubeljahre trainiert, wird wohl kein Marathonläufer. Es ist sinnvoller, regelmäßig ein wenig als unregelmäßig viel zu lernen. Setzen Sie einen bestimmten Zeitpunkt fest, zu dem Sie sich ungestört dem Grammatiktraining widmen können, z. B. täglich eine Viertelstunde vor dem Einschlafen oder drei Mal wöchentlich in der Mittagspause. Wie immer Sie sich entscheiden: Lernen Sie kontinuierlich, denn nur so lässt sich auch Ihr Langzeitgedächtnis trainieren.

Aufwärmen lohnt sich

Gelernten Stoff zu wiederholen ist wie leichtes Joggen: Laufen Sie sich warm mit Altbekanntem, bevor Sie sich an Neues wagen. Auch wenn ständig neue Grammatikregeln auf Sie zukommen, darf das bereits Erlernte nicht vernachlässigt werden. Wiederholen Sie auch Themengebiete, die Sie schon gut können, das macht Spaß und hält fit.

Das Salz in der Suppe

Versuchen Sie niemals zu viele Grammatikregeln auf einmal zu lernen. Man verliert sonst schnell den Überblick und vergisst die Details. Verwenden Sie Grammatik wie das Salz in der „Fremdsprachen-Suppe“. Ebenso wie man eine Suppe versalzen kann, kann man sich das Erlernen einer Fremdsprache erschweren, indem man versucht, sich zu viele Grammatikregeln auf einmal zu merken. Lernen Sie möglichst langsam, stetig und zielorientiert und verdauen Sie das Gelernte in kleinen Häppchen. Nur Geduld!

Eigenlob stinkt nicht immer
Schauen Sie auf das, was Sie bereits gelernt haben. Loben Sie sich für gemachte Fortschritte oder belohnen Sie sich für gute Leistungen. Lob motiviert und Motivation ist eine grundlegende Voraussetzung fürs Lernen.

Wer ist schon perfekt ...
Immer locker bleiben! Lassen Sie sich nicht von Perfektionsgedanken leiten. Perfektion ist nicht das vordergründige Ziel beim Erlernen einer Fremdsprache. Die Schönheit der Sprache sollte im Mittelpunkt stehen sowie das gute Gefühl, von seinem Gegenüber richtig verstanden zu werden.

Schluss mit dem Fachchinesisch
Wenn Sie etwas Neues lernen, kommen immer auch neue Fachbegriffe auf Sie zu, die Sie kennen sollten. Wählen Sie gezielt nach und nach einzelne Grammatikbegriffe aus (▷ Terminologie) und machen Sie sich mit ihrer Bedeutung vertraut. Sie werden sehen, dass es Ihnen im Laufe der Zeit leichter fallen wird, die Regeln einer Fremdsprache (auch die Ihrer Muttersprache) nachzuvollziehen und sich mit anderen darüber auszutauschen, wenn die Fachterminologie für Sie nicht mehr Fachchinesisch ist.

Hemmungslos werden
Auch wenn die Beschäftigung mit Grammatik nicht zu Ihren bevorzugten Freizeitaktivitäten gehört, sollten Sie, um Abneigungen, Hemmungen oder Widerwillen abzubauen, die Sprachregeln mit anderen, alltäglichen Regeln vergleichen. Straßenverkehrsregeln, mathematische Grundregeln, Regeln von Sportarten usw. sind Ihnen heute völlig vertraut, mussten jedoch erst einmal von Ihnen gelernt werden. Auch die Regeln der Grammatik werden Sie eines Tages verinnerlicht haben und, ohne darüber nachdenken zu müssen, intuitiv anwenden können.

Fehleranalyse gegen Fettnäpfchen
Haben Sie keine Angst vor Fehlern! Es ist nicht das Ziel des Lernens, keine Fehler zu machen, sondern gemachte Fehler zu bemerken. Nur wer einen Fehler im Nachhinein erkennt, kann ihn beim nächsten Mal vermeiden. Das Beherrschen grammatischer Grundregeln und das Verinnerlichen von Sonderformen und Ausnahmen ist zu diesem Zweck durchaus hilfreich: zum einen, um einen Fehler nachvollziehen zu können, und zum anderen, um nicht ein zweites Mal in dasselbe Fettnäpfchen zu treten.

Begeben Sie sich nicht ins Abseits
Grammatik ist spannend, wenn man sich einen Einblick in ihre Strukturen verschafft. Vergleichen Sie Grammatik auch in diesem Sinne mit Sport. Jede Sportart wird erst dann so richtig interessant, wenn man in der Lage ist, ihre Regeln nachzuvollziehen. Oder würden Sie auch Fußball oder Tennis anschauen, wenn es für Sie nur ein sinnfreies „Dem-Ball-Nachlaufen" darstellen würde? Betrachten Sie eine Fremdsprache als eine Sportart, deren komplizierte Spielregeln Sie allmählich erlernen, um mitspielen und mitreden zu können, damit Sie nicht im Abseits landen.

Haben Sie einen Typ?

Finden Sie heraus, welcher Lerntyp Sie sind. Behalten Sie eine Regel schon im Gedächtnis, wenn Sie sie gehört haben *(Hörtyp)* oder müssen Sie sie gleichzeitig sehen *(Seh-/Lesetyp)* und dann aufschreiben *(Schreibtyp)*? Macht es Ihnen Spaß, Grammatikregeln, Zeit- und Wortformen in kleinen Rollenspielen auszuprobieren *(Handlungstyp)*? Die meisten Menschen tendieren zum einen oder anderen Lerntyp. Reine Typen kommen nur sehr selten vor. Sie sollten daher sowohl Ihren Typ ermitteln als auch Ihre Lerngewohnheiten Ihren Vorlieben anpassen. Halten Sie also Augen und Ohren offen und lernen Sie ruhig mit Händen und Füßen, wenn Sie der Typ dafür sind.

Sag's mit einem Post-it

Auf Post-its wurden schon Heiratsanträge gemacht oder Beziehungen beendet. Also ist es kein Wunder, dass man damit auch Grammatik lernen kann. Schreiben Sie sich einzelne Regeln (idealerweise mit Beispielen, s. u.) separat auf Blätter oder Post-its und hängen Sie sie dort hin, wo Sie sie täglich sehen können, z. B. ins Bad über den Spiegel, an den Computer, den Kühlschrank oder neben die Kaffeemaschine. So verinnerlichen Sie schwierige Regeln ganz nebenbei. Denn das Auge lernt mit.

Beispielsätze gegen Trockenfutter

Trockenfutter ist schwer verdaulich. Einzelne Grammatikregeln trocken aufzunehmen ebenso. Ergänzen Sie jede Regel mit Beispielsätzen. Wenn Ihnen die Beispiele, die Sie in den Lehrbüchern finden, nicht gefallen, formulieren Sie eigene! Fortgeschrittene können in Originaltexten (Zeitungen, Büchern, Filmen, Songtexten) nach konkreten Anwendungsbeispielen suchen. So wird Grammatik leicht bekömmlich.

Führen Sie Selbstgespräche

Wählen Sie besonders schwierige Grammatikphänomene aus, schreiben Sie dazu einzelne Beispielsätze auf und sprechen Sie diese laut vor sich hin, z. B. unter der Dusche, beim Spazierengehen oder während langer Autofahrten. Reden Sie mit sich selbst in der Fremdsprache, so prägen Sie sich auch komplizierte Formen und Wendungen ganz schnell ein.

Haben Sie einen Plan?

Schreiben Sie zusammengehörende Grammatikregeln auf einem großen Bogen Papier, knapp und präzise, eventuell mit Zeichnungen, Verweisen und kurzen Beispielen, überschaubar zusammen und erstellen Sie Ihren persönlichen Lageplan. Mithilfe sogenannter *mind maps* können Sie sich schon durch das bloße Erstellen des Plans ganz schnell Einblick in die Struktur der Sprache verschaffen und Sie gewinnen einen schnellen übersichtlichen Gesamtüberblick. Ob Sie dieses Papier dann auch irgendwo hinhängen oder nicht, ist nicht ausschlaggebend, denn Sie haben dann ja den Plan schon im Kopf.

Meerblick durch Auswendiglernen

Lernen Sie auch mal eine Grammatikregel mit dazugehörigen Beispielsätzen auswendig. Wenn Sie sich den Beispielsatz selbst ausgedacht haben, wird er Ihnen leichter als ein fremder im Gedächtnis bleiben, und Sie werden die entsprechende Regel auch schneller anwenden können. Lernen Sie auch situationsgebundene Phrasen auswendig. Feste Redewendungen mitsamt der jeweilig dahinterstehenden Grammatik parat zu haben, vereinfacht die Verständigung in den häufig wiederkehrenden Standardsituationen im Ausland. Denn wer will schon jedes Mal im Vorfeld das Kapitel Relativpronomen wiederholen, wenn er einfach nur ein Hotelzimmer buchen möchte, das Meerblick hat.

L! Denken Sie in Schubladen

Was im wahren Leben nicht unbedingt sinnvoll ist, kann beim Grammatiklernen hilfreich sein: Machen Sie sich gedankliche Schubladen, in die Sie die gelernten Formen und Ausnahmen einsortieren, und versehen Sie diese mit verschiedenen Etiketten: unregelmäßige Verben, Hilfsverben, Präpositionen usw.

L! Bleiben Sie in Bewegung

Sie müssen beim Lernen nicht am Schreibtisch sitzen. Stehen Sie doch auf und gehen Sie im Zimmer auf und ab oder wiederholen Sie beim Spazierengehen, Joggen oder Schwimmen die neu gelernten Regeln. Ihr Gehirn funktioniert nachweislich besser, wenn Ihr Körper in Bewegung ist. Und Ihr Kreislauf dankt es Ihnen auch.

L! Beweisen Sie Taktgefühl

Klopfen Sie im Takt dazu (z. B. auf die Tischplatte), wenn Sie sich Grammatikregeln, feste Wendungen oder Beispielsätze einprägen wollen. Takt und Rhythmus fördern Ihr Erinnerungsvermögen. Eventuell hilft auch musikalische Unterstützung in Form von Hintergrundmusik. Und beim Wiederholen der Regeln und Strukturen können Sie Ihr Taktgefühl und Ihr Gedächtnis unter Beweis stellen.

L! Grammatik aus dem Ei

Behelfen Sie sich beim Lernen von Grammatikregeln und -strukturen mit Eselsbrücken, Reimen, Merkhilfen und Lernsprüchen. „7-5-3 Rom schlüpft aus dem Ei" – was bei historischen Jahreszahlen funktioniert, klappt auch beim Sprachenlernen.

L! Machen Sie Witze?

Merken Sie sich Witze, berühmte Zitate, Sprichwörter oder Redewendungen, in denen eine grammatikalische Struktur oder eine Regel Anwendung findet. Indem Sie sich beispielsweise einen Witz in der Fremdsprache einprägen und sich an diesen erinnern, prägen Sie sich auch das jeweilige Grammatikphänomen und die dazugehörige Regel gut ein. Aber denken Sie daran, dass sich weder Witze noch feste Wendungen immer wörtlich von einer Sprache in die andere übertragen lassen!

L! Setzen Sie Ihrer Fantasie keine Grenzen

Machen Sie sich im wahrsten Sinne ein Bild von der Situation, denn auch Bilder, die Sie im Kopf haben, dienen als Gedächtnisstützen. Versuchen Sie also, einen neuen grammatischen Begriff oder eine schwierige Regel gedanklich mit einem einfachen Bild zu verknüpfen. Vor allem das Erlernen der Zeiten funktioniert besser, wenn Sie sich das, was die jeweilige Zeitform ausdrückt, visuell vorstellen. Diese Vorstellungen können abstrakt oder konkret sein. Je gefühlsintensiver ein Bild ist, desto einprägsamer ist der damit in Verbindung gebrachte grammatische Inhalt.

Gretchenfrage: Und wie steht's mit der Muttersprache?

Denken Sie über Ihre eigenen Sprechgewohnheiten nach und schauen Sie sich die Regeln Ihrer Muttersprache an. Die Gesetze der Fremdsprache sind viel einfacher nachvollzieh- und erlernbar, wenn man die Unterschiede zur eigenen Muttersprache kennt. Welche Zeitformen verwenden Sie wann, wie werden sie gebildet usw.? Indem Sie die Fremdsprache mit Ihrer Muttersprache vergleichen, machen Sie sich deren Parallelen und Unterschiede bewusster und prägen sich diese auch gleich viel besser ein.

Gebrauchsanweisung

Wenn Sie sich ein neues Grammatikphänomen einprägen, dann achten Sie auch darauf, den richtigen Gebrauch gleich mitzulernen. Denn nur so können Sie das Gelernte auch in der Praxis erfolgreich zur Anwendung bringen.

Wer liest, ist im Vorteil

Wagen Sie sich langsam an fremdsprachige Lektüre heran, sei es in vereinfachter Form mit Übersetzungshilfen, sei es in Form leichter Originaltexte, und schauen Sie sich insbesondere die grammatischen Feinheiten immer wieder bewusst an. Es zählt dabei nicht so sehr, wie viel Sie lesen, sondern dass Sie einzelne grammatische Strukturen im Kontext nachvollziehen können und verstehen, was ausgedrückt werden soll.

Haben Sie O-Töne?

Lernen Sie multimedial! Schauen Sie DVDs oder Kinofilme im Originalton und wenn möglich mit Originaluntertiteln an, also z. B. einen spanischen Film mit spanischen Untertiteln. Sie werden sehen, dass Sie durch das Mitlesen das Gesprochene wesentlich besser verstehen als ohne die Texthilfe. Halten Sie die DVD gelegentlich auch mal an und schreiben Sie sich interessante Wörter, Phrasen oder grammatische Strukturen auf. Ihren Fortschritt können Sie daran messen, je häufiger Ihnen Grammatikfehler von Seiten der Schauspieler auffallen.

Learning by doing in freier Wildbahn

Zu guter Letzt, wenden Sie die Fremdsprache und Ihr neu gelerntes Wissen aktiv an. Reisen Sie in Länder, in denen die Sprache gesprochen wird, genießen Sie es, mit Menschen in der Fremdsprache zu sprechen, die Sie gerade lernen oder dann auch schon können, und freuen Sie sich über die Anerkennung, die Sie dafür bekommen, und die Kontakte, die Sie dabei knüpfen können – weil Sprachen verbinden …

Viel Spaß und Erfolg beim Grammatiklernen
wünscht Ihnen
Ihre Langenscheidt-Redaktion

Niveaustufentest A1

Auf den folgenden Seiten stehen sechs Niveaustufentests von A1 bis C2 für Sie bereit – je eine Doppelseite pro Niveau. Sie sollten die Tests anfangs zur Einstufung Ihrer Sprachkompetenz durchführen und dann nach dem Studium der Grammatik, um Ihre Fortschritte festzustellen, die Sie sicherlich machen werden. Tragen Sie für jede richtige Antwort einen Punkt in das Kästchen am Ende der Zeile ein und addieren Sie die Punkte zum Schluss. Im Anhang finden Sie neben den Lösungen die Auswertung Ihrer Ergebnisse und Empfehlungen zur Verbesserung Ihrer Sprachkenntnisse.

1. Der Artikel
In welchem Satz ist der Artikel richtig verwendet? Kreuzen Sie richtig (✓) oder falsch (✗) an.

a. ☐ Los lunes voy a nadar. ☐
b. ☐ Voy a México en el marzo. ☐
c. ☐ ¿Has estado alguna vez en la Suiza? ☐
d. ☐ El señor Marín no está en la oficina. ☐
☐

2. Das Substantiv
Schreiben Sie die Pluralform der angegebenen Substantive.

a. café .... ☐
b. naranja .... ☐
c. papel .... ☐
d. flor .... ☐
☐

3. Das Adjektiv
Ergänzen Sie die folgenden Sätze mit der passenden Form der Adjektive: azul, italiano, caro, menor.

a. Hay muchas turistas .... ☐
b. Este es mi hijo .... ☐
c. Me regalaron una camisa y un pantalón .... ☐
d. Esas revistas son muy .... ☐
☐

4. Das Personalpronomen
Setzen Sie das passende Personalpronomen an der richtigen Stelle ein.

a. A mí ...me... han dicho .... eso. 2

b. ...nos... ha .... llamado esta mañana para contárnoslo.

c. ...Ve... lo .... regalaré por vuestro cumpleaños.

5. Das Demonstrativ- und das Possessivpronomen
Wählen Sie die richtige der angegebenen Formen.

a. ~~Esto~~ / Este es un libro. 4

b. Mi / Mio amigo se llama Ovidio.

c. Ésta / Esta mesa es de madera.

d. Señora, ¿ese coche es suyo / suya?

6. Die Verben ser / estar / hay
Ergänzen Sie mit son, están, es, hay.

a. Las hojas ...están... encima de la mesa.

b. En el frigorífico no ...hay... fruta. 4

c. Esos coches ...son... alemanes.

d. La puerta ...es... de cristal.

7. Das Präsens
Übersetzen Sie die Sätze ins Spanische.

a. Wie heißt dein Vater?
Como te llama tu padre .

b. Meine Tochter ist einundzwanzig Jahre alt. 2
Mi hija tiene veintiun años .

c. Der Film fängt um acht Uhr an.
La pelicula comie a las ochos .
empieza

Gesamtpunktzahl 22

Niveaustufentest A2

1. Das Substantiv
Wo ist der Plural richtig (✓), wo falsch (✗)? Kreuzen Sie an.

a. ☐ ¿Has apagado las luzes? ☐

b. ☐ Los vierneses voy a la piscina. ☐

c. ☐ Me gustan mucho los jerseys de lana. ☐

☐

2. Der Vergleich
Bilden Sie die passende Komparativform.

a. Él habla francés. Su mujer habla francés e inglés.

.... ☐

b. La revista cuesta 3 euros. El periódico cuesta 2 euros.

.... ☐

c. Yo tengo 20 años. Mi hermano tiene 22 años.

.... ☐

d. Yo tengo quince días de vacaciones. Tú tienes quince días de vacaciones.

.... ☐

☐

3. Das Personalpronomen
Beantworten Sie folgende Fragen und ersetzen Sie die hervorgehobenen Satzteile durch Personalpronomen.

a. ¿Ha venido **tu novia contigo**?

Sí, ... ☐

b. ¿Le has llevado **los regalos a Carlota**?

Sí, ... ☐

c. ¿Le has dado **la noticia a tu familia**?

Sí, ... ☐

d. ¿Les has preguntado **a tus amigos si van a venir**?

Sí, ... ☐

☐

4. Das Adverb
Ergänzen Sie die Sätze mit aquí, nunca, muy, mucho.

a. Ese viaje es .... caro. muy
b. Estoy cansado porque he trabajado .... mucho
c. Pon los libros .... , a mi lado. aquí
d. No he estado .... en América Latina. nunca

5. Das Indefinido
Ergänzen Sie die Sätze mit der Indefinido-Form der Verben in Klammern.

a. Anoche tú no (cenar) .... en casa.
b. ¿A qué hora (volver) .... vosotras del cine?
c. El año pasado nosotros (estar) .... en Perú.
d. Ellos me (pedir) .... el coche prestado.

6. Perfekt, Indefinido oder Imperfekt?
Ergänzen Sie die Sätze mit der passenden Zeitform von quedarse, haber, visitar, ir.

a. De pequeña .... a menudo al campo.
b. Ayer .... en casa todo el día.
c. Este año .... dos veces a nuestra familia.
d. En el apartamento no .... nada para comer.

7. Das Futur
Ist das Futur richtig oder falsch gebildet? Kreuzen Sie richtig (✓) oder falsch (✗) an.

a. ¿Tenerás tiempo mañana por la mañana?
b. Habéis dicho que vendréis el martes.
c. ¿Cuándo pondrán la película en el cine Astorga?
d. (Ellos) Me decirán algo el mes que viene.

Gesamtpunktzahl

Niveaustufentest B1

1. Das Relativpronomen
Wählen Sie das richtige Relativpronomen.

a. Estos son los señores con quienes / los quienes he hablado. ☐

b. Los que / Que quieran, pueden entrar ya. ☐

c. La casa cuyo / cuya salón me gusta es muy cara. ☐

☐

2. Das Indefinido
Ergänzen Sie mit der Indefinido-Form der in Klammern angegebenen Verben.

a. ¿(Oír, tú) .... algo de lo que decían? ☐

b. No (traer) .... los CD porque se nos olvidaron. ☐

c. Ayer (almorzar, yo) .... en el bar. ☐

d. No (creer) .... nada de lo que les dijimos. ☐

☐

3. Der Konditional I
Was kann mit dem Konditional I ausgedrückt werden? Kreuzen Sie richtig (✓) oder falsch (✗) an.

a. ☐ Vermutungen in der Gegenwart ☐

b. ☐ Vermutungen in der Vergangenheit ☐

c. ☐ Höfliche Bitten ☐

d. ☐ Ratschläge und Vorschläge ☐

☐

4. Der Subjuntivo Präsens
Beantworten Sie die Fragen mit dem Subjuntivo Präsens.

a. ¿Estará Marisa en casa?

No, no creo que .... ☐

b. ¿Hablaréis mañana con el jefe?

No, no creo que mañana .... ☐

c. ¿Él va a venir a la fiesta?

No, no creo que .... ☐

☐

5. Der Imperativ
Sind folgende Sätze richtig (✓) oder falsch (✗)?

a. ☐ Vengan conmigo, por favor. ☐

b. ☐ No pregúntaselo a él. ☐

c. ☐ No llegues tarde. ☐

d. ☐ Se lo diga hoy mismo. ☐

☐

6. Das Akkusativobjekt
Ergänzen Sie die Sätze wo nötig mit der Präposition a.

a. ¿Has visto .... la secretaria? ☐

b. Estamos buscando .... una secretaria. ☐

c. ¿Has encontrado .... algo interesante? ☐

d. No vi .... ningún conocido. ☐

☐

7. Die Konjunktion que
Übersetzen Sie die Sätze ins Spanische.

a. Ich glaube, dass er Manolo heißt.

.... ☐

b. Ich glaube nicht, dass sie aus Spanien ist.

.... ☐

c. Ich träume davon, dass du zurück nach Hause kommst.

.... ☐

☐

8. Die kausale bzw. die temporale Konjunktion
Verbinden Sie die Satzteile.

a.	Llama a la puerta	pues	me avisaron.	☐
b.	Me la compraré	antes de	esté en rebajas.	☐
c.	No he salido	hasta que	entrar.	☐
d.	Esperé	cuando	hace frío.	☐

☐

Gesamtpunktzahl ☐

Niveaustufentest B2

1. Das Adjektiv
Ergänzen Sie die Adjektive in Klammern an der richtigen Stelle.

a. (triste) No ha estudiado y ahora es un .... empleado ....

b. (grande) Esa es una .... noticia .... Me alegro mucho.

c. (solo) No había casi nadie y al final no quedó más que un ....
oyente ....

d. (única) Se trata de una .... pieza .... , no hay otra igual.

2. Der Subjuntivo
Ergänzen Sie die Sätze mit der Subjuntivoform der Verben in Klammern.

a. Te deseo que (tener) .... suerte en tu próximo viaje.

b. Me extraña que ella no (poner) .... la calefacción con el frío que hacía anoche.

c. Es raro que el tren no (llegar) .... aún, ya tenía que estar aquí.

d. No creo que Mateo en 2009 ya (graduarse) ....

3. Der Subjuntivo im Que-Satz
Sind folgende Sätze richtig (✓) oder falsch (✗)?

a. Creo que hable 5 idiomas.

b. Nos encanta que vayamos al cine.

c. Es evidente que no sepa qué hacer.

d. Ha dicho que vuelvas pronto.

4. Der Subjuntivo im Temporalsatz
Wählen Sie die richtige Verbform.

a. Me acostaré en cuanto termino / termine de cenar.

b. Te lo conté cuando me enteré / enterara.

c. Pasé a saludarlos antes de que se fueron / fueran.

d. Comíamos juntos cada vez que venía / viniera a la ciudad.

5. Der Subjuntivo im Konditionalsatz
Ergänzen Sie die Konditionalsätze.

a. Os lo cuento con tal de que no (decir) .... nada.

b. Habría hecho un viaje si no (tener) .... que trabajar.

c. Llámame en caso de que (necesitar) .... algo.

6. Der Subjuntivo im Relativsatz
Was passt zusammen? Verbinden Sie die Satzteile.

a. Conozco un dentista que	sepa más de música.
b. No hay nadie que	sea muy barato.
c. Estoy buscando un hotel que	es muy bueno.

7. Das Passiv
Bilden Sie das Vorgangspassiv.

a. El periódico “El País” publicó la noticia.

....

b. Los vecinos vieron a los ladrones.

....

c. El alcalde recibió a los atletas premiados.

....

8. Die indirekte Rede
Ergänzen Sie die indirekte Rede.

a. “Este año no voy a poder ir a mi país.”

Omar dijo el otro día que ....

b. “Traedme los documentos esta tarde.”

El jefe nos ha pedido esta mañana que ....

c. “Pasado mañana iremos a ver la exposición.”

Ayer dijimos que ....

Gesamtpunktzahl

Niveaustufentest C1

1. Das Substantiv
Ergänzen Sie die Sätze mit un / una cometa, un / una orden, el / la capital, el / la frente.

a. El coronel ha dado ....

b. .... de Perú es Lima.

c. Le he regalado .... a mi hijo.

d. Tiene muchas arrugas en ....

2. Die Veränderungsverben
Ergänzen Sie die Sätze mit llegar a ser, volverse, quedarse, ponerse.

a. Cuando nos vieron .... nerviosos.

b. ¿Vosotros .... locos?

c. Si estudias mucho, ... un gran ingeniero.

d. Tras el accidente .... cojo.

3. Der Subjuntivo im Konzessivsatz
Wählen Sie die richtige Verbform.

a. ¿Dices que está lloviendo? Pues aunque esté lloviendo / está lloviendo, voy a salir.

b. Tienes que hacerlo quieras o no quieras / quieres o no quieres.

c. No te dirá la verdad así lo tortures / torturas.

d. Por muy simpática que sea / es, a mí no me cae bien.

4. Das Se-Passiv
Sind die folgenden Sätze richtig (✓) oder falsch (✗)?

a. ☐ Se hablan mucho de esos asuntos.

b. ☐ Se ha construido un nuevo edificio.

c. ☐ Se esperan a los actores mañana.

d. ☐ Se buscan nuevos talentos.

5. Die verbale Umschreibung
Übersetzen Sie die Sätze ins Spanische. Ersetzen Sie die hervorgehobenen Satzteile durch eine verbale Umschreibung.

a. Ich habe mir schon überlegt, was ich sagen werde.

....

b. Sie haben sich den ganzen Tag ununterbrochen gestritten.

....

c. Der Zug braucht ungefähr eine Stunde.

....

5. Die Konjunktion
Ergänzen Sie die Sätze mit conque, como, conforme, aun a sabiendas de que.

a. .... no te des prisa, vas a llegar tarde.

b. Estoy muy preocupado, ... avísame si sabes algo.

c. Subí a la montaña .... era peligroso.

d. Les asignaron un puesto .... iban entrando.

7. Die indirekte Frage
Wählen Sie die richtige Form.

a. Dinos porque / por qué estás enfadado.

b. No sé como / cómo lo voy a hacer.

c. No entiendo que / qué ha pasado.

d. Dice que / qué está nervioso.

8. Das Akkusativobjekt
Sind folgende Sätze richtig (✓) oder falsch (✗)?

a. ▢ Premiaron a la escuela por su proyecto.

b. ▢ Lava al gato con champú.

c. ▢ Derribaron al edificio.

Gesamtpunktzahl

Niveaustufentest C2

1. Der Elativ
Ergänzen Sie die Sätze mit der Elativform der angegeben Adjektive.

a. Es un manuscrito (antiguo) ....

b. El (célebre) .... jurisconsulto dará una conferencia mañana.

c. El 5% de la población vive en condiciones (pobres) ....

d. En la Edad Media había condenas a muerte (cruel) ....

2. Der irreale Vergleichssatz
Ergänzen Sie die Sätze mit der passenden Form der Verben in Klammern.

a. ¿Por qué te comportas como si no (saber) .... de qué te estoy hablando?

b. Cada vez que se encuentran se saludan como si (hacer) .... años que no saben nada el uno del otro.

c. Hizo como si no me (ver) .... y pasó de largo.

3. Das Relativpronomen
Sind folgende Sätze richtig (✓) oder falsch (✗)?

a. ☐ Ayer vi a tu tía, la que me dijo que se va a Honduras.

b. ☐ Éste es Arturo, quien yo compartía piso en la época de estudiante.

c. ☐ Leí un artículo de ese periodista, que me pareció muy interesante.

d. ☐ Ayer quedé con Paquita, con la cual fui a comer a un restaurante.

4. Die infiniten Verbformen
Ergänzen Sie die Sätze mit der passenden infiniten Form von entrar, llamar, ser, leer.

a. Con .... , hubiera sido suficiente.

b. Se cayó al ....

c. .... la lección atentamente, no la entendió.

d. .... tan suspicaz, no sospechó nada.

5. Die verbale Umschreibung
Ergänzen Sie die Sätze mit romper, llegar, acabar, ponerse.

a. Nada más enterarse .... a escribir un email a sus allegados.

b. Si no te esfuerzas un poco, ... tirándolo todo por la borda.

c. El público .... a aplaudir antes de que concluyera su actuación.

d. Nos costó mucho pero al final .... a ponernos de acuerdo.

6. Die Präposition
Verbinden Sie die Satzteile.

a.	No te empeñes	con	más inri.
b.	Se me pinchó una rueda	de	cosas absurdas.
c.	No podemos contar	en	niño.
d.	Es un trasto	para	ellos.

7. Die Konjunktion
Haben die folgenden Sätze finale Bedeutung (✓) oder nicht (✗)?

a. ☐ Te lo cuento porque lo sepas.

b. ☐ Te lo cuento, pues no lo sabes.

c. ☐ Te lo cuento, así ya lo sabes.

d. ☐ Te lo cuento con el objeto de que lo sepas.

8. Die Negation
Formulieren Sie die Sätze mit einer Negation um.

a. Llegaron con bastante retraso.

....

b. He leído como mínimo veinte páginas.

....

c. Borra lo que sea incorrecto.

....

Gesamtpunktzahl

A1

1 Die Aussprache und die Rechtschreibung

El que lee mucho y anda mucho,
ve mucho y sabe mucho.

Miguel de Cervantes Saavedra (1547–1616), escritor español

Wer viel liest und viel reist,
sieht viel und erfährt viel.

Miguel de Cervantes Saavedra (1547–1616),
spanischer Schriftsteller

G Im Spanischen entspricht jeder Konsonant weitgehend einem Laut. Vokale werden immer gleich lang, Diphthonge und Triphthonge immer wie getrennte Vokale ausgesprochen. Der Akzent zeigt die Betonung an, er verändert die Aussprache der Vokale nicht.
Substantive werden in der Regel kleingeschrieben.

1.1 Die Aussprache

A1

Die Vokale

Das Spanische verfügt über 5 Vokale, die immer gleich lang ausgesprochen werden:

- **a** wie ein kurzes helles a in *Ast* [a]: **plato** ['plato] *Teller*, **calle** ['kaʎe] *Straße*
- **e** wie ein kurzes, halb offenes e in *Reflex* [e] oder wie ein kurzes geöffnetes ä in *Ärger* [ɛ]: **mesa** ['mesa] *Tisch*, C1 **tejer** [tɛ'xɛr] *weben*
- **i** wie ein geschlossenes i in *hin* [i]: **vino** ['bino] *Wein*, **litro** ['litro] *Liter*
- **o** wie ein kurzes offenes o in *von* [ɔ] oder wie ein kurzes, halb offenes o in *kokett* [o]: **coger** [kɔ'xɛr] *nehmen*, **pollo** ['poʎo] *Huhn*
- **u** wie ein geschlossenes u in *unter* [u]: **mujer** [mu'xɛr] *Frau*, **su** [su] *sein*

Diphthonge und Triphthonge werden immer als einzelne Vokale ausgesprochen: **bueno** ['bŭeno] *gut*, **aire** ['aĭre] *Luft*.

Die Konsonanten

Manche Konsonanten werden abhängig vom Kontext unterschiedlich ausgesprochen, andere haben eine vom Deutschen abweichende Aussprache:

- **b** im Satz- und Wortinneren als stimmhafter, mit beiden Lippen gebildeter Reibelaut [β]: B1 **caballo** [ka'βaʎo] *Pferd*, B1 **labio** ['laβĭo] *Lippe*;
  am Satzanfang und nach **m** und **n** wie ein deutsches b [b]: **botella** [bo'teʎa] *Flasche*, A2 **un barco** [un 'barko] *ein Schiff*
- **c + e, i** wie im Englischen th [θ]: A2 **cebolla** [θe'βoʎa] *Zwiebel*, **cinco** ['θiŋko] *fünf*;
  c + a, o, u wie das deutsche k [k]: **cama** ['kama] *Bett*, A2 **curso** ['kurso] *Kurs*
- **ch** wie die Kombination tsch in *deutsch* [tʃ]: **leche** ['letʃe] *Milch*, **chino** ['tʃino] *chinesisch*
- **d** im Satz- und Wortinneren als stimmhafter Reibelaut [ð]: **modo** ['moðo] *Art, Weise*, **los días** [los 'ðias] *die Tage*;
  am Satzanfang und nach **l** und **n** wie ein deutsches d [d]: **el dinero** [el di'nero] *das Geld*, **cuando** ['kŭando] *wann*;
  am Wortende mit einem kaum hörbaren **d** [ᶞ]: **ciudad** [θĭu'ðaᶞ] *Stadt*, **felicidad** [feliθi'ðaᶞ] *Glück*
- **f** wie ein deutsches f in *faul* [f]: **flor** [flɔr] *Blume*, **fin** [fin] *Ende*
- **g + e, i** wie ein deutsches ch in *doch* [x]: **gente** ['xente] *Leute*, B2 **giro** ['xiro] *Drehung*;
  g + a, o, u am Satzanfang und nach **n** wie ein deutsches g in *Gabel* [g]: **gato** ['gato] *Katze*, A2 **un guante** [un 'gŭante] *ein Handschuh*
  Dieselbe Aussprache hat auch die Buchstabenfolge **gue**, **gui**, wobei das **u** stumm ist: **guerra** ['gerra] *Krieg*, **guitarra** [gi'tarra] *Gitarre*.
  Bei der Kombination mit Trema, **güe** und **güi**, wird das **u** ausgesprochen: **güero** ['gŭero] *blond*, B2 **pingüino** [pin'gŭino] *Pinguin*.

Stehen diese Kombinationen im Satz- oder Wortinneren, werden sie vor **a**, **o**, **u** und Konsonanten (außer **n**) als stimmhafter Reibelaut ausgesprochen [ɣ]: **el gato** [el 'ɣato] *die Katze*, **una guitarra** ['una gi'tarra] *eine Gitarre*, **vergüenza** [bɛr'ɣŭenθa] *Scham*.

- **h** ist immer stumm: **hombre** ['ɔmbre] *Mann*, B1 **humo** ['umo] *Rauch*
- **j** wie ein deutsches ch in *doch* [x]: **joven** ['xoβen] *jung*, **julio** ['xulĭo] *Juli*
- **k** wie **c** + **a**, **o**, **u** [k]: **kilo** ['kilo] *Kilo*, **koala** [ko'ala] *Koala(bär)*
- **l** wie ein deutsches l in *Lippe* [l]: **lunes** ['lunes] *Montag*, **lobo** ['loβo] *Wolf*
- **ll** wie etwa ein deutsches ll in *brillant* [ʎ]: **llave** ['ʎaβe] *Schlüssel*, **llover** [ʎo'βɛr] *regnen*
- **m** wie ein deutsches m in *Morgen* [m]: **mi** [mi] *mein*, **mano** ['mano] *Hand*
- **n** wie ein deutsches n in *Nase* [n]: **nadie** ['naðĭe] *niemand*, **nuevo** ['nŭeβo] *neu*;
  vor **g**, **j**, **c** und **k** wie deutsches n vor g und k [ŋ]: **nunca** ['nuŋka] *nie*, **Congo** ['kɔŋgo] *Kongo*
- **ñ** wie gn in *Champagner* [ɲ]: **niño** ['niɲo] *Kind*, **viña** ['biɲa] *Weinberg*, C1 **cañería** [kaɲe'ria] *Wasserleitung*
- **p** wie ein deutsches p in *Puppe* [p]: **padre** ['paðre] *Vater*, **puerta** ['pŭɛrta] *Tür*
- **q** steht immer in der Kombination **que** [ke], **qui** [ki], in der das **u** stumm ist: **queso** ['keso] *Käse*, **quizás** [ki'θas] *vielleicht*
- **r** ist am Wortanfang und nach Konsonanten stark gerollt [rr]: B1 **rato** ['rrato] *Weile*, B1 **alrededor** [alrrɛðe'ðɔr] *ringsherum*;
  zwischen Vokalen hingegen einfach gerollt [r]: **pero** ['pero] *aber*, **caro** ['karo] *teuer*;
  doppeltes **rr** wird immer wie ein stark gerolltes **r** ausgesprochen [rr]: **perro** ['perro] Hund, **carro** ['karro] *Karre, Wagen*
- **s** wie ein scharfes s in *Messe* [s]: **sofá** [so'fa] *Sofa*, **camisa** [ka'misa] *Hemd*;
  vor einem stimmhaften Konsonanten wie deutsches stimmhaftes s im *Sahne* [z]: **desde** ['dezðe] *seit*, **buenas noches** ['bŭenaz notʃes] *guten Abend, gute Nacht*
- **t** wie ein deutsches t in *Tee* [t]: **todo** ['toðo] *alles*, **tía** ['tia] *Tante*
- **v** wie b [b], [β]: **vaso** ['baso] *Glas*, **vivir** [bi'βir] *leben*
- **w** bei Wörtern deutscher Herkunft wie **b** [b]: C1 **weimarés** [beĭma'res] *weimarer*, C1 **wagneriano** [bagne'rĭano] *wagnerianisch*;
  bei Wörtern englischen Ursprungs wie **u** [u]: **web** ['ueb] *Web*, **windsurf** ['uinsurf] *Windsurfen*
- **x** im Wortinneren und im Auslaut wie ks [ks]: **examen** [ek'samen] *Prüfung*, **ex** [eks] *Ex*;
  am Wortanfang wie **s** [s]: C1 **xilófono** [si'lofono] *Xylophon*, C2 **xenón** [se'non] *Xenon*
- **y** am Wortanfang und im Wortinneren wie ein deutsches j [j]: **yo** [jo] *ich*, B1 **apoyar** [apo'jar] *stützen*;
  am Wortende wie ein **i** [i]: A2 **rey** [rreĭ] *König*, B1 **ley** [leĭ] *Gesetz*

empezar – anfangen
escoger – anfangen.

- **z** wie das stimmlose englische th in bath [θ]: **zanahoria** [θana'orĭa] *Karotte*, B1 **cazuela** [ka'θŭela] *Topf*;
  vor einem stimmhaften Konsonanten wie das englische th in this [ð]: **diez noches** [dĭeð 'notʃes] *zehn Nächte*, C2 **pazguato** [pað'gŭato] *einfältig*

⚡ **Ce**, **ci** und **z** werden in Lateinamerika und zum Teil auch in Südspanien und auf den kanarischen Inseln wie ein stimmloses s gesprochen. **Ll** wird in Lateinamerika und in vielen Gegenden Spaniens wie [j] ausgesprochen:

Spanien	Lateinamerika, Teile Spaniens
cinco ['θiŋko] *fünf*	**cinco** ['siŋko]
zanahoria [θana'orĭa] *Karotte*	**zanahoria** [sana'orĭa]
llave ['ʎabe] *Schlüssel*	**llave** ['jabe]

1.2 Die Rechtschreibung

A1

Das spanische Alphabet besteht aus folgenden Buchstaben:

A a	B b	C c	Ch ch	D d	E e	F f	G g	H h	I i	J j
K k	L l	Ll ll	M m	N n	Ñ ñ	O o	P p	Q q	R r	S s
T t	U u	V v	W w	X x	Y y	Z z				

- **Q** ist von einem **u** begleitet, das stumm ist. Der folgende Vokal ist entweder **e** oder **i**: **querer** *wollen*, **quien** *wer*.
- **K** kommt nur in Fremdwörtern vor, die man oft auch mit **qu** bzw. **c** schreibt: **kilo/quilo** *Kilo*, B1 **kurdo/curdo** *kurdisch*.
- **Z** wird fast ausschließlich in Verbindung mit **a**, **o**, **u** benutzt: C1 **zar** *Zar*, B1 **zona** *Zone*, **azul** *blau*.
  Nur wenige Wörter werden mit **ze**, **zi** geschrieben: **zeta** *das Z*, C2 **zinc** *Zink*.
  Aus diesem Grund bilden Substantive und Adjektive auf **-z** den Plural mit **-ces** (▷ 3.2, 4.2): A2 **pez** *Fisch* → **peces**, B1 **veloz** *schnell* → **veloces**.
  Dementsprechend werden auch einige Konjugationsformen der Verben auf **-zar** mit **c** anstelle von **z** geschrieben (▷ 13.2, 15.1, 17.2): A2
  empezar: **Empecé a hacer deporte hace dos años.** *Ich habe vor zwei Jahren angefangen, Sport zu treiben.*
- Bei der Verbkonjugation wird immer die Aussprache des Infinitivs beibehalten, was eine geänderte Schreibweise zur Folge haben kann (▷ 12.1, 13.2, 15.1, 17): A2
  escoger [x]: **Yo escojo el rojo.** *Ich wähle den roten aus.*
  aparcar [k]: **No aparques en doble fila.** *Park nicht in zweiter Reihe.*

Die Silbentrennung

A2

Wörter werden nach Silben getrennt. Dabei sind folgende Regeln zu beachten:

- Steht ein Konsonant zwischen zwei Vokalen, gehört er zum zweiten Vokal: **vaso** *Glas* → **va-so**, **lado** *Seite* → **la-do**

- Stehen zwei Konsonanten zwischen zwei Vokalen, gehört der erste Konsonant zum vorstehenden und der zweite zum darauffolgenden Vokal:
  español *spanisch* → **es-pañol**, **estar** *sein* → **es-tar**
  Ist der zweite Konsonant l oder r, stehen beide beim nachstehenden Vokal:
  C1 **cable** *Kabel* → **ca-ble**, B2 **retrato** *Porträt* → **re-trato**
  ⚡ Die Digraphe ch, ll und rr werden nicht getrennt:
  C1 **ca-chete** *Ohrfeige*, **ca-llar** *zweigen*, **co-rrer** *laufen*
- Stehen drei Konsonanten zwischen zwei Vokalen, gehören die zwei ersten zum vorstehenden und der letzte zum darauffolgenden Vokal:
  C1 **substancia** *Substanz* → **subs-tancia**, **transporte** *Transport* → **trans-porte**
  ⚡ Ist der dritte Konsonant l oder r, darf er nicht vom zweiten getrennt werden, beide wandern zum nachstehenden Vokal:
  B1 **incluso** *sogar* → **in-cluso**, B1 **timbre** *Klingel* → **tim-bre**
- Bei zusammengesetzten Wörtern oder Wörtern mit Präfix wird zwischen den einzelnen Bestandteilen getrennt. Die Trennung nach Silben ist jedoch auch möglich:
  no-sotros/nos-otros *wir*, **vo-sotros/vos-otros** *ihr*
- Treten die Vokale a, e, o zusammen mit den Vokalen i, u oder die Vokale i und u zusammen, bilden sie einen Diphthong, der nicht getrennt wird:
  pien-so *ich denke*, **cuen-to** *Erzählung*, **ciu-dad** *Stadt*
  Stoßen die Vokale a, e, o aufeinander, bilden sie keinen Diphthong, sondern separate Silben:
  a-é-re-o *Luft-*, C1 **le-o-na** *Löwin*
- Stoßen drei Vokale aufeinander, bilden sie einen Triphthong, der untrennbar ist:
  B1 **apre-ciáis** *ihr schätzt*, C1 **acari-ciáis** *ihr streichelt*
- Konsonant + h werden getrennt:
  C1 **al -haja** *Juwel*, C2 **in-halar** *inhalieren*
- Steht das h hingegen zwischen Vokalen, gelten die Regeln für Diphthonge:
  C1 **buhar-dilla** *Dachstube*, B2 **ahu-mado** *geräuchert*

A2 1.2.1 Der Akzent und die Betonung

💡 Der Akzent verändert im Spanischen die Aussprache eines Vokals nicht. Er zeigt nur an, welche die betonte Silbe ist. Nicht alle betonte Silben tragen jedoch einen Akzent.

Wörter lassen sich entsprechend ihrer Betonung in drei Gruppen untergliedern:

- Wörter, die auf der letzten Silbe betont werden:
  Einen Akzent tragen diese Wörter nur, wenn sie auf Vokal, -n oder -s enden:

paté *Pastete*	**Berlín** *Berlin*	**París** *Paris*
calor *Hitze*	**comer** *essen*	**feliz** *glücklich*

Zu dieser Gruppe gehören alle Wörter auf -ion:

solución *Lösung*	B1 **camión** *Lastwagen*	B1 **ocasión** *Gelegenheit*

- Wörter, die auf der vorletzten Silbe betont werden:
  Sie tragen nur dann einen Akzent, wenn sie auf Konsonant (außer -n und -s) enden:
  C1 **líder** *Führer* C1 **césped** *Rasen* C1 **ángel** *Engel*
  coche *Wagen* C1 **canon** *Kanon* **meses** *Monate*
- Wörter, die auf der vorvorletzten oder auf der viertletzten Silbe betont werden:
  Sie tragen immer einen Akzent:
  B1 **católico** *katholisch* **semáforo** *Ampel* **pregúntaselo** *frag es ihn*

Um beim Lesen schnell die richtige Betonung zu erkennen, sollte man sich an Folgendes halten:
Wort ohne Akzent:
- Wortende auf Vokal bzw. -n oder -s → vorletzte Silbe betont
- Wortende auf Konsonant außer -n oder -s → letzte Silbe betont

Wort mit Akzent → Akzentsilbe betont

Besonderheiten bei der Akzentsetzung
Muss eine betonte Silbe mit Diphthong einen Akzent tragen, wird dieser auf die Vokale a, e, o oder bei der Kombination iu/ui auf den zweiten Vokal gesetzt:
canción *Lied* **pensáis** *ihr denkt* B1 **construí** *ich habe gebildet*

Manchmal liegt die Betonung auf den Vokalen i, u (anstatt a, o, u). In solchen Fällen liegt kein Diphthong vor und es wird immer ein Akzent gesetzt:
B1 **ju-dí-o** *jüdisch* B1 **ma-íz** *Mais* C2 **ba-úl** *Truhe*

Dies gilt auch, wenn ein h zwischen den Vokalen steht:
a-hí *dort* C2 **bú-ho** *Uhu*

Bei Triphthongen liegt die Betonung und gegebenenfalls der Akzent auf den Vokalen a, e, o: **lim-piáis** *ihr wascht*, **pre-miáis** *ihr belohnt*.
Liegt die Betonung auf den Vokalen i, u, besteht kein Triphthong und es wird immer ein Akzent gesetzt: **vení-ais** *ihr kamt*, **podí-ais** *ihr konntet*.

Substantive und Adjektive erhalten im Plural in der Regel die betonte Silbe des Singulars. Ihre Position kann sich jedoch durch Anhängen der Endung -es ändern. Dadurch ändert sich die Akzentsetzung:
- Wörter auf -n bzw. -s mit Betonung auf der letzten Silbe verlieren im Plural den Akzent:
  pensión *Pension* → **pensiones** **inglés** *englisch* → **ingleses**
- Wörter auf -n mit Betonung auf der vorletzten Silbe setzen im Plural einen Akzent:
  joven *jung* → **jóvenes** **examen** *Prüfung* → **exámenes**

Adverbien auf **-mente** behalten die Betonung des ursprünglichen Adjektivs und tragen nur dann einen Akzent, wenn das jeweilige Adjektiv selbst einen trägt:
fácil *einfach* → **fácilmente** **triste** *traurig* → **tristemente**

B1 Beim Anhängen von Personalpronomen an den Infinitiv, das Gerund oder den bejahten Imperativ wird die betonte Silbe der Verbform beibehalten. Je nach deren Position kann es notwendig sein, einen Akzent zu setzen:
diciendo + **se** + **lo** → **diciéndoselo**
Wiederum können Formen des bejahten Imperativs, die einen Akzent tragen, ihn beim Anhängen der Personalpronomen verlieren:
dé *geben Sie* → **deme** *geben Sie mir*

⚡ Bei einsilbigen Wörtern dient der Akzent zur Unterscheidung von Homonymen:

aún *noch*	**aun** *sogar, selbst*
cuál (Fragewort) *welche/r/s*	**cual** (Relativpronomen) *welche/r/s*
dé (Verb) *geben*	**de** (Präposition) *von*
él (Personalpronomen) *er*	**el** (Artikel) *der*
mí (Personalpronomen) *mich, mir*	**mi** (Possessivpronomen) *mein*
más (Adverb) *mehr*	**mas** (Konjunktion) *aber*
qué (Fragewort) *was*	**que** (Konjunktion, Relativpronomen) *dass; das, der, die*
quién (Fragewort) *wer*	**quien** (Relativpronomen) *wer*
sé (Verb) *wissen, sein*	**se** (Reflexivpronomen) *sich*
sí (Adverb, Personalpronomen) *ja, sich*	**si** (Konjunktion) *wenn*
té (Substantiv) *Tee*	**te** (Personalpronomen) *dich, dir*
tú (Personalpronomen) *du*	**tu** (Possessivpronomen) *dein*

No sé si se han levantado ya. *Ich weiß nicht, ob sie schon aufgestanden sind.*
¿Tú ya has hablado con tu madre? *Hast du schon mit deiner Mutter gesprochen?*

Auch einige mehrsilbige Wörter unterscheiden Homonyme durch Akzent:

adónde (Fragewort) *wohin*	**adonde** (Relativadverb) *wohin*
cómo (Fragewort) *wie*	**como** (Konjunktion) *wie, da, wenn*
cuándo (Fragewort) *wann*	**cuando** (Konjunktion) *wenn, als*
dónde (Fragewort) *wo*	**donde** (Relativadverb) *wo*
éste/-a, ése/-a, aquél/la (substantivische Demonstrativpronomen) *diese/r/s*	**este/-a, ese/-a, aquel/la** (adjektivische Demonstrativpronomen) *diese/r/s*
porqué (Substantiv) *Warum*	**porque** (Konjunktion) *weil*
sólo (Adverb) *nur*	**solo** (Adjektiv) *allein*

¿Cuándo vas a venir? ***Wann** wirst du kommen?*
Ven cuando tengas tiempo. *Komm, **wenn** du Zeit hast.*

Ése/-a, éste/-a, aquél/la und **sólo** können auch ohne Akzent geschrieben werden, wenn ihre Bedeutung eindeutig ist:
Sólo/Solo te lo he dicho a ti. *Ich habe es nur dir gesagt.*
In diesem Fall ist nur die adverbiale Bedeutung möglich, daher kann **sólo** mit oder ohne Akzent geschrieben werden.
Aber: **Vive en esta ciudad solo desde hace cinco años.** *Er wohnt in dieser Stadt allein./Er wohnt erst seit fünf Jahren in dieser Stadt.*
In diesem Fall kann **solo** ohne Akzent sowohl mit *nur/erst* als auch mit *allein* übersetzt werden. Ist *nur/erst* gemeint, muss der Akzent unbedingt gesetzt werden:
Vive en esta ciudad sólo desde hace cinco años. *Er wohnt erst seit fünf Jahren in dieser Stadt.*

1.2.2 Die Groß- und die Kleinschreibung

A1

Anders als im Deutschen werden Substantive im Spanischen kleingeschrieben:
Ese coche es de mi hermana. *Dieser Wagen gehört meiner Schwester.*

Großgeschrieben werden jedoch:

- Eigennamen:
  Aurora Castillo es mi madre. *Aurora Castillo ist meine Mutter.*
  Gehört ein Artikel zum Eigennamen z. B. von Städten und anderen geografischen Bezeichnungen, wird er ebenfalls großgeschrieben:
  La Habana *Havanna*, **La Paz** *La Paz*
- das erste Wort eines Satzes und nach der Briefanrede:
  La casa está en el centro de la ciudad. *Das Haus liegt im Stadtzentrum.*
  Querida Rocío: ¿Cómo estás? *Liebe Rocío, wie geht's dir?*
- abgekürzte Anredeformen:
  D. Pablo *Herr Pablo*, **la Sra. Arnaiz** *Frau Arnaiz*
- Bezeichnungen für Schul- und Studienfächer: A2
  Estudio Derecho. *Ich studiere Jura.*
- das erste Wort eines Buchtitels:
  "Cien años de soledad" *„Hundert Jahre Einsamkeit"*
- Namen von Institutionen und Kollektiva: B1
  el Ministerio del Interior *das Innenministerium*, **la Universidad Nacional** *die Nationaluniversität*
- Feiertage und Feste:
  Viernes Santo *Karfreitag*
- wichtige historische Ereignisse: B2
  la Segunda Guerra Mundial *der Zweite Weltkrieg*

Zwischentest 1

A1 **1. Welche Buchstabenkombination wird im Spanischen wie c + a, o, u ausgesprochen?**

a. c + e, i ☐
b. z + a, o, u ☐
c. qu + e, i ☐
d. z + e, i ☐

A1 **2. Welche Kombination hat die gleiche Aussprache wie ge?**

a. je ☐
b. gue ☐
c. güe ☐
d. he ☐

A1 **3. Wie wird das h im Spanischen ausgesprochen?**

a. immer aspiriert ☐
b. immer wie j ☐
c. immer stumm ☐
d. immer wie g ☐

A1 **4. In welchem Wort wird das b wie im Deutschen ausgesprochen?**

a. dos baños ☐
b. un bolso ☐
c. el trabajo ☐
d. el balón ☐

A2 **5. Wie wird das Wort institución getrennt?**

a. in-sti-tu-ci-ón ☐
b. in-sti-tu-ción ☐
c. ins-ti-tu-ción ☐
d. ins-ti-tu-ci-ón ☐

A2 **6. Was geschieht mit den Digraphen bei der Silbentrennung?**

a. Sie gehören immer zu zwei verschiedenen Silben. ☐
b. Sie gehören zum vorstehenden Vokal. ☐
c. Sie werden nicht getrennt. ☐
d. Sie werden nur am Zeilenende getrennt. ☐

A2 **7. Welches endbetonte Wort muss einen Akzent tragen?**

a. color ☐
b. jabon ☐
c. papel ☐
d. feliz ☐

A2 **8. Welche Präsensform von dirigir ist aussprachegemäß geschrieben?**

a. dirigo ☐
b. dirijo ☐
c. dirigues ☐
d. diriguimos ☐

9. In welchem Satz sind keine Rechtschreibfehler? A1

a. ¿Quieres cenar huevos o keso? ☐
b. ¿Quieres cenar huevos o queso? ☐
c. ¿Qieres zenar huevos o queso? ☐
d. ¿Qieres cenar uevos o keso? ☐

10. Welche Aussage zu Adverbien auf -mente passt? A2

a. Sie tragen keinen Akzent. ☐
b. Sie tragen immer einen Akzent. ☐
c. Sie tragen den Akzent auf der Endung -mente. ☐
d. Sie tragen den Akzent des ursprünglichen Adjektivs. ☐

11. Wie wird compra + me + lo geschrieben? B1

a. cómpramelo ☐
b. cómprámelo ☐
c. compramelo ☐
d. compramélo ☐

12. Zu welcher Gruppe gehört das Wort cereza von seiner Betonung her? A2

a. profesor, autobús, popular ☐
b. médico, número, música ☐
c. marrones, verano, albergue ☐
d. abriéndolo, pensándolo, diciéndolo. ☐

13. Welche Form ergänzt den Satz? A2

.... lo digo para que lo sepas.

a. Té ☐
b. Te ☐
c. Mi ☐
d. Mí ☐

14. Was gehört in die Lücke? A2

¿........... os ha contado eso?

a. Quién ☐
b. Qué ☐
c. Quien ☐
d. Que ☐

15. Welches Wort muss immer großgeschrieben werden? A1

a. sr. ☐
b. doña ☐
c. cocina ☐
d. cuando ☐

Lösungen

1 c. 2 a. 3 c. 4 b. 5 c. 6 c. 7 b. 8 b.
9 b. 10 d. 11 a. 12 c. 13 b. 14 a. 15 a.

A1

2 Der Artikel

¿Qué es ***la*** *vida?* ***Un*** *frenesí.*
¿Qué es ***la*** *vida?* ***Una*** *ilusión,*
una *sombra,* ***una*** *ficción;*
y ***el*** *mayor bien es pequeño;*
que toda ***la*** *vida es sueño,*
y ***los*** *sueños, sueños son.*

Pedro Calderón de la Barca (1600–1681),
poeta y dramaturgo español

Was ist ***das*** *Leben? Raserei!*
Was ist ***das*** *Leben?* ***Ein*** *trügerischer Schein,*
ein *Schatten,* ***ein*** *täuschendes Bild.*
Das *höchste Gut scheint klein,*
denn ***das*** *ganze Leben ist ein Traum,*
und ***die*** *Träume selbst ein Traum.*

Pedro Calderón de la Barca (1600–1681),
spanischer Dichter und Dramatiker

G Sowohl der bestimmte Artikel (el *der*, la *die*) als auch der unbestimmte (un *ein*, una *eine*) richten sich in Genus und Numerus nach dem Substantiv, das sie begleiten. Sie sind wie dieses entweder maskulin oder feminin.
Lo ist eine neutrale Form des bestimmten Artikels, die zur Substantivierung von Adjektiven, Partizipien, Possessivpronomen und Adverbien dient.
Der unbestimmte Artikel hat im Spanischen eine Pluralform (unos, unas).

Der Artikel ist ein Begleitwort, das in der Regel vor einem Substantiv steht. Er kann in bestimmter oder unbestimmter Form auftreten.

2.1 Der bestimmte Artikel

A1

Formen

	Maskulinum Singular	Plural	Femininum Singular	Plural
vor Substantiv	**el** profesor *der Lehrer*	**los** profesores *die Lehrer*	**la** profesora *die Lehrerin*	**las** profesoras *die Lehrerinnen*
vor Adverb, Adjektiv, Partizip	**Neutrum:** **lo** bueno *das Gute*, **lo** bonito *das Schöne*, **lo** mejor *das Beste*, **lo** acordado *das Vereinbarte*			

B1

Beginnt ein feminines Substantiv mit betontem a oder h + betontem a, wird im Singular der maskuline Artikel el anstatt la verwendet:

El B2 aula estaba vacía. ***Das** Klassenzimmer war leer.*

Corta la C2 leña con el C2 hacha. *Hack das Holz mit dem Beil.*

Auf das Substantiv folgende Adjektive sind feminin:

El agua fría no me gusta. *Ich mag kein kaltes Wasser.*

Im Plural werden diese femininen Substantive immer von der femininen Artikelform las begleitet:

Las aulas estaban vacías. ***Die** Klassenzimmer waren leer.*

Antes **las** hachas eran armas de guerra. *Früher waren Äxte Kriegswaffen.*

Ausnahme: Unveränderliche Substantive, die mit betontem a oder h + betontem a beginnen und das Genus durch die Begleitwörter anzeigen, stellen im Femininum Singular die Artikelform la voran:

No conozco a **la** árabe. *Ich kenne **die** Araberin nicht.*

Auch die Namen von Buchstaben mit betontem a oder h + betontem a im Anlaut treten mit der femininen Form des bestimmten Artikels auf:

La hache no se pronuncia. ***Das** H wird nicht ausgesprochen.*

Steht ein weiteres Begleitwort zwischen dem Artikel und dem mit betontem a oder h + betontem a beginnenden Substantiv, wird ebenfalls die Artikelform la benutzt:

La gigantesca aula estaba vacía. ***Das** riesige Klassenzimmer war leer.*

La presente acta se ha firmado inmediatamente. ***Die** vorliegende Urkunde ist sofort unterschrieben worden.*

Der bestimmte Artikel el verschmilzt zu al bzw. del, wenn er zusammen mit der Präposition a bzw. de benutzt wird:

a + el → **al**	de + el → **del**

Voy **al** cine. *Ich gehe **ins** Kino.*
aber: Voy a la playa. *Ich gehe an den Strand.*
Voy a los cines. *Ich gehe in die Kinos.*
Voy a las playas. *Ich gehe an die Strände.*
Vengo **del** cine. *Ich komme **aus dem** Kino.*
aber: Vengo de la playa. *Ich komme vom Strand.*
Vengo de los cines. *Ich komme aus den Kinos.*
Vengode las playas. *Ich komme von den Stränden.*

A2 Ausnahme: In der geschriebenen Sprache findet die Verschmelzung mit der Präposition nicht statt, wenn der Artikel el vor Eigennamen steht:
¿Cuándo habéis vuelto de **El** Escorial? *Wann seid ihr aus **El** Escorial zurückgekommen?*
Este año voy a ir de vacaciones **a El** Cairo. *Dieses Jahr werde ich nach Kairo in Urlaub fahren.*
Beim Sprechen hingegen verschmilzt der Artikel mit der Präposition:
¿Cuándo habéis vuelto **del** Escorial? *Wann seid ihr **aus El** Escorial zurückgekommen?*
Este año voy a ir de vacaciones **al** Cairo. *Dieses Jahr werde ich nach Kairo in Urlaub fahren.*

Gebrauch

Der bestimmte Artikel wird vor Substantiven benutzt, die dem Hörer oder Leser bekannt sind bzw. die zuvor genannt wurden oder bei denen es sich um allgemein bekannte Personen, Sachen oder Begriffe handelt.

Im Gegensatz zum Deutschen benutzt man den bestimmten Artikel:

- bei Uhrzeiten:
  Son **las** 4 de la tarde. *Es ist vier Uhr nachmittags.*
  Nos vemos a **las** 5. *Wir treffen uns um 5 Uhr.*
- bei Maß-, Gewichts- und Mengenangaben:
  Las naranjas cuestan 2 euros **el** kilo. *Die Orangen kosten 2 Euro pro Kilo.*
  Hemos pagado 5000 euros **el** metro cuadrado. *Wir haben 5000 Euro pro Quadratmeter bezahlt.*
- bei Körperteilen:
  Tienes **los** ojos muy bonitos. *Du hast sehr schöne Augen.*
  Tu hermana tiene **las** manos pequeñas. *Deine Schwester hat kleine Hände.*
- bei den Verben jugar a *spielen*, tocar + Musikinstrument *spielen*, gustar *mögen*, A2 encantar *lieben*, B1 odiar *hassen*:
  ¿Sabes jugar a **las** cartas? *Kannst du Karten spielen?*
  Ella toca muy bien **el** B1 piano. *Sie spielt sehr gut Klavier.*
  Me encantan **las** B1 novelas policíacas. *Ich liebe Krimis.*
  Odio **la** carne. *Ich hasse Fleisch.*

Der bestimmte Artikel bleibt bei der Verneinung ebenfalls erhalten:
Ella **no** sabe tocar **el** piano. *Sie kann **kein** Klavier spielen.*
No me gustan **las** novelas policíacas. *Ich mag **keine** Krimis.*

- bei Verallgemeinerungen oder zum Ausdruck universeller Wahrheiten:
  Los niños necesitan dormir mucho. *Kinder brauchen viel Schlaf.*
  Los gatos son A2 animales domésticos. *Katzen sind Haustiere.*
- vor Titeln und Anredeformen, wenn sie in der 3. Person benutzt werden:
  El señor Velasco no ha llamado todavía. *Herr Velasco hat noch nicht angerufen.*
  La doctora Rodríguez te está esperando desde hace cinco minutos. *Frau Doktor Rodríguez wartet seit fünf Minuten auf dich.*
- bei Prozentangaben:
  El 5% de los trabajadores es de B1 origen extranjero. *5 % der Mitarbeiter sind ausländischer Herkunft.*
  El 35% de los visitantes viene de Alemania. *35 % der Besucher kommen aus Deutschland.*
- bei Wochentagen, die bei sich gewohnheitsmäßig wiederholenden Handlungen genannt werden:
  Normalmente comemos juntos **los** domingos. *Normalerweise essen wir sonntags zusammen.*
  Los lunes por la tarde voy a la piscina. *Montags nachmittags gehe ich ins Schwimmbad.*
- bei näher bestimmten Monats- und Jahreszeitangaben:
  Nos casamos **el** mes pasado. *Wir haben letzten Monat geheiratet.*
  El próximo septiembre haremos un viaje. *Kommenden September werden wir eine Reise machen.*
  El invierno pasado no trabajé. *Letzten Winter habe ich nicht gearbeitet.*
- bei einigen Ländern und Städtenamen:
  Yo nací en **La Habana**. *Ich bin in Havanna geboren.*
  Viví 15 años en **El Salvador**. *Ich habe 15 Jahre in El Salvador gelebt.*
  Andere Ländernamen wie z. B. Argentina *Argentinien*, Brasil *Brasilien*, Canadá *Kanada*, China *China*, Ecuador *Ecuador*, Estados Unidos *USA*, India *Indien*, Líbano *Libanon*, Paraguay *Paraguay*, Uruguay *Uruguay*, können mit oder ohne Artikel benutzt werden, stehen jedoch überwiegend ohne Artikel:
  Somos de **(la)** Argentina. *Wir kommen aus Argentinien.*
  Hemos visitado **(el)** Perú. *Wir haben Peru besucht.*

Kein Artikel wird hingegen verwendet:

- bei Monatsnamen und Jahreszeiten, wenn sie nicht näher bestimmt sind:
  Febrero es uno de los meses más fríos del año. *Der Februar ist einer der kältesten Monate des Jahres.*
  Se conocieron en octubre. *Sie haben sich im Oktober kennen gelernt.*
  En invierno me gusta ir a esquiar. *Im Winter gehe ich gerne Ski fahren.*

- vor Titeln und Anredeformen bei der direkten Anrede:
  Señor Velasco, ¿se encuentra bien? *Herr Velasco, geh es Ihnen gut?*
  Doctora Pardo, ¿cuándo tengo que volver? *Frau Doktor Pardo, wann soll ich wiederkommen?*
- bei den meisten Länder- und Städtenamen:
  Este año queremos ir de vacaciones a Turquía. *Dieses Jahr möchten wir im Urlaub in die Türkei fahren.*
  ⚡ Wird ein Länder- oder Städtename näher bestimmt, steht davor der bestimmte Artikel: **la Turquía de los años treinta** ***die*** *Türkei der Dreißigerjahre*

Der bestimmte Artikel kann auch unmittelbar vor einem Adjektiv auftreten, das allein steht (weil das zugehörige Substantiv bereits genannt ist und nicht wiederholt wird):
¿Te parece mejor la mesa grande o **la** pequeña? *Findest du den großen oder* ***den*** *kleinen Tisch besser?*

Ohne Substantiv kann der bestimmte Artikel auch bei der Konstruktion Artikel + de stehen, bei der das zugehörige Substantiv aus dem Kontext zu erschließen ist:
La de la chaqueta azul es mi novia. ***Die*** *mit der blauen Jacke ist meine Freundin.*

B1 2.2 Lo als bestimmter Artikel

💡 Lo ist eine neutrale Form des bestimmten Artikels, die nur vor Adjektiven, Adverbien, Partizipien oder Possessivpronomen stehen kann. Sie werden durch Hinzufügen von lo substantiviert:
Lo peor ya ha pasado. ***Das*** *Schlimmste ist schon vorbei.*
Me sorprende **lo** mal que lo has hecho. *Es überrascht mich, wie schlecht du es gemacht hast.*
Lo dicho, dicho está. ***Was*** *gesagt worden ist, ist gesagt.*
No han C1 mencionado **lo** nuestro. *Sie haben unsere Angelegenheit nicht erwähnt.*

Lo ist weder nach Genus noch nach Numerus flektierbar:
Yo no sabía **lo** lista que eres. *Ich wusste nicht, wie klug du bist.*
Se os nota **lo** cansados que estáis. *Man sieht euch an, wie müde ihr seid.*

⚡ Auf diese Weise substantivierte Adjektive haben eine eher abstrakte Bedeutung. Sie sind nicht mit dem Gebrauch des bestimmten Artikels el/la + Adjektiv zu verwechseln:
Lo más difícil (= La cosa más difícil) es no pensar en ello. *Am schwierigsten (=* ***Die*** *schwierigste Sache) ist es, nicht daran zu denken.*
El (libro, ejercicio, etc.) más difícil no lo he leído. *Ich habe* ***das*** *Schwierigste (Buch, Übung, usw.) nicht gelesen.*

2.3 Der unbestimmte Artikel

A1

Formen

Maskulinum Singular	Plural	Femininum Singular	Plural
un profesor *ein Lehrer*	**unos** profesores *Lehrer*	**una** profesora *eine Lehrerin*	**unas** profesoras *Lehrerinnen*

Anders als im Deutschen hat der unbestimmte Artikel im Spanischen eine Pluralform:

Tengo **unos** amigos cubanos muy simpáticos. *Ich habe sehr sympatische kubanische Freunde.*

Tengo **unas** compañeras de trabajo muy antipáticas. *Ich habe sehr unsympatische Arbeitskolleginnen.*

B1

Gleich dem bestimmen Artikel nimmt der unbestimmte Artikel im Femininum Singular die maskuline Form un an, wenn er vor Substantiven steht, die mit betontem a oder h + betontem a anfangen:

Sólo había dos casas en **un** C1 área de 50 kilómetros. *Es gab nur zwei Häuser auf **einer** Fläche von 50 Kilometern.*

¡Tengo **un** hambre tremenda! *Ich habe **einen** Riesenhunger!*

Wie beim bestimmten Artikel werden auch in diesem Fall die begleitenden Adjektive in der femininen Form beigefügt:

Tienes **un** C1 alma genero**sa** y bue**na**. *Du bist **ein** großzügiger und guter Mensch.*

La principal protagonista del cuento es **un** B2 hada bue**na**. *Die Hauptfigur des Märchens ist **eine** gute Fee.*

Ausnahme: Bei Buchstabennamen oder wenn das Substantiv gleich für Maskulinum und Femininum ist, wird immer die feminine Artikelform verwendet:

Tienes que poner **una** a. *Du musst **ein** A schreiben.*

Hemos hablado con **una** árabe muy amable. *Wir haben mit **einer** sehr freundlichen Araberin gesprochen.*

Steht das Substantiv im Plural, wird die feminine Artikelform unas benutzt:

Vamos a construir en **unas** áreas que no están muy pobladas. *Wir werden in wenig bewohnten Gebieten bauen.*

Die feminine Artikelform wird auch dann benutzt, wenn der Artikel nicht unmittelbar vor dem Substantiv steht:

Sólo había dos casas en **una** extensa área. *Es gab nur zwei Häuser im großen Umkreis.*

Una gran hambre se extendió por el país. ***Eine** große Hungersnot verbreitete sich im Land.*

Gebrauch

Der unbestimmte Artikel wird gebraucht, wenn die genannte Person oder Sache unbekannt oder unwichtig ist oder wenn sie zum ersten Mal erwähnt wird:
Una B1 bicicleta no es tan rápida como **una** A2 moto. ***Ein*** *Fahrrad ist nicht so schnell wie* ***ein*** *Motorrad.*
He conocido a **un** señor muy simpático. *Ich habe* ***einen*** *sehr netten Herrn kennengelernt.*

unbestimmter Artikel	**bestimmter Artikel**
→ unbekannt, gleichgültig	→ bekannt, konkret
Necesito **un** coche nuevo.	Necesito **el** coche de mi padre.
Ich brauche ein neues Auto.	*Ich brauche das Auto meines Vaters.*

Besonderheiten:

A2
- Im Gegensatz zum Deutschen wird vor ciento *(ein)hundert*, medio *halb*, mil *(ein)tausend* und otro *andere(r)* kein unbestimmter Artikel verwendet:
  Tengo ciento cincuenta discos antiguos. *Ich habe (ein)hundertfünfzig alte Schallplatten.*
  Necesito media hora para escribir la carta. *Ich brauche eine halbe Stunde, um den Brief zu schreiben.*
  Hemos vendido mil copias de ese libro. *Wir haben (ein)tausend Kopien dieses Buches verkauft.*
  He comprado otra casa. *Ich habe ein anderes Haus gekauft.*

- Während der unbestimmte Artikel im Deutschen nicht im Plural stehen kann, hat der unbestimmte Artikel im Spanischen eine Pluralform, die unbestimmte Mengen bezeichnet. Sie bleibt im Deutschen meist unübersetzt:
  Aquí antes había **unas** sillas. *Hier standen früher Stühle.*
  He visto **unas** A2 camisas muy bonitas. *Ich habe sehr schöne Hemden gesehen.*

  Unos, unas kann aber auch mit *einige*, *ein paar* übersetzt werden:
  Esta noche vamos a salir con **unas** amigas. *Heute Abend werden wir mit* ***ein paar*** *Freundinnen ausgehen.*
  Quiero enseñarte **unas** fotos. *Ich möchte dir* ***einige*** *Fotos zeigen.*

A2
⚡ Bei Substantiven wie pantalones *Hose*, gafas *Brille*, tijeras *Schere*, die sich aus zwei Teilen zusammensetzen und deshalb häufig im Plural verwendet werden, bezeichnet unos keine unbestimmte Menge, sondern nur eine Einheit der jeweiligen Sache:
Ayer me compré **unos** pantalones nuevos. *Gestern habe ich mir* ***eine*** *neue Hose gekauft.*
He visto **unas** gafas muy bonitas en esa tienda. *Ich habe* ***eine*** *sehr schöne Brille in diesem Geschäft gesehen.*

- Tritt der unbestimmte Artikel im Maskulinum Singular ohne Substantiv auf, wird uno anstatt un gebraucht: B1
  Había muchos periódicos pero sólo compré **uno**. *Es gab viele Zeitungen, aber ich habe nur **eine** gekauft.*
  Dame **uno** de esos caramelos, por favor. *Gib mir **eins** von diesen Bonbons, bitte.*

- Unos, unas vor einer Zahl bedeutet *ungefähr*:
  Trabajan desde hace **unos** 5 años en Honduras. *Sie arbeiten seit **ungefähr** 5 Jahren in Honduras.*
  La he visto **unas** 10 veces. *Ich habe sie **etwa** 10 Mal gesehen.*

Der unbestimmte Artikel wird mit ningún/ninguna *kein/e* verneint (▶ 8.2, 25.2): A2

Bejahung:	**Verneinung:**
Tengo **un** diccionario.	No tengo **ningún** diccionario.
Ich habe ein Wörterbuch.	*Ich habe kein Wörterbuch.*
Tengo **una** B1 bicicleta.	No tengo **ninguna** bicicleta.
Ich habe ein Fahrrad.	*Ich habe kein Fahrrad.*

In den verneinten Sätzen muss das Verb durch Voranstellung von no zusätzlich verneint werden:
No he comprado **ningún** limón. *Ich habe **keine** Zitrone gekauft.*
No he traído **ninguna** revista. *Ich habe **keine** Zeitschrift mitgebracht.*

Ningún/ninguna kann nur im Singular benutzt werden. Im Plural wird nur das Verb verneint und es wird kein Artikel verwendet:
No he comprado limones. *Ich habe keine Zitronen gekauft.*
No he traído revistas. *Ich habe keine Zeitschriften mitgebracht.*

Zwischentest 2

A1

1. Welcher Artikel gehört in die Lücke?

.... camisa blanca está sucia.

a. El ☐ c. La ☐
b. Las ☐ d. Los ☐

A1

2. Wie lautet die Verschmelzungsform des bestimmten Artikels el mit der Präposition de?

a. deel ☐ c. dels ☐
b. dal ☐ d. del ☐

A1

3. Welche Form gehört in die Lücke?

Esta semana he ido dos veces .... teatro.

a. al ☐ c. ael ☐
b. a el ☐ d. el ☐

B1

4. Füllen Sie die Lücke mit der richtigen Artikelform.

He comprado .... agua mineral que me has pedido.

a. la ☐ c. el ☐
b. l' ☐ d. las ☐

A1

5. Welcher Satz ist richtig?

a. La clase empieza a la cuatro. ☐
b. La clase empieza a las cuatro. ☐
c. La clase empieza a cuatro. ☐
d. La clase empieza alas cuatro. ☐

A1

6. Wann werden Anredeformen ohne Artikel gebraucht?

a. bei der direkten Anrede ☐ c. immer ☐
b. nie ☐ d. vor einem Substantiv ☐

B1

7. Wählen Sie den richtigen Satz.

a. No te puedes imaginar lo contento que estamos. ☐
b. No te puedes imaginar lo contenta que estamos. ☐
c. No te puedes imaginar lo contentos que estamos. ☐
d. No te puedes imaginar lo contentos que estoy. ☐

8. Wählen Sie den richtigen Satzteil. A1

.... voy a ir a México.

- a. En el enero ☐
- b. En enero ☐
- c. Enero ☐
- d. En la enero ☐

9. Vor welcher Wortart tritt die Artikelform lo nie auf? B1

- a. Adjektiv ☐
- b. Substantiv ☐
- c. Partizip ☐
- d. Possessivpronomen ☐

10. Welche Form des unbestimmten Artikels gehört in die Lücke? A1

He visto .... abrigo muy bonito.

- a. un ☐
- b. un' ☐
- c. una ☐
- d. uno ☐

11. Wofür wird die Form unos verwendet? A1

- a. bestimmte Mengen ☐
- b. bestimmte Sachen ☐
- c. schon erwähnte Personen ☐
- d. unbestimmte Mengen ☐

12. Was bedeutet unos in dem Satz Tiene unos 35 años? A1

- a. genau ☐
- b. mehr als ☐
- c. weniger als ☐
- d. ungefähr ☐

13. Vor welchen der folgenden Wörter wird kein unbestimmter Artikel verwendet? A2

- a. otro ☐
- b. día ☐
- c. mes ☐
- d. año ☐

14. Wählen Sie den richtigen Satz. A2

- a. He comprado medios litro de leche. ☐
- b. He comprado medio litro de leche. ☐
- c. He comprado un medio litro de leche. ☐
- d. He comprado uno medio litro de leche. ☐

15. Welche Form gehört in die Lücke? A2

No he tenido .... problema.

- a. ninguna ☐
- b. ningunas ☐
- c. ningún ☐
- d. ninguno ☐

Lösungen

1 c. 2 d. 3 a. 4 c. 5 b. 6 a. 7 c. 8 b. 9 b.
10 a. 11 d. 12 d. 13 a. 14 b. 15 c.

A1

3 Das Substantiv

*¡Los **suspiros** son **aire** y van al aire!*
*¡Las **lágrimas** son **agua** y van al **mar**!*
*Dime, **mujer**, cuando el **amor** se olvida*
¿sabes tú adónde va?

Gustavo Adolfo Bécquer (1836–1870), poeta español

***Seufzer** sind **Luft** und steigen in die **Luft** auf!*
***Tränen** sind **Wasser** und fließen ins **Meer**!*
*Sag mir, **Frau**, wenn die **Liebe** in Vergessenheit gerät, weißt du wohin sie geht?*

Gustavo Adolfo Bécquer (1836–1870)
spanischer Dichter

G Substantive können im Spanischen nur maskulin oder feminin sein. Substantive, die auf -o enden, sind in der Regel maskulin, die auf -a hingegen feminin. Daneben gibt es weitere typische Endungen wie -aje, -án -ón für maskuline bzw. -ción, -tud, -ad für feminine Substantive.
Der Plural wird mehrheitlich durch Anhängen von -s bzw. -es gebildet.

3.1 Das Genus

A1

Substantive bezeichnen Dinge, Lebewesen oder Sachverhalte. Neben dem grammatikalischen Genus gibt es auch das natürliche.

Formen

Das natürliche Genus

Dem natürlichen Geschlecht entsprechend sind Menschen und Tiere entweder maskulin oder feminin:

-o	→ -a:	**unterschiedliche Form:**	
el alumn**o**	→ la alumn**a**	el hombre	→ la mujer
der Schüler	→ *die Schülerin*	*der Mann*	→ *die Frau*
Konsonant	→ **Konsonant + -a:**	**identische Form:**	
el escrito**r**	→ la escritor**a**	el artist**a**	→ la artist**a**
der Schriftsteller	→ *die Schriftstellerin*	*der Künstler*	→ *die Künstlerin*

- o → a:
  Endet das maskuline Substantiv auf -o, wird die feminine Form gebildet, indem man das -o durch -a ersetzt:
  el amig**o** *der Freund* → la amig**a** *die Freundin*
  A2 el gat**o** *der Kater* → la gat**a** *die Katze*
  Ausnahme: Bei einer kleinen Anzahl von Substantiven, die auf -o enden, ist die feminine Form jedoch identisch mit der maskulinen, das End-o bleibt erhalten: B1
  el testig**o** *der Zeuge* → la testig**o** *die Zeugin*
  el pilot**o** *der Pilot* → la pilot**o** *die Pilotin*

- Konsonant → Konsonant + -a:
  Endet das maskuline Substantiv auf Konsonant, wird ein -a zur Bildung der femininen Form angehängt:
  B1 el lecto**r** *der Leser* → la lector**a** *die Leserin*
  C1 el leó**n** *der Löwe* → la leon**a** *die Löwin*

- unterschiedliche Form:
  Einige Substantive bilden das Femininum mit einer vom Maskulinum völlig abweichenden Form:
  el marido *der Ehemann* → la mujer *die Ehefrau*
  B1 el caballo *das Pferd/der Hengst* → C2 la yegua *die Stute*

- identische Form:
  Einige Substantive haben die gleiche Form zur Bezeichnung maskuliner und femininer Lebewesen. In diesem Fall wird das jeweilige Genus durch Begleitwörter wie Artikel, Adjektive, Demonstrativpronomen usw. angezeigt. Dies

betrifft beim Menschen vorwiegend eine Gruppe von Substantiven, die auf -a enden und Berufe bezeichnen:
B1 **este pediatra** *dieser Kinderarzt* → **esta pediatra** *diese Kinderärztin*
B1 **nuestro guía** *unser Reiseführer* → **nuestra guía** *unsere Reiseführerin*

C1 Bei Tieren werden zur Unterscheidung männlicher und weiblicher Tiere die Adjektive macho *männlich* bzw. hembra *weiblich* ergänzend hinzugefügt:
la tortuga macho *die männliche Schildkröte* → **la tortuga hembra** *die weibliche Schildkröte*
el delfín macho *der männliche Delfin* → **el delfín hembra** *der weibliche Delfin*

B2 ⚡ Maskuline Substantive auf -e können im Femininum unverändert bleiben oder unterschiedliche Endungen annehmen:

- unveränderte Form:
  C1 **el conserje** *der Pförtner* → **la conserje** *die Pförtnerin*
  C1 **el intérprete** *der Dolmetscher* → **la intérprete** *die Dolmetscherin*
  Berufsbezeichnungen, die auf die Silbe -ante auslauten, bleiben im Femininum in der Regel unverändert:
  el comerciante *der Händler* → **la comerciante** *die Händlerin*

- Endung -esa, -isa oder -ina:
  el tigre *der Tiger* → **la tigresa** *die Tigerin*
  el sacerdote *der Priester* → **la sacerdotisa** *die Priesterin*
  C1 **el héroe** *der Held* → **la heroína** *die Heldin*

- Endung -a:
  C1 **el sastre** *der (Herren)Schneider* → **la sastra** *die (Herren)Schneiderin*
  el dependiente *der Verkäufer* → **la dependienta** *die Verkäuferin*

ℹ Im Spanischen dienen die Bezeichnungen für männliche Tiere im Allgemeinen auch zur Bezeichnung der jeweiligen Gattung.

Das grammatikalische Genus

Anders als im Deutschen, wo es neben maskulinen und femininen Formen noch eine Neutrumform gibt, kennt das grammatikalische Genus im Spanischen nur zwei Formen: maskulin und feminin. Ob es sich grammatikalisch um ein maskulines oder ein feminines Substantiv handelt, ist bei den meisten Substantiven an der Endung erkennbar.

maskuline Substantive: -o	feminine Substantive: -a
el libro *das Buch*	**la casa** *das Haus*

Substantive auf -o sind in der Regel maskulin:
el ojo *das Auge* **el armario** *der Schrank* B1 **el cielo** *der Himmel*

Wichtige Ausnahmen sind:

la mano *die Hand* — la radio *das Radio* — la foto *das Foto*
A2 la moto *das Motorrad*

Bei den Substantiven foto und moto erklärt sich das Ausnahmenverhalten daraus, dass diese Abkürzungen femininer Substantive sind: la fotografía *die Fotografie* bzw. la motocicleta *das Motorrad*.

Substantive auf -a sind meistens feminin:

A2 la car**a** *das Gesicht* — la sill**a** *der Stuhl* — la plaz**a** *der Platz*

Wichtige Ausnahmen sind:

el sofá *das Sofa* — el día *der Tag* — el mapa *die Landkarte*

Des Weiteren sind auch Substantive griechischen Ursprungs, die auf -ma enden, maskulin: A2

el proble**ma** *das Problem* — el idio**ma** *die Sprache* — el siste**ma** *das System*

Farbnamen auf -a sind wie auch das Substantiv color *Farbe* ebenfalls maskulin:

el (color) ros**a** *(das) Rosa* — el (color) lil**a** *(das) Lila* — el (color) naranj**a** *(das) Orange*

Weitere Endungen, an denen das Genus erkennbar ist:

maskuline Substantivendungen:		**feminine Substantivendungen:**	
-aje:	el vi**aje** *die Reise*	**-ie**:	B2 la superfic**ie** *die Oberfläche*
-á, é, í, ó, ú + n:	el at**ún** *der Thunfisch*	**-ez**:	la v**ez** *das Mal*
-m:	el álbu**m** *das Album*	**-ad**:	la ciud**ad** *die Stadt*
-men:	el exa**men** *die Prüfung*	**-ción**:	la can**ción** *das Lied*
-r:	el colo**r** *die Farbe*	**-sión**:	B2 la deci**sión** *die Entscheidung*
C2 **-t**:	el céni**t** *der Zenit*	**-tud**:	la C1 vir**tud** *die Tugend*
-x:	el fa**x** *das Fax*	**-umbre**:	A2 la c**umbre** *der Gipfel*
		-sis:	B1 la cri**sis** *die Krise*

Ausnahmen:

la flo**r** *die Blume* — A2 el pe**z** *der Fisch* — B1 la sart**én** *die Pfanne*

Die folgenden Endungen treten sowohl bei maskulinen als auch bei femininen Substantiven auf:

Genusneutrale Substantivendungen:		
-e:	el coch**e** *der Wagen*	A2 la niev**e** *der Schnee*
-l:	A2 el árbo**l** *der Baum*	la sa**l** *das Salz*
-n:	el pa**n** *das Brot*	B1 la image**n** *das Image, das Bild*
-s:	el me**s** *der Monat*	B2 la carie**s** *die Karies*
-z:	el arro**z** *der Reis*	B1 la pa**z** *der Frieden*

B2 Bei zusammengesetzten Substantiven sind folgende Regeln zu beachten:

- Zusammengesetzte Substantive aus Verb + Substantiv sind in der Regel maskulin:
  el guardarropa *die Garderobe* — el girasol *die Sonnenblume*
  el C2 rompeolas *der Wellenbrecher* — el sacacorchos *der Korkenzieher*
- Zusammensetzungen aus zwei Verben sind immer maskulin:
  C2 el hazmerreír *das Gespött* — C2 el vaivén *das Hin und Her*
  el C2 duermevela *der Halbschlaf* — el C2 tejemaneje *das Intrigenspiel*
- Zusammengesetzte Substantive, die eine Person bezeichnen, sind entweder maskulin oder feminin, je nach dem natürlichen Geschlecht. Dieses wird durch die Begleitwörter, wie z. B. den Artikel, wiedergegeben:
  el guardaespaldas *der Leibwächter* — la guardaespaldas *die Leibwächterin*
  el lavacoches *der Wagenwäscher* — la lavacoches *die Wagenwäscherin*
- Bei Zusammensetzungen aus zwei Substantiven bestimmt das zweite Substantiv das Genus:
  la compraventa *der Kauf* — el baloncesto *der Basketball*
  la C2 madreselva *das Geißblatt* — la coliflor *der Blumenkohl*
- Besteht die Zusammensetzung aus einem unveränderlichen Wort (z. B. einer Präposition oder einem Adverb) und einem Substantiv, wird das Genus des Substantivs übernommen:
  la contraseña *das Passwort* — C2 el maltrato *die Misshandlung*

Gebrauch

Anders als im Deutschen sind maskulin:

- Ziffern und Zahlen:
  el uno *die Eins* — el millón *die Million*
- Flüsse:
  el Elba *die Elbe* — el Oder *die Oder*
- die meisten Bäume:
  C2 el roble *die Eiche* — B1 el pino *die Kiefer*

Feminin sind hingegen:

- Tageszeiten:
  la mañana *der Vormittag* — la tarde *der Nachmittag*
- Buchstaben sowie das Substantiv letra *Buchstabe*:
  la (letra) a *das A* — la (letra) z *das Z*
- Einige Bäume:
  C2 la morera *der Maulbeerbaum* — C2 la acacia *die Akazie*

Bei einigen Substantiven hängt das Genus von der Bedeutung ab: C1

el capital *das Kapital*	aber:	**la** capital *die Hauptstadt*
el cólera *die Cholera*	aber:	**la** cólera *der Zorn*
el cometa *der Komet*	aber:	**la** cometa *der Drachen*
el corte *der Schnitt*	aber:	**la** corte *der (Königs)Hof*
el editorial *der Leitartikel*	aber:	**la** editorial *der Verlag*
el frente *die Front*	aber:	**la** frente *die Stirn*
el orden *die Ordnung*	aber:	**la** orden *der Befehl, der Orden*

In einigen Ländern Lateinamerikas werden manche Substantive mit einem anderen Genus als in Spanien verwendet. Dies betrifft u. a.:

in Spanien:	in Teilen Lateinamerikas:
la radio *das Radio*	**el** radio
el pijama *der Schlafanzug*	**la** pijama
la sartén *die Pfanne*	**el** sartén

3.2 Der Plural

A1

Die typische Pluralendung spanischer Substantive ist entweder -s oder -es:

Vokal + -s:	Konsonant + -es:
cuchill**o** *Messer* → cuchill**os**	B1 colla**r** *Halskette* → collar**es**
mes**a** *Tisch* → mes**as**	ciuda**d** *Stadt* → ciudad**es**

Auf Vokal endende Substantive bilden den Plural durch Anhängen von -s:

el vas**o** *das Glas* → los vaso**s**
la ventan**a** *das Fenster* → las ventana**s**

Ausnahme: Einsilbige Substantive, die auf Vokal enden, bilden den Plural jedoch in der Regel mit -es: B1

el s**í** *das Ja* → los sí**es**
el n**o** *das Nein* → los no**es**
la o *das O* → las o**es**

Endet ein Substantiv auf Konsonant, wird im Plural -es hinzugefügt:

el tre**n** *der Zug* → los tren**es**
la muje**r** *die Frau* → las mujer**es**

Ausnahme: Substantive ausländischer Herkunft, die nicht an das Spanische angepasst worden sind, bilden den Plural in der Regel nur mit -s:

B2 el récor**d** *der Rekord* → los récord**s**
B2 el souveni**r** *das Souvenir* → los souvenir**s**

A2 Besonderheiten:

- Substantive auf -z bilden den Plural mit -ces (▷ 1.2):
  B1 el lápiz *der Bleistift* → los lápices
  la luz *das Licht* → las luces
- Mehrsilbige Substantive, die auf unbetonten Vokal + -s auslauten, bleiben im Plural unverändert:
  el jueves *der Donnerstag* → los jueves
  C1 la tesis *die These* → las tesis
- Substantive auf -y bilden den Plural mit -es:
  C2 el buey *der Ochse* → los bueyes
  B1 la ley *das Gesetz* → las leyes
  Ausnahme: Einige Substantive ausländischer Herkunft verwenden im Plural stets nur die Endung -s:
  el jersey *der Pullover* → los jerseys/jerseis
- Substantive auf -í und -ú können den Plural sowohl mit der Endung -s als auch mit -es bilden:
  C2 el bisturí *das Skalpell* → los bisturíes/bisturís
  C1 la maniquí *das Model* → las maniquíes/maniquís
  In der Umgangssprache wird meist die Pluralendung auf -s verwendet:
  Ausnahme: Einige wenige Substantive bilden den Plural ausschließlich auf -s:
  el menú *das Menü* → los menús
  el champú *das Shampoo* → los champús
- Bei Substantiven auf betonten Vokal + -n oder -s entfällt im Plural der Akzent (▷ 1.2.1):
  el interés *das Interesse* → los intereses
  la canción *das Lied* → las canciones

B2
- Bei den folgenden Substantiven wird die Betonung im Plural um eine Silbe verschoben:
  C2 el espécimen *das Exemplar* → los especímenes
  el régimen *das Regime, die Diät* → los regímenes
  el carácter *der Charakter* → los caracteres

B2 Zusammengesetzte Substantive bilden den Plural wie folgt:

- Bei Zusammensetzungen aus zwei Substantiven wird nur das letzte Element in den Plural gesetzt:
  C1 la madreperla *die Perlmutter* → las madreperlas
  C1 la telaraña *die Spinnwebe* → las telarañas
- Zusammengesetzte Wörter aus Verb + Substantiv oder unveränderlichem Wort + Substantiv bilden den Plural mit der Pluralform des Substantivs:
  C1 el antebrazo *der Unterarm* → los antebrazos
  C1 el cortacésped *der Rasenmäher* → los cortacéspedes

- Beinhaltet die Zusammensetzung ein Substantiv im Plural, bleibt die Pluralform des zusammengesetzten Substantivs unverändert:
  C1 el rascacielos *der Wolkenkratzer* → los rascacielos
  C1 el sacapuntas *der Bleistiftspitzer* → los sacapuntas

Gebrauch

- Vacaciones *Urlaub* wird immer im Plural verwendet:
  ¿Cuándo has vuelto de **vacaciones**? *Wann bist du aus dem **Urlaub** zurückgekommen?*
- Das Substantiv gente *Leute* wird normalerweise im Singular benutzt:
  La **gente** estaba nerviosa. *Die **Leute** waren nervös.*
- Meist im Plural werden Substantive verwendet, die Objekte bezeichnen, die aus zwei symmetrischen Teilen bestehen:
  las gafas *die Brille*, los pantalones *die Hose*
- Einige Substantive haben mehrere Bedeutungen im Plural:
  el hijo *der Sohn* → los hijos *die Söhne* und *die Kinder*
  B2 la bailarina *die Tänzerin* → las bailarinas *die Tänzerinnen* und *die Ballerinas* (flache Schuhe)
- Eine Reihe von Substantiven (Pluralia tantum) wird ausschließlich im Plural benutzt:
  B2 las afueras *die Umgebung*, C2 las nupcias *die Hochzeit*
- Substantive, die unzählbare Dinge bezeichnen, werden in der Regel im Singular benutzt:
  Esta mañana he comprado **fruta**. *Heute Vormittag habe ich **Obst** gekauft.*
  No me gusta el **vino**. *Ich mag keinen **Wein**.*
  Sie können hingegen im Plural verwendet werden, wenn mit ihnen verschiedene Sorten oder mehrere Einheiten gemeint sind:
  En la frutería no había **frutas** exóticas. *Im Obstladen gab es keine exotischen **Früchte**.*
  No he probado aún los **vinos** chilenos. *Ich habe die chilenischen **Weine** noch nicht gekostet.*

Einige Substantive wechseln die Bedeutung, wenn sie vom Singular in den Plural übergehen: C2

el celo *der Eifer*	aber:	**los** celos *die Eifersucht*
la honra *die Ehre*	aber:	**las** honras *die Trauerfeier*
la menudencia *die Kleinigkeit*	aber:	**las** menudencias *die Innereien*
el trabajo *die Arbeit*	aber:	**los** trabajos *die Strapaze*
la víspera *der Vortag*	aber:	**las** vísperas *die Vesper*

Zwischentest 3

A1 **1. Welche Substantivendungen passen im folgenden Satz?**

El niñ...... no está en la escuel...... .

a. -a, -a ☐ c. -o,-a ☐
b. -a, -o ☐ d. -o, -o ☐

A1 **2. Wie lautet die feminine Form von jugador?**

a. jugadar ☐ c. jugadera ☐
b. jugadora ☐ d. jugador ☐

A1 **3. Welche Form des Substantivs ist korrekt?**

No he visto ninguna película de esa ....

a. actora ☐ c. actriz ☐
b. actor ☐ d. actar ☐

A1 **4. Welches Substantiv gehört in die Lücke?**

Es un .... muy famoso.

a. deportisto ☐ c. deportistas ☐
b. deportista ☐ d. deportistos ☐

A2 **5. Zu welcher Reihe gehört das Substantiv clima?**

a. hoja, taza, pierna, boca ☐ c. mano, radio, moto, foto ☐
b. libro, bolso, abrigo, plato ☐ d. tema, mapa, problema, sofá. ☐

A1 **6. Welcher Satz ist richtig?**

a. Hemos hecho un viaje a una ciudad del norte del país. ☐
b. Hemos hecho una viaje a una ciudad del norte del país. ☐
c. Hemos hecho un viaje a un ciudad del norte del país. ☐
d. Hemos hecho una viaje a un ciudad del norte del país. ☐

A1 **7. Welche Substantive sind im Spanischen immer feminin? (2 Möglichkeiten)**

a. Buchstaben ☐ c. Ziffern ☐
b. Flüsse ☐ d. Tageszeiten ☐

A1 **8. Welche Pluralendung hängen Substantive mit konsonantischer Endung an?**

a. -s ☐ c. Keine Endung ☐
b. -es ☐ d. -s im Maskulinum und -es im Femininum ☐

9. Wie ist der folgende Satz ins Spanische zu übersetzen? C1

Buenos Aires ist die Hauptstadt Argentiniens.

a. Buenos Aires es el capital de Argentina. ☐
b. Buenos Aires es la capitala de Argentina. ☐
c. Buenos Aires es el capitol de Argentina. ☐
d. Buenos Aires es la capital de Argentina. ☐

10. Ergänzen Sie den Satz mit dem passenden Satzteil. A2

He ido a ese café ....

a. muchas vez ☐
b. muchas veces ☐
c. muchas vezes ☐
d. muchas vezs ☐

11. Welche Pluralform gehört in die Lücke? A2

Los .... llegaron ayer a Segovia.

a. reys ☐
b. reyos ☐
c. reyes ☐
d. rey ☐

12. Welche Pluralform ist nicht korrekt gebildet? A2

a. cafés ☐
b. franceses ☐
c. canciónes ☐
d. amores ☐

13. Welche ist die richtige Pluralform für abrebotellas? B2

a. abrebotellas ☐
b. abrebotellases ☐
c. abrebotellasas ☐
d. abrebotellass ☐

14. Wählen Sie den korrekten Satz aus. A1

a. La gente están muy contenta. ☐
b. La gente está muy contenta. ☐
c. La gente están muy contentas. ☐
d. Las gentes están muy contenta. ☐

15. Welche Form gehört in die Lücke? A2

En ese restaurante tienen dos ....

a. menú ☐
b. menúes ☐
c. menús ☐
d. menúos ☐

Lösungen

1 c. 2 b. 3 c. 4 b. 5 d. 6 a. 7 a., d. 8 b.
9 d. 10 b. 11 c. 12 c. 13 a. 14 b. 15 c.

A1

4 Das Adjektiv

Débense buscar los amigos como se buscan los ***buenos*** *libros.*
Que no está la felicidad en que sean ***muchos*** *ni muy* ***curiosos****,*
antes en que sean ***pocos, buenos*** *y bien* ***conocidos****.*

Mateo Alemán (1547–1613), novelista español

Freunde müssen wie ***gute*** *Bücher ausgesucht werden.*
Das Glück besteht nicht darin,
dass man ***viele*** *oder* ***außergewöhnliche*** *hat,*
sondern ***wenige, gute*** *und wohl* ***bekannte****.*

Mateo Alemán (1547–1613), spanischer Romanschriftsteller

G Die Mehrheit der Adjektive endet genusabhängig auf **-o** bzw. **-a** und passt sich in Genus und Numerus an das Substantiv an, das sie begleitet. Sie sind ihrem Bezugswort in der Regel nachgestellt.
Einige Adjektive stehen vor maskulinen Substantiven im Singular in einer verkürzten Form.

Adjektive bezeichnen Merkmale oder Eigenschaften von Lebewesen, Gegenständen, Handlungen oder Zuständen.

4.1 Das Genus

A1

Formen

Maskuline Adjektive enden meist auf -o. Zur Bildung der femininen Form wird das -o durch -a ersetzt:

maskulin: -o	**bonito** *schön*	→ feminin: -a	**bonita** *schön*
	caro *teuer*	→	**cara** *teuer*

Besonderheiten:

- Adjektive, die im Maskulinum nicht auf -o, sondern auf andere Vokale auslauten, bleiben im Femininum unverändert:
  el abrigo rosa *der rosa Mantel* → **la flor rosa** *die rosa Blume*
  el chico alegre *der fröhliche Junge* → **la chica alegre** *die fröhliche junge Frau*
- Ebenso verändern maskuline Adjektive auf Konsonant ihre Form im Femininum nicht:
  un amigo B2 **fiel** *ein treuer Freund* → **una amiga fiel** *eine treue Freundin*
  un hombre joven *ein junger Mann* → **una mujer joven** *eine junge Frau*
  Ausnahme: Adjektive auf -or, -án, -ín und -ón hängen zur Bildung der femininen Form -a an: B1
  un niño hablador *ein gesprächiges Kind* → **una niña habladora** *ein gesprächiges Mädchen*
  un hombre C1 **cantarín** *ein sangesfreudiger Mann* → **una mujer cantarina** *eine sangesfreudige Frau*
  Davon jedoch ausgenommen sind die unregelmäßigen Vergleichsformen wie **mayor** *größer*, **menor** *kleiner*, **mejor** *besser* und **peor** *schlechter* sowie **marrón** *braun*, die wie alle Adjektive, die nicht auf -o auslauten, unverändert bleiben:
  el mejor periódico *die* ***beste*** *Zeitung* → **la mejor canción** *das* ***beste*** *Lied*
  un traje marrón *ein* ***brauner*** *Anzug* → **una falda marrón** *ein* ***brauner*** *Rock*
- Bei Adjektiven auf -ón, -ín und -án entfällt der Akzent im Femininum (▷ 1.2.1): B1
  un joven C1 **fanfarrón** *ein prahlerischer Junge* → **una joven fanfarrona** *eine prahlerische junge Frau*

Nationalitätenadjektive

Nationalitätenadjektive auf Konsonant bilden das Femininum durch Anhängen der Endung -a an die maskuline Form:
español *spanisch* → **española** *spanische*
andaluz *andalusisch* → **andaluza** *andalusische*

A2 Auf betonten Vokal + n oder s auslautende Nationalitätenadjektive verlieren dabei den Akzent (▷ 1.2.1):
japonés *japanisch* → **japonesa** *japanisch*
alemán *deutsch* → **alemana** *deutsch*

Wie andere Adjektive ersetzen maskuline Nationalitätenadjektive auf -o dieses im Femininum durch -a:
colombiano *kolumbianisch* → **colombiana** *kolumbianisch*
panameño *panamaisch* → **panameña** *panamaisch*

Nationalitätenadjektive auf sonstige Vokale bleiben im Femininum unverändert:
el señor **costarricense** *der **costa-ricanische** Herr* → la señora **costarricense** *die **costa-ricanische** Frau*
un A2 alumno **marroquí** *ein **marokkanischer** Schüler* → una alumna **marroquí** *eine **marokkanische** Schülerin*

A1 4.2 Der Plural

Formen

Wie beim Substantiv wird der Plural der Adjektive durch Anhängen der Endung -s bei vokalischem Auslaut oder -es bei konsonantischem Auslaut gebildet:

Vokal + -s:	**pequeño** *klein* → **pequeños**
Konsonant + -es:	**azul** *blau* → **azules**

A2 Besonderheiten:

- Adjektive auf -z bilden den Plural mit -ces (▷ 1.2):
  una niña A2 **feliz** *ein glückliches Mädchen* → unas niñas **felices** *glückliche Mädchen*
  un hombre C1 **audaz** *ein kühner Mann* → unos hombres **audaces** *kühne Männer*
- Wie beim Übergang in die feminine Form verlieren maskuline Adjektive auf betonten Vokal + n oder + s im Plural den Akzent (▷ 1.2.1):
  un coche **francés** *ein französisches Auto* → unos coches **franceses** *französische Autos*
  un estudiante **mallorquín** *ein mallorquinischer Student* → unos estudiantes **mallorquines** *mallorquinische Studenten*
- Adjektive auf -í und -ú können den Plural mit -s oder -es bilden. Die Adjektive dieser Gruppe stammen meist aus dem Arabischen oder aus afrikanischen bzw. asiatischen Sprachen:
  un A2 cojín **carmesí** *ein karminrotes Kissen* → unos cojines **carmesís/carmesíes** *karminrote Kissen*
  una mujer **bantú** *eine Bantufrau* → unas mujeres **bantús/bantúes** *Bantufrauen*
  ⇐ In der Hochsprache wird fast ausschließlich die Pluralform auf -es benutzt.

4.3 Die Angleichung

A1

Das attributive Adjektiv stimmt im Genus und Numerus mit dem Substantiv, das es begleitet, überein:

el libr**o** viej**o** *das alte Buch* la sill**a** viej**a** *der alte Stuhl*
los libr**os** viej**os** *die alten Bücher* las sill**as** viej**as** *die alten Stühle*

Anders als im Deutschen werden Adjektive im Spanischen auch dann an das Substantiv angeglichen, wenn sie prädikativ gebraucht werden:

La ciudad es pequeñ**a**. *Die Stadt ist klein.*
Las ciudades son pequeñ**as**. *Die Städte sind klein.*
El barrio es pequeñ**o**. *Das Stadtviertel ist klein.*
Los barrios son pequeñ**os**. *Die Stadtviertel sind klein.*

Bezieht sich ein Adjektiv gleichzeitig auf maskuline und feminine Substantive, wird die maskuline Form im Plural verwendet:

El A2 armario, la A2 cama y la mesa son nuev**os**. *Der Schrank, das Bett und der Tisch sind neu.*
Las patatas y los A2 pepinos son barat**os**. *Die Kartoffeln und die Gurken sind billig.*

Stellung

Im attributiven Gebrauch stehen die Adjektive im Spanischen meist nach dem Substantiv, auf das sie sich beziehen. In dieser Position haben sie eine beschreibende Funktion und dienen zur Unterscheidung des jeweiligen Substantivs von den restlichen seiner Art:

el perro **grande** *der* ***große*** *Hund*
la calle A2 **ancha** *die* ***breite*** *Straße*

Adjektive können jedoch vor das Substantiv gestellt werden, wenn das Substantiv mit dieser Eigenschaft identifiziert wird oder eine subjektive Empfindung betont werden soll:

la **dulce** B1 miel *der* ***süße*** *Honig*
el **difícil** B1 asunto *die* ***schwierige*** *Angelegenheit*

Ausschließlich nachgestellt werden in der Regel Adjektive, die die folgenden Gruppen bezeichnen:

- Farbe: la casa **roja** *das* ***rote*** *Haus*
- Herkunft: la cerveza **alemana** *das* ***deutsche*** *Bier*
- Religion: la B1 población **católica** *die* ***katholische*** *Bevölkerung*
- Form: la mesa **cuadrada** *der* ***viereckige*** *Tisch*
- Ideologie: el partido **comunista** *die* ***kommunistische*** *Partei*

A2 Die folgenden Adjektive werden jedoch ausschließlich vorangestellt verwendet:

- mejor *besser* und peor *schlechter*:
  Es el **mejor** arquitecto contemporáneo del país. *Er ist der **beste** zeitgenössische Architekt des Landes.*
  Esta es la **peor** noticia del día. *Diese ist die **schlechteste** Nachricht des Tages.*
- medio *halb*:
  He bebido **medio** litro de agua. *Ich habe einen **halben** Liter Wasser getrunken.*
- otro *andere(r)*:
  He traído **otro** B1 paraguas. *Ich habe einen **anderen** Regenschirm mitgebracht.*
- mucho *viel*, *sehr* und poco *wenig*:
  He visitado **muchos** pueblos. *Ich habe **viele** Dörfer besucht.*
  Tengo **poco** dinero. *Ich habe **wenig** Geld.*
- tanto *so sehr/viel*:
  Hace **tanto** calor como ayer. *Es ist so warm wie gestern.*

Auch Adjektive, die eine Reihenfolge bezeichnen, stehen in der Regel vor dem Substantiv:
Eres la **primera** persona hondureña que he conocido. *Du bist die **erste** Person aus Honduras, die ich kennengelernt habe.*

A2 **Stellung und Form**
Einige Adjektive nehmen im Maskulinum Singular eine verkürzte Form an, wenn sie vorangestellt werden:

nachgestellt → Langform		**vorangestellt → Kurzform**
bueno	→	**buen**
un libro bueno *ein gutes Buch*		un buen B1 consejo *ein guter Rat*
malo	→	**mal**
un trabajo malo *eine schlechte Arbeit*		un mal día *ein schlechter Tag*
santo	→	**san**
un hombre santo *ein heiliger Mensch*		San Agustín *Sankt Augustin*
primero	→	**primer**
el capítulo primero *das erste Kapitel*		el primer día *der erste Tag*
tercero	→	**tercer**
el piso tercero *das dritte Stockwerk*		el tercer año *das dritte Jahr*

Ausnahme: Mit Eigennamen, die mit To- oder Do- anfangen, wird immer santo anstelle von san benutzt:
santo **To**más *Sankt Thomas*, santo **Do**mingo *Sankt Dominikus*

Grande verkürzt sich sowohl im Maskulinum als auch im Femininum Singular, wenn es vorangestellt wird:

grande →	gran
un castillo **grande** *ein **großes** Schloss*	un **gran** amigo *ein **sehr guter** Freund*
una puerta **grande** *eine **große** Tür*	una **gran** idea *eine **sehr gute** Idee*

Stellung und Bedeutung C1

⚡ Bei einer Reihe von Adjektiven hängt die Bedeutung von ihrer Stellung ab:

nachgestelltes Adjektiv:	vorangestelltes Adjektiv:
una casa **grande**	una **gran** casa
*ein **großes** Haus*	*ein **sehr gutes** Haus*
mi coche **viejo**	mi **viejo** coche
*mein **altes** (= kaputtes) Auto*	*mein **altes** (= früheres) Auto*
mi casa **nueva**	mi **nueva** casa
*mein **neues** (= kürzlich gebautes) Haus*	*mein **neues** (= jetziges) Haus*
un hombre **pobre**	un **pobre** hombre
*ein **armer** (= ohne Geld) Mann*	*ein **armer** (= armseliger) Mann*
una dependienta **triste**	una **triste** dependienta
*eine **traurige** Verkäuferin*	*eine **einfache** Verkäuferin*
una pulsera **única**	una **única** pulsera
*ein **einmaliges** Armband*	*ein **einziges** Armband*
un amigo **solo**	un **solo** amigo
ein Freund, der allein ist	*ein **einziger** Freund*

Gebrauch

Adjektive werden in der Regel als Begleiter von Substantiven benutzt, denen sie bestimmte Eigenschaften zuordnen:

La **película** cubana ha sido muy **buena**. *Der **kubanische** Film war sehr **gut**.*
Los **pantalones estrechos** no me gustan. *Ich mag keine **enge Hose**.*

Sie können jedoch auch allein stehen, wenn das Bezugssubstantiv bereits genannt wurde und der Bezug unmissverständlich ist: A2

¿Quieres estas camisetas? – No, me gustan más **las verdes**.
*Möchtest du diese T-Shirts? – Nein, mir gefallen **die grünen** besser.*
¿Qué libros vas a comprar? – **Los** más **baratos**.
*Welche Bücher wirst du kaufen? – **Die billigsten**.*

Mit der neutralen Form des bestimmten Artikels lo werden Adjektive zu abstrakten Substantiven (▷ 2.2): B1

Lo bueno es que ella ya lo sabe todo. ***Das Gute** ist, dass sie schon alles weiß.*
No te puedes imaginar **lo nerviosos** que estábamos. *Du kannst dir nicht vorstellen, **wie nervös** wir waren.*

Zwischentest 4

A1 **1. Welches Adjektiv gehört in die Lücke?**

La falda .... me gusta mucho.

a. blanco ☐ c. blancos ☐
b. blancas ☐ d. blanca ☐

B1 **2. Wie lautet die feminine Form des Adjektivs seductor?**

a. seductar ☐ c. seductor ☐
b. seducter ☐ d. seductora ☐

A1 **3. Welche Form gehört in die Lücke?**

Esta mañana he visto un jersey .... que está muy bien.

a. azulo ☐ c. azul ☐
b. azula ☐ d. azol ☐

A1 **4. Wie lautet die richtige Pluralendung?**

Los participantes son muy jóven...... .

a. -es ☐ c. -s ☐
b. -os ☐ d. endungslos ☐

A2 **5. Wie bilden die Adjektive auf -z den Plural?**

a. mit derselben Form ☐ c. mit -zes ☐
b. mit -ces ☐ d. nur mit -s ☐

A2 **6. Was passiert im Plural mit den Adjektiven, die auf betonten Vokal + n bzw. + s enden?**

a. Sie verlieren den Akzent. ☐ c. Sie behalten den Akzent. ☐
b. Sie bleiben unverändert. ☐ d. Sie erhalten die Endung -s. ☐

A2 **7. Wie werden mejor und peor verwendet?**

a. dem Substantiv vorangestellt ☐ c. im Plural ☐
b. dem Substantiv nachgestellt ☐ d. ohne Substantiv ☐

A1 **8. Wie wird das Adjektiv an das Substantiv, das es begleitet, angeglichen?**

a. nur im Genus ☐ c. nur im Numerus ☐
b. wird nicht angeglichen ☐ d. im Genus und Numerus ☐

9. Welcher Satz ist richtig? A1

a. Tengo muchos amigos y amigas españolos.
b. Tengo muchos amigos y amigas españolas.
c. Tengo muchos amigos y amigas españols.
d. Tengo muchos amigos y amigas españoles.

10. Welche Antwort passt zur Frage? A2

¿Te gustan las películas de aventuras?
a. Sí, pero prefiero las románticas.
b. Sí, pero prefiero los románticos.
c. Sí, pero prefiero los románticas.
d. Sí, pero prefiero las románticos.

11. Welcher der genannten Sätze ist nicht falsch? A2

a. Nos dio una grande noticia.
b. Nos dio una gran noticia.
c. Nos dio una granda noticia.
d. Nos dio una grandes noticia.

12. Was bedeutet único im folgenden Satz? C1

Tengo una pieza única.

a. einzig
b. wertlos
c. einmalig
d. mein

13. Wie muss der Satz im Deutschen lauten? C1

He tenido un solo profesor de español.
a. Ich habe einen Spanischlehrer gehabt, der allein ist.
b. Ich habe einen allein stehenden Spanischlehrer gehabt.
c. Ich habe einen einzigen Spanischlehrer gehabt.
d. Ich habe einen Spanischlehrer gehabt, der allein unterrichtete.

14. In welchem Satz ist das Adjektiv an der falschen Stelle verwendet? A2

a. La falda azul me queda muy grande.
b. Los plátanos canarios saben muy buenos.
c. He comprado medio litro de vino.
d. La redonda mesa me gusta mucho.

Lösungen

1d. 2d. 3c. 4a. 5b. 6a. 7a. 8d.
9d. 10a. 11b. 12c. 13c. 14d.

A2

5 Der Vergleich

Es más fácil negar las cosas que enterarse de ellas.

Mariano José de Larra (1809–1837), escritor español

Es ist leichter, etwas zu verleugnen als es wahrzunehmen.

Mariano José de Larra (1809–1837) spanischer Schriftsteller

G Im Spanischen gibt es drei Steigerungsstufen: Komparativ, Superlativ und Elativ. Der Komparativ ist für Adjektive und Adverbien gleich. Im Unterschied zum Deutschen wird der Komparativ der Überlegenheit bei regelmäßigen Adverbien und Adjektiven mithilfe des Adverbs **más** *mehr* gebildet.
Der Elativ hat im Spanischen eine eigenständige Form.

5.1 Der Komparativ

A2

Im Spanischen wie im Deutschen unterscheidet man zwischen dem Komparativ der Überlegenheit, der Unterlegenheit und der Gleichheit.

5.1.1 Der Komparativ der Überlegenheit und der Unterlegenheit

A2

Formen und Gebrauch

mehr ... als			weniger ... als		
más	Adjektiv Adverb Substantiv	**que**	**menos**	Adjektiv Adverb Substantiv	**que**

Die Komparativformen más ... que und menos ... que werden sowohl in Verbindung mit Adjektiven als auch mit Adverbien und Substantiven verwendet:
Es **más** simpático **que** yo. *Er ist sympathischer als ich.*
El agua es **menos** cara **que** el vino. *Wasser ist weniger teuer als Wein.*
Sara habla **más** deprisa **que** su madre. *Sara spricht schneller als ihre Mutter.*
Hoy he empezado **menos** tarde **que** ayer. *Heute habe ich **weniger** spät **als** (= nicht so spät wie) gestern angefangen*
Tienes **más** dinero **que** él. *Du hast **mehr** Geld **als** er.*
Conozco **menos** gente **que** tú. *Ich kenne **weniger** Leute **als** du.*

Adjektive mit besonderen Komparativformen:

alto *hoch* → superior *höher*	bajo *niedrig* → inferior *niedriger*
bueno *gut* → mejor *besser*	grande *groß* → mayor *größer*
malo *schlecht* → peor *schlechter*	pequeño *klein* → menor *kleiner*

Kommen die Komparativformen dieser Adjektive zur Anwendung, wird die Partikel más nicht gebraucht:
Este coche es **mejor** que ése otro. *Dieser Wagen ist **besser** als jener andere.*
Ese queso es **peor** que el otro. *Dieser Käse ist **schlechter** als der andere.*

- ⚡ Die Adjektive grande *groß* und pequeño *klein* treten sowohl mit ihren regelmäßigen Standardkomparativformen als auch mit den jeweiligen Sonderformen mayor bzw. menor auf.
  Mayor und menor beziehen sich normalerweise auf das Alter:
  Soy **mayor** que tú. *Ich bin **älter** als du.*
  Mis amigos son **menores** que yo. *Meine Freunde sind **jünger** als ich.*
  Um über die Größe zu sprechen, werden sie meist mit ihrer Standardform benutzt:
  Tu casa es más **grande** que la mía. *Deine Wohnung ist **größer** als meine.*
  El salón es más **pequeño** que la cocina. *Das Wohnzimmer ist **kleiner** als die Küche.*

B2 • Bei **superior** und **inferior** wird das zweite Vergleichsglied durch **a** anstelle von **que** eingeleitet:
El precio de este ordenador es superior a la media. *Der Preis dieses Computers ist höher **als** der Durchschnitt(spreis).*
Este año la participación ha sido inferior al año pasado. *Dieses Jahr ist die Teilnahme geringer **als** im vergangenen Jahr gewesen.*

Auch die Adverbien **bien** *gut* und **mal** *schlecht* bilden den Komparativ unregelmäßig:

bien → mejor *besser*	**mal → peor** *schlechter*

Ahora entiendo mejor que antes lo que quieres decir. *Jetzt verstehe ich **besser** als vorher, was du sagen willst.*
Hoy lo has hecho peor que ayer. *Heute hast du es **schlechter** als gestern gemacht.*

⚡ Die Vergleichspartikel **que** wird durch **de** ersetzt, wenn:
• das darauffolgende Vergleichsglied eine Zahl oder eine Mengenangabe ist:
Trabajo en esta empresa desde hace más de diez años. *Ich arbeite in diesem Betrieb seit mehr **als zehn** Jahren.*
He leído menos de la mitad del libro. *Ich habe weniger **als die Hälfte** des Buches gelesen.*

B2 Im negativen Satz tritt sowohl **más que** als auch **más de** auf, jedoch mit unterschiedlicher Bedeutung:
No + Verb + **más de** drückt die größtmögliche Zahl oder Menge aus:
No tengo más de cincuenta euros. *Ich habe **nicht mehr als** fünfzig Euro. (= Ich habe höchstens fünfzig Euro.)*
No + Verb + **más que** bedeutet *nur* und gibt die genaue Zahl oder Menge an:
No tengo más que cincuenta euros. *Ich habe nur fünfzig Euro.*

B1 • auf sie ein Relativsatz mit **lo/el/la/los/las que** folgt:
Es más complicado de lo que pensaba. *Es ist komplizierter, als ich dachte.*
Hemos comprado más fruta de la que vamos a comer. *Wir haben mehr Obst gekauft, als wir essen werden.*

Verb + **más que** *mehr als*	Verb + **menos que** *weniger als*

Bezieht sich der Vergleich auf eine Handlung, wird **más que** und **menos que** verwendet:
Normalmente trabajáis más que los demás. *Normalerweise arbeitet ihr **mehr als** die anderen.*
Este mañana hemos comido menos que tú. *Heute Vormittag haben wir **weniger als** du gegessen.*

5.1.2 Der Komparativ der Gleichheit

A2

Formen und Gebrauch

tan + Adjektiv/Adverb + como *(genau)so … wie*

Tu amigo es **tan** alto **como** tú. *Dein Freund **ist genauso** groß **wie** du.*
Cantáis **tan** bien **como** nosotras. *Ihr singt **genauso** gut **wie** wir.*
In der Umgangssprache hört man häufig auch die Form igual de + Adjektiv/ Adverb + que:
Tu amigo es **igual de** alto **que** tú. *Dein Freund **ist genauso** groß **wie** du.*
Cantáis **igual de** bien **que** nosotras. *Ihr singt **genauso** gut **wie** wir.*

tanto/-a/-os/-as + Substantiv + como *(genau)so viel … wie*

Tanto stimmt im Genus und Numerus mit dem Substantiv überein:
He comprado **tanto** pescado **como** carne. *Ich habe **genauso viel** Fisch **wie** Fleisch gekauft.*
Hemos visto **tantas** películas españolas **como** vosotras. *Wir haben **genauso viele** spanische Filme **wie** ihr gesehen.*

Verb + tanto como *… (genau)so viel/sehr*

Me gusta **tanto como** a ti. *Es gefällt mir **genauso sehr** wie dir.*
Tu sabes **tanto como** nosotros. *Du weißt **genauso viel** wie wir.*

Der Komparativ der Gleichheit kann auch in negativen Sätzen zum Einsatz kommen. Formen dieses Inhalts drücken in etwa das Gleiche wie der Komparativ der Unterlegenheit aus. Sie werden im Sprachgebrauch manchmal bevorzugt:

Komparativ der Unterlegenheit:	≈ negativer Komparativ der Gleichheit:
Hemos llegado **menos pronto que** ayer. *Wir sind **weniger früh als** gestern gekommen.*	**No** hemos llegado **tan pronto como** ayer. *Wir sind **nicht so früh wie** gestern gekommen.*

5.1.3 Der Proportionalsatz

B2

Bei Proportionalsätzen bewirkt das im Nebensatz beschriebene Geschehen entweder eine Verstärkung oder aber eine Abschwächung der Aussage des Hauptsatzes.

cuanto más/menos … más/menos … *je mehr … desto/umso …*

Cuanto más dinero tienes, **más** te gastas. ***Je mehr** Geld du hast, **desto mehr** gibst du aus.*
Cuanto menos lo pienses, **menos** sufrirás por ello. ***Je weniger** du daran denkst, **umso weniger** wirst du darunter leiden.*

C2

5.1.4 Der irreale Vergleichssatz

Irreale Vergleichssätze drücken einen Vergleich aus, der nicht wirklich ist.

como si + Subjuntivo Imperfekt/Plusquamperfekt *als ob/wie wenn*

Me saludaron **como si** fuéramos buenos amigos. *Sie begrüßten mich, **als ob** wir gute Freunde wären.*
Me siento **como si** no hubiera dormido en toda la noche. *Ich fühle mich, **wie wenn** ich die ganze Nacht nicht geschlafen hätte.*

A2

5.2 Der Superlativ

Der Superlativ ist der höchste Steigerungsgrad. Mit ihm wird zum Ausdruck gebracht, dass eine Person oder Sache die höchste bzw. die niedrigste Stufe einer Eigenschaft innerhalb einer Gruppe besitzt.

Formen

Der Superlativ wird in der Regel mit dem bestimmten Artikel + más/menos + dem Positiv gebildet. Es gibt bei dieser Konstruktion unterschiedliche Kombinations- und Anschlussmöglichkeiten für die vergleichenden Elemente:

el/la/los/las + más/menos + Adjektiv + de + Substantiv/Pronomen

Beide Formen von Vergleichselementen werden beim Superlativ durch die Präposition de verbunden:
Tus compañeras son **las más** simpáticas **de** la oficina. *Deine Kolleginnen sind die nettesten vom ganzen Büro.*
Su moto es **la menos** rápida **de** todas. *Sein Motorrad ist das am wenigsten schnelle von allen.*

el/la/los/las + Substantiv + **más/menos** + Adjektiv + **que** + Verb

Ist das zweite Vergleichselement ein Satz, wird que benutzt:
Tú eres **la** persona **más** amable **que** yo conozco. *Du bist die freundlichste Person, die ich kenne.*
Éste es **el** móvil **menos** caro **que** me he comprado hasta ahora. *Dieses ist das am wenigsten teure Handy, das ich mir bis jetzt gekauft habe.*

Adjektive mit unregelmäßigen Komparativformen verwenden diese in superlativischer Anwendung in unveränderter Form anstelle der Kombination más/menos + Positiv:
Esta película es **la peor de** toda la semana. *Dieser Film ist **der schlechteste von** der ganzen Woche.*
Marisa es **la menor de** mis hijas. *Marisa ist **die jüngste** meiner Töchter.*

Superior und **inferior** werden im Superlativ wie unabhängige Adjektive benutzt: B2
Vivimos en el piso inferior. *Wir wohnen im **unteren** Stockwerk.*
El menú se encuentra en la parte superior de la página. *Das Menü befindet sich im **oberen** Teil der Seite.*

Grande und **pequeño** können auch mit den Sonderformen **máximo** bzw. **mínimo** auftreten: B1
Les concedieron el máximo galardón de la arquitectura. *Ihnen wurde die **höchste** Auszeichnung der Architektur verliehen.*
La temperatura mínima del día ha sido de 2 grados. *Die **niedrigste** Temperatur des Tages liegt bei 2 Grad.*

5.3 Der Elativ

A2

Der Elativ bezeichnet einen allgemein hohen Grad einer Eigenschaft. Im Unterschied zum Superlativ geht mit ihm kein Vergleich einher.

Elativformen bei Adjektiven

Es gibt zwei Möglichkeiten, den Elativ im Spanischen zu bilden. Die einfachste und dem Deutschen ähnlichste Form ist:

muy + Adjektiv *sehr* + Adjektiv

Esa canción que estás cantando es muy bonita. *Dieses Lied, das du gerade singst, ist **sehr schön**.*
Esos zapatos son muy baratos. *Diese Schuhe sind **sehr billig**.*

Häufiger wird jedoch im Spanischen eine eigene Elativform verwendet, die im Deutschen meist mit Partikeln wie *sehr*, *äußerst*, *überaus*, *höchst-* und dem Positiv des jeweiligen Adjektivs wiedergegeben wird:

Adjektiv + ísimo/-a/-os/-as

Dabei sind folgende Regeln zu beachten:

- Bei Adjektiven auf Vokal entfällt der Endvokal:
  guapo *hübsch* → guap → guap**ísimo**
  grande *groß* → grand → grand**ísimo**
- Adjektive auf Konsonant hängen die Endung -ísimo direkt an:
  difícil *schwierig* → dificil**ísimo**   fácil *einfach* → facil**ísimo**

  Ausnahme: Adjektive auf -n und -r hängen die Endung -císimo an:
  joven *jung* → joven**císimo**
  acogedor *gastlich* → acogedor**císimo**

B1 • Endet das Adjektiv auf -ble, entfällt -le vor der Elativendung -ilísimo:

amab**le** *freundlich* → amab → amab**ilísimo**

C1 nob**le** *edel* → nob → nob**ilísimo**

• Um die Aussprache zu behalten (▷ 1.1), bilden Adjektive auf -co und -go den Elativ mit -quísimo bzw. -guísimo:

ri**co** *reich* → ri**quísimo** lar**go** *lang* → lar**guísimo**

• Durch die Rechtschreibung bedingt (▷ 1.2) bilden Adjektive auf -z den Elativ mit -císimo:

feli**z** *glücklich* → feli**císimo** velo**z** *schnell* → velo**císimo**

C2 saga**z** *scharfsinnig* → saga**císimo**

C2 Unregelmäßige Elativformen von Adjektiven:

antiguo *alt* → antiquísimo	mísero *elend* → misérrimo
célebre *berühmt* → celebérrimo	pobre *arm* → paupérrimo
cruel *grausam* → crudelísimo	sabio *weise* → sapientísimo

Es un palacio **antiquísimo**. *Das ist ein **uralter** Palast.*
Es una mujer **sapientísima**. *Sie ist eine **hochgelehrte** Frau.*

Die unregelmäßigen Elativformen der Adjektive sind eher in der gehobenen Sprache anzutreffen. Im normalen Sprachgebrauch hört man in diesen Fällen die Kombination mit muy:
Es una mujer **muy sabia**. *Sie ist eine **hochgelehrte** Frau.*
Es un palacio muy antiguo. *Das ist ein uralter Palast.*

Der Elativ wird in Genus und Numerus an das Bezugssubstantiv angepasst, auch wenn er dem Verb nachgestellt wird:
El niñ**o** es guapísim**o**. *Das Kind ist bildschön.*
La niñ**a** es guapísim**a**. *Das Mädchen ist bildschön.*
Los niñ**os** son guapísim**os**. *Die Kinder sind bildschön.*
Las niñ**as** son guapísim**as**. *Die Mädchen sind bildschön.*

In der Umgangssprache wird der Elativ auch mit den Präfixen re-, requete-, super-, hiper-, archi- ausgedrückt:
Preparamos una comida que estaba **requetebuena**. *Wir haben ein Gericht vorbereitet, das **superlecker** schmeckte.*
Nos contaron una historia **superrara**. *Sie erzählten uns eine **urkomische** Geschichte.*

Als Ersatz des Elativs wird häufig auch die Form de lo más + Positiv benutzt. Dies betrifft insbesondere auf -or endende Adjektive:
Tu hermano estaba ayer **de lo más hablador**. *Dein Bruder war gestern äußerst gesprächig.*

B2

Um den Elativ zu umschreiben können dem Adjektiv auch Adverbien wie **sumamente** *höchst, äußerst*, **enormemente** *enorm, ungeheuer*, **verdaderamente** *wirklich*, **increíblemente** *unglaublich*, **terriblemente** *furchtbar*, **espantosamente** *entsetzlich* vorangestellt werden:
Después de la excursión estaba **terriblemente cansada.** *Nach dem Ausflug war ich **furchtbar müde.***
Lo que quieres hacer es **sumamente peligroso.** *Was du machen möchtest, ist **äußerst gefährlich.***

Elativformen bei Adverbien

Adverbien, die auf -mente enden, bilden den Elativ mit der femininen Elativform des Adjektivs:
Te voy a explicar el problema **rapidísimamente.** *Ich werde dir das Problem **sehr schnell** erklären.*
Nos recibieron en su casa **amabilísimamente.** *Sie haben uns in ihrer Wohnung **äußerst freundlich** empfangen.*

Auch einige ursprüngliche Adverbien (▷ 6) können Elativformen bilden:

cerca *nah* → cerquísima	tarde *spät* → tardísimo
lejos *weit weg* → lejísimos	mucho *sehr* → muchísimo
pronto *früh* → prontísimo	poco *wenig* → poquísimo

Me tengo que marchar, ya se ha hecho **tardísimo.** *Ich muss gehen, es ist schon **sehr spät** geworden.*
En los últimos años nos hemos visto **muchísimo.** *In den letzten Jahren haben wir uns **sehr oft** gesehen.*

Zwischentest 5

A2 **1. Mit welcher Form wird der Komparativ der Überlegenheit gebildet?**

a. más ... que ☐
b. menos ... que ☐
c. tan ... que ☐
d. el más ... que ☐

A2 **2. Welche Form gehört in die Lücke?**

Alberto tiene .... años que yo: yo soy su hermano mayor.

a. más ☐
b. tantos ☐
c. menos ☐
d. como ☐

A2 **3. Wozu gehört die Komparativform peor? (zwei Möglichkeiten)**

a. bien ☐
b. bueno ☐
c. mal ☐
d. malo ☐

B2 **4. Welche Form gehört in die Lücke?**

Su inteligencia es superior .... la de todos sus amigos.

a. que ☐
b. con ☐
c. de ☐
d. a ☐

A2 **5. Welcher Satz ist richtig?**

a. He hablado con más que 20 personas. ☐
b. He hablado con más de 20 personas. ☐
c. He hablado con más 20 personas. ☐
d. He hablado con más a 20 personas. ☐

B2 **6. Wie lautet die korrekte spanische Übersetzung?**

Ich habe nur zwei Äpfel gegessen.

a. No he comido más de dos manzanas. ☐
b. No he comido dos manzanas. ☐
c. No he comido más que dos manzanas. ☐
d. No he comido solo de dos manzanas. ☐

B2 **7. Welcher Satzteil gehört in die Lücke?**

.... esa canción, más me gusta.

a. Cuanto más escucho ☐
b. Por más que escucho ☐
c. Tanto más escucho ☐
d. Mucho más escucho ☐

8. Wie muss der Satz auf Spanisch heißen? C2

Er verabschiedete sich von mir, als ob wir uns nie wieder sehen würden.

a. Se despidió de mí como si no nos veríamos más.
b. Se despidió de mí como si no nos fuéramos a ver nunca más.
c. Se despidió de mí como si no nos veíamos nunca más.
d. Se despidió de mí como si no nos vamos a ver nunca más.

9. Welche Form gehört in die Lücke? A2

He visitado .... países europeos como asiáticos.

a. tantos
b. más
c. tan
d. tantas

10. In welchem Satz ist der Superlativ richtig? A2

a. Es la entrevista más interesante que el periodico.
b. Es una entrevista más interesante del periódico.
c. Es la entrevista más interesante del periódico.
d. Es una entrevista la más interesante que el periódico.

11. Bei welchem Adjektiv ist eine Besonderheit bei der Bildung des Elativs zu beachten? B1

a. útil
b. sencillo
c. triste
d. agradable

12. Welche Aussage ist richtig? A2

a. Der Elativ wird nicht an das Substantiv angeglichen.
b. Der Elativ wird im Genus und Numerus an das Substantiv angeglichen.
c. Der Elativ wird nur im Genus an das Substantiv angeglichen.
d. Der Elativ wird nur im Numerus an das Substantiv angeglichen.

13. Wie lautet der Elativ von antiguo? C2

a. antiguísimo
b. antigüísimo
c. antiquísimo
d. antigísimo

Lösungen

1 a. 2 c. 3 c., d. 4 d. 5 b. 6 c. 7 a.
8 b. 9 a. 10 c. 11 d. 12 b. 13 c.

A2

6 Das Adverb

***Nada** es tan fácil ni tan útil como escuchar **mucho**.*

Luis Vives (1492–1540), escritor español

***Nichts** ist so einfach und nützlich wie **viel** zuzuhören.*

Juan Luis Vives (1492–1540) spanischer Schriftsteller

G Adverbien dienen der näheren Bestimmung und sind unveränderlich. Man unterscheidet zwischen einfachen und abgeleiteten Adverbien. Neben den Adverbien können im Spanischen auch adverbiale Ausdrücke benutzt werden, um Umstände wie den Ort, die Zeit oder die Menge anzugeben.

Adverbien dienen zur näheren Bestimmung von Verben, Adjektiven, Sätzen oder anderen Adverbien.

Formen

Es gibt im Spanischen zwei Gruppen von Adverbien: einfache bzw. ursprüngliche Adverbien und abgeleitete Adverbien auf -mente:
Ha llovido **mucho.** *Es hat **viel** geregnet.*
Desgraciadamente no te puedo ayudar. ***Leider** kann ich dir nicht helfen.*

Die Adverbien auf -mente werden mit der femininen Form des jeweiligen Adjektivs + der Endung -mente gebildet:

rápid**a** + mente	→	rápid**amente** *schnell*
inmediat**a** + mente	→	inmediat**amente** *sofort*

Hat ein Adjektiv nur eine Endung für Maskulinum und Femininum, wird die Endung -mente an diese Form angehängt:

C1 audaz + mente	→	audaz**mente** *kühn*
alegre + mente	→	alegre**mente** *fröhlich*

Adjektive, die einen Akzent haben, behalten diesen beim Wechsel zur Adverbform bei (▷ 1.2.1):
fácil + mente → fácilmente *leicht, mühelos*

Adverbien sind unveränderlich, d. h. sie werden nicht nach Genus und Numerus flektiert:
Nos hemos divertido **bastante**. *Wir haben uns **ziemlich** amüsiert.*
Tus vecinos son **muy** simpáticos. *Deine Nachbarn sind **sehr** nett.*

Stellung

Adverbien werden dem Verb, das sie näher bestimmen, in der Regel nachgestellt:
Por la mañana me levanto **pronto**. *Ich stehe morgens **früh** auf.*
¿Te duele **mucho**? *Tut es dir **sehr** weh?*
Bei zusammengesetzten Zeiten oder verbalen Umschreibungen steht das Adverb nie zwischen der finiten und der infiniten Verbform:
Hemos empezado **tarde**. *Wir haben **spät** angefangen.*
Tengo que trabajar **mucho**. *Ich muss **viel** arbeiten.*

Zur Hervorhebung kann das Adverb jedoch vor dem Verb auftreten:
¡**Pronto** lo sabremos! ***Bald** werden wir es erfahren!*

Ausnahme: Die Adverbien sí *ja* und no *nein* stehen immer vor dem Verb:
Sí, **sí** voy a ir. ***Ja**, ich werde gehen.*

Modifiziert das Adverb ein Adjektiv oder ein anderes Adverb, wird es ihm vorangestellt:
Es **demasiado** fácil. *Das ist **zu** einfach.*
¡**Muy** bien! ***Sehr** gut!*

Keine feste Position im Satz nehmen Adverbien ein, wenn sie einen ganzen Satz näher bestimmen. In diesem Fall ist ihre Stellung variabel: Sie können am Satzanfang und -ende stehen sowie innerhalb eines Satzes:
Afortunadamente tu hermana ya ha venido. ***Zum Glück** ist deine Schwester schon gekommen.*
Tu hermana ya ha venido, **afortunadamente**. *Deine Schwester ist schon gekommen, **zum Glück**.*
Tu hermana, **afortunadamente**, ya ha venido. *Deine Schwester ist **zum Glück** schon gekommen.*

A2

6.1 Das Lokaladverb

Lokaladverbien dienen zur Angabe des Ortes oder der Richtung eines Geschehens.

aquí/acá *hier*	ahí *da*	allí/allá *dort*

Diese drei Lokaladverbien nehmen Bezug auf die räumliche Dimension der Sprechsituation: aquí/acá *hier* und ahí *da* bezeichnen einen Ort, der in der Nähe des Sprechers bzw. des Hörers liegt; allí/allá *dort* wird hingegen gebraucht, wenn der Verweisraum entfernt vom Hörer und Sprecher liegt:
Siéntate **aquí** a mi lado. *Setze dich **hier** neben mir hin.*
¿Ves esa casa que está **ahí** a tu derecha? *Siehst du dieses Haus **da**, rechts von dir?*
Allí no había nadie. ***Dort** gab es niemanden.*

B1

Die Lokaladverbien aquí und allí können auch eine zeitliche Bedeutung transportieren:
De **aquí** a mañana tenemos tiempo. *Von **jetzt** bis morgen haben wir Zeit.*
Hasta **allí** todo había salido bien. *Bis zu **diesem Moment** war alles gut gelaufen.*

Die Lokaladverbien acá und allá sind überwiegend in den lateinamerikanischen Ländern zu hören:

Spanien	Lateinamerika
¿Vives **aquí**? *Wohnst/Lebst du **hier**?*	¿Vives **acá**? *Wohnst/Lebst du **hier**?*
Yo estuve **allí** hace dos años.	Yo estuve **allá** hace dos años.
*Ich war vor zwei Jahren **dort**.*	*Ich war vor zwei Jahren **dort**.*

adonde/a donde *wohin*	donde *wo*
adónde *wohin*	dónde *wo*

B1

Adonde und donde sind Relativadverbien, d. h. sie leiten Relativsätzen ähnliche Nebensätze ein:
La ciudad **donde** vives es muy grande. *Die Stadt,* ***wo/in der*** *du lebst, ist sehr groß.*
El pueblo **adonde** vamos está en la frontera con Portugal. *Das Dorf,* ***wohin*** *wir fahren, liegt an der Grenze zu Portugal.*

C1

Wird das Bezugswort nicht genannt, kann a donde anstelle von adonde benutzt werden:
Vamos **a donde** has dicho tú. *Wir gehen dahin,* ***wohin*** *du gesagt hast.*

⚡ Adónde und dónde, die sich formal nur durch den Akzent von den Relativadverbien unterscheiden, sind Interrogativadverbien, die sowohl für direkte als auch indirekte Fragen verwendet werden:
¿**Adónde** vas? ***Wo*** *gehst du* ***hin****?*
No sé **dónde** he dejado las gafas. *Ich weiß nicht,* ***wo*** *ich die Brille hingelegt habe.*

Weitere Lokaladverbien sind:

(hacia) abajo *(nach) unten*	(hacia) arriba *(nach) oben*	(hacia) atrás *(nach) hinten*
alrededor *rundum*	adelante *vorwärts*	afuera *nach draußen, heraus, außen*
cerca *nah*	debajo *unten*	delante *vorn(e)*
dentro *drinnen*	detrás *hinten*	encima *oben*
enfrente *gegenüber*	fuera *außen, draußen, nach draußen*	lejos *weit*

Deja el vaso ahí **encima**. *Stell das Glas da* ***drauf.***
Ese teatro está **lejos.** *Dieses Theater liegt* ***weit*** *entfernt.*
¡Vamos! Ese restaurante esta por aquí **cerca.** *Gehen wir! Dieses Restaurant liegt hier* ***in der Nähe.***

Afuera und fuera können sowohl mit Bewegungsverben als auch mit der Bedeutung *außerhalb eines Raumes* benutzt werden. Die Benutzung von afuera mit Verben, die keine Bewegung ausdrücken, kommt jedoch fast ausschließlich in Lateinamerika vor:
Los niños están **fuera/afuera.** *Die Kinder sind* ***draußen.***
Vamos **afuera/fuera.** *Gehen wir* ***nach draußen.***

Atrás und delante können auch mit temporaler Bedeutung verwendet werden:
Cinco años **atrás** aún no nos conocíamos. ***Vor*** *fünf Jahren kannten wir uns noch nicht.*
Te lo diré más **adelante.** *Ich werde es dir* ***später*** *sagen.*

A2

6.2 Das Temporaladverb

Temporaladverbien bezeichnen die Zeit sowie die Dauer und die Frequenz eines Geschehens.

ahora *jetzt*	antes *vorher*	anteayer *vorgestern*
anoche *gestern Abend*	aún *noch*	ayer *gestern*
después *nachher*	entonces *dann*	hoy *heute*
luego *nachher*	mañana *morgen*	B1 mientras *währenddessen*
pronto *früh/bald*	siempre *immer*	tarde *spät*
temprano *früh*	todavía *noch*	ya *schon*

Todavía no hemos terminado. *Wir sind **noch** nicht fertig.*
Siempre te pregunto por tu opinión. *Ich frage dich **immer** nach deiner Meinung.*
Anoche vinieron a visitarnos unos viejos amigos. ***Gestern Abend** hatten wir einige alte Freunde zu Besuch.*

nunca *nie*	jamás *nie*

Stehen nunca und jamás nach dem Verb, muss die Negationspartikel no zusätzlich vor dieses gesetzt werden (▶ 25.2):
No había visto **nunca** nada igual. Aber: **Nunca** había visto nada igual. *Ich hatte **nie** so etwas gesehen.*
No sabremos **jamás** qué ha pasado. Aber: **Jamás** sabremos qué ha pasado. *Wir werden **nie** wissen, was geschehen ist.*

Nunca jamás stellt eine verstärkte Verneinung dar:
Nunca jamás vuelvas a hacer algo así. *Tue so etwas **niemals** wieder.*

Relativadverb: cuando *als/(dann) wenn*	Interrogativadverb: cuándo *wann*

C1

Das Relativadverb cuando wird gebraucht, um Nebensätze einzuleiten, die Relativsätzen ähnlich sind:
Ese día, **cuando** nos conocimos, yo acababa de encontrar mi primer trabajo. *An diesem Tag, **an dem** wir uns kennengelernt haben, hatte ich gerade meine erste Arbeitsstelle gefunden.*
En ese momento fue **cuando** ella me abrazó. *Das war der Moment, **als** (= in dem) sie mich umarmt hat.*

Cuándo ist ein Interrogativadverb, das für direkte und indirekte Fragen benutzt wird:
¿Cuándo vas a venir? ***Wann** wirst du kommen?*
Me preguntaron **cuándo** íbamos a estar en casa. *Sie fragten mich, **wann** wir zu Hause sein würden.*

6.3 Das Modaladverb

A2

Modaladverbien bezeichnen die Art und Weise, in der ein Geschehen verläuft.

adrede *absichtlich*	aposta *absichtlich*	así *so*
bien *gut*	deprisa *schnell*	despacio *langsam*
mal *schlecht*	mejor *besser*	peor *schlechter*

Estoy **bien**, gracias. *Mir geht es **gut**, danke.*
¿Esto se hace **así**? *Wird das **so** gemacht?*

Relativadverb: como *(so) wie*	Interrogativadverb: cómo *wie*

Como wird zur Einleitung von Nebensätzen benutzt, die formal einem Relativsatz ähnlich sind:
No me gusta la forma **como** B2 actúas. *Ich mag die Art nicht, **wie** du dich benimmst.*
Lo he hecho tal **como** me habías dicho. *Ich habe es so gemacht, **wie** du es mir gesagt hattest.*

Cómo wird hingegen in der direkten und in der indirekten Frage benutzt:
¿Cómo te llamas? ***Wie** heißt du?*
No sé **cómo** te llamas. *Ich weiß nicht, **wie** du heißt.*

Die meisten Adverbien auf -mente gehören zur Gruppe der Modaladverbien:
Me lo pidieron **amablemente.** *Sie baten mich **freundlich** darum.*
Me gusta pasear **tranquilamente** por la ciudad. *Ich mag gern **ruhig** durch die Stadt spazieren gehen.*

Einige Adjektive wie rápido *schnell*, lento *langsam*, bajo *leise*, alto *laut* können auch als Modaladverbien benutzt werden:
Ven **rápido,** por favor. *Komm **schnell,** bitte.*
¿Por qué hablas **bajo**? *Warum sprichst du leise?*

6.4 Das Adverb der Menge

A2

Die Adverbien der Menge geben den Grad einer Eigenschaft oder einer Handlung an.

muy *sehr/viel*	mucho *sehr/viel*

Muy wird vor Adjektiven und Adverbien benutzt, mucho hingegen nach Verben:
Este diccionario es **muy caro.** *Dieses Wörterbuch ist **sehr teuer.***
Es un museo **muy** visitado. *Das ist ein **viel** besuchtes Museum.*
Eso está **muy bien.** *Das ist **sehr gut.***

Este año he viajado **mucho.** *Dieses Jahr bin ich* ***viel*** *gereist.*
Me alegro **mucho** de volver a verte. *Es freut mich* ***sehr****, dich wiederzusehen.*

Ausnahme: Vor más *mehr*, mejor *besser*, peor *schlechter*, mayor *größer*, menor *kleiner* und menos *weniger* steht immer mucho:
Éste es **mucho más** caro. *Dieser ist* ***viel teurer****.*
Esta camisa me gusta **mucho menos.** *Dieses Hemd gefällt mir* ***viel weniger****.*

Weitere Adverbien der Menge sind:

además *außerdem*	algo *etwas*	bastante *genug/ziemlich*
casi *fast*	demasiado *zu viel*	poco *wenig*
más *mehr*	menos *weniger*	nada *nichts*
sólo *nur*	B1 tan *so viel*	B1 tanto *so viel*

Wird nada dem Verb nachgestellt, muss vor diesem no stehen (▷ 25.2):
No he comprado **nada.** *Ich habe* ***nichts*** *gekauft.*
Aber: **Nada** he comprado. ***Nichts*** *habe ich gekauft.*

Während tan immer Adjektive oder Adverbien begleitet, folgt tanto auf Verben:
¡Eres **tan alto**! *Du bist* ***so groß****!*
No hables **tan deprisa.** *Sprich nicht* ***so schnell****.*
No **salgas tanto.** ***Geh nicht so viel*** *aus.*

Relativadverb: cuanto *wie viel*	Interrogativadverb: cuánto *wie viel*

Cuanto leitet Relativsätzen ähnliche Nebensätze ein, cuánto hingegen direkte und indirekte Fragen:
Come (tanto) **cuanto** quieras. *Iss* ***so viel wie*** *du möchtest.*
¿**Cuánto** cuesta? ***Wie viel*** *kostet es?*
No sé **cuánto** cuesta. *Ich weiß nicht,* ***wie viel*** *es kostet.*

A2 6.5 Die Adverbien der Bejahung, Verneinung und Vermutung

ciertamente *gewiss*	B1 jamás/no ... nunca *nie*
no *nein*	no ... nada *nichts*
tampoco *auch nicht*	probablemente *wahrscheinlich/ vermutlich*
quizá(s)/acaso *vielleicht*	B1 seguramente *wahrscheinlich*
sí *ja*	también *auch*

Yo **también** quiero conocerlo. *Ich möchte ihn* ***auch*** *kennenlernen.*
Quizás no tienen tiempo. ***Vielleicht*** *haben sie keine Zeit.*

Folgt tampoco auf das Verb, muss der Satz doppelt verneint werden und die Negationspartikel no vor dem Verb stehen (▷ 25.2):
Hoy **no** ha llovido **tampoco**. Aber: Hoy **tampoco** ha llovido. *Heute hat es auch **nicht** geregnet.*

⚡ Seguramente drückt im Spanischen eine Wahrscheinlichkeit aus:
Seguramente lleguen mañana. ***Wahrscheinlich** kommen sie morgen an.*

6.6 Der adverbiale Ausdruck

B2

Adverbien, die aus mehreren Wörtern bestehen, bezeichnet man als adverbiale Ausdrücke. In der Regel, aber nicht ausschließlich, bestehen sie aus einer Präposition + einem Substantiv bzw. einem Adverb. Wie die Adverbien dienen adverbiale Ausdrücke zum Ausdruck von:

- Zeit:
  A2 a veces *manchmal*, A2 de vez en cuando *manchmal*, de noche/día *nachts/tagsüber*, B1 a menudo *oft* u. a.:
  A veces me siento cansada. ***Manchmal** fühle ich mich müde.*
- Art und Weise:
  C1 a ciegas *blindlings*, a pie *zu Fuß*, al revés *umgekehrt*, C2 a la chita callando *still und heimlich*, C1 a tontas y a locas *ohne Sinn und Verstand*, poco a poco *allmählich* u. a.:
  He venido **a pie**. *Ich bin **zu Fuß** gekommen.*
- Ort:
  a lo lejos *in der Ferne*, de cerca *aus der Nähe*, por detrás *von hinten*, A2 a la derecha *rechts*, A2 a la izquierda *links* u. a.:
  Gire **a la derecha**. *Biegen Sie (nach) **rechts** ab.*
- Menge:
  por poco *beinahe*, más o menos *mehr oder weniger*, A2 por lo menos *mindestens* u. a.:
  Cuesta **por lo menos** cien euros. *Es kostet **mindestens** hundert Euro.*
- Bejahung:
  desde luego *selbstverständlich/natürlich*, por supuesto *selbstverständlich*, sin duda *zweifellos*, B1 en efecto *in der Tat* u. a.:
  Por supuesto que te llamaremos. ***Selbstverständlich** werden wir dich anrufen.*
- Verneinung:
  en mi vida *im Leben nicht/mein Lebtag nicht*, B1 en absoluto/para nada *überhaupt nicht* u. a.:
  No me gusta **en absoluto**. *Es gefällt mir **überhaupt nicht**.*
- Zweifel:
  a lo mejor *vielleicht*, tal vez *vielleicht* u. a.:
  A lo mejor no lo saben. ***Vielleicht** wissen sie es nicht.*

Zwischentest 6

A2 **1. Welche Aussage trifft auf Adverbien zu?**

a. Alle Adverbien sind in Numerus veränderlich. ☐
b. Alle Adverbien werden mit der Endung -mente gebildet. ☐
c. Alle Adverbien werden von Adjektiven abgeleitet. ☐
d. Alle Adverbien sind unveränderlich. ☐

A2 **2. Wie heißt das von feliz abgeleitete Adverb?**

a. felizmente ☐
b. felizomente ☐
c. felizamente ☐
d. felicemente ☐

A2 **3. In welchem Satz steht das Adverb no an der richtigen Stelle?**

a. Ellos me no han llamado todavía. ☐
b. Ellos me han no llamado todavía. ☐
c. Ellos no me han llamado todavía. ☐
d. Ellos me han llamado no todavía. ☐

A2 **4. An welcher Stelle im Satz stehen Adverbien, die Adjektive näher bestimmen?**

a. vor dem Adjektiv ☐
b. nach dem Adjektiv ☐
c. immer am Ende des Satzes ☐
d. immer nach dem Verb ☐

A2 **5. Was gehört in die Lücke?**

Laura, ven, siéntate .... junto a mí, hay un sitio libre.
a. ahí ☐
b. allí ☐
c. allá ☐
d. aquí ☐

C1 **6. Welche Antwort passt auf die Frage?**

¿Adónde vamos?
a. Vamos adónde tú quieras. ☐
b. Vamos a donde tú quieras. ☐
c. Vamos a dónde tú quieras. ☐
d. Vamos dónde tú quieras. ☐

A2 **7. Wie lautet die Übersetzung des Satzes?**

Ich bin nie in Venezuela gewesen.
a. Nunca no he estado en Venezuela. ☐
b. He estado nunca en Venezuela. ☐
c. No he estado nunca en Venezuela. ☐
d. He no estado en Venezuela nunca. ☐

8. Welches der folgenden Wörter ist kein Adverb, kann aber als Modaladverb benutzt werden? A2

a. bajo ☐
b. mejor ☐
c. rápidamente ☐
d. bien ☐

9. Vor welchem Wort kann mucho nicht stehen? A2

a. más ☐
b. peor ☐
c. menos ☐
d. bien ☐

10. Welche Form gehört in die Lücke? B1

No te vayas .... lejos.

a. tanto ☐
b. tantos ☐
c. tan ☐
d. tantas ☐

11. elche Übersetzung ist richtig? A2

Ich habe nichts für dich gekauft.

a. Nada no he comprado para ti. ☐
b. Nada he no comprado para ti. ☐
c. He nada para ti comprado. ☐
d. No he comprado nada para ti. ☐

12. Wann müssen Sätze mit tampoco doppelt verneint werden? A2

a. wenn tampoco nach dem Verb steht ☐
b.wenn tampoco vor dem Verb steht ☐
c. nie ☐
d. immer ☐

13. Welche Bedeutung hat seguramente? B1

Seguramente ya lo saben.

a. sicher ☐
b. wahrscheinlich ☐
c. manchmal ☐
d. allerdings ☐

14. Welcher adverbiale Ausdruck gehört in die Lücke? C1

No piensa en lo que hace, lo hace todo ....

a. a lo lejos ☐
b. a tontas y a locas ☐
c. a menudo ☐
d. poco a poco ☐

Lösungen

1 d. 2 a. 3 c. 4 a. 5 d. 6 b. 7 c.
8 a. 9 d. 10 c. 11 d. 12 a. 13 b. 14 b.

A1

7 Das Personalpronomen

El amor verdadero hace milagros
*porque **él** mismo es ya el mayor milagro.*

Amado Nervo (1870–1919), poeta mexicano

Die echte Liebe bewirkt Wunder,
*weil **sie** selbst das größte Wunder ist.*
Amado Nervo (1870–1919),
mexikanischer Dichter

G Im Spanischen unterscheidet man zwischen betonten und unbetonten Personalpronomen sowie zwischen Subjekt-, Objekt- und Reflexivpronomen.

Personalpronomen stehen in Vertretung von Personen oder Dingen, die vorab bereits erwähnt wurden.

7.1 Das betonte Pronomen

A1

Betonte Personalpronomen können im Spanischen als Subjekt oder Objekt benutzt werden. Haben sie die Funktion eines Objekts, treten sie immer zusammen mit einer Präposition auf.

Formen

Betonte Subjektpronomen	
Singular	**Plural**
yo *ich*	nosotros/-as *wir*
tú *du*	vosotros/-as *ihr*
él *er*	ellos *sie*
ella *sie*	ellas *sie*
usted *Sie*	ustedes *Sie*
ello *es*	

Das Spanische unterscheidet im Plural bei allen Personen außer bei der Höflichkeitsform zwischen Maskulinum und Femininum:
Rosa y Aurora, ¿**vosotras** habéis terminado? – Sí, **nosotras** ya hemos terminado.
*Rosa und Aurora, seid **ihr** fertig? – Ja, **wir** sind schon fertig.*
¿Tus amigos han llamado ya? – No, **ellos** no han llamado aún. *Haben deine Freunde schon angerufen? – Nein, **sie** haben noch nicht angerufen.*

Betonte Objektpronomen nach Präposition	
Singular	**Plural**
(a, en ...) mí *mich/mir*	(a, en ...) nosotros/-as *uns*
(a, en ...) ti *dich/dir*	(a, en ...) vosotros/-as *euch*
(a, en ...) él *ihn/ihm*	(a, en ...) ellos *sie/ihnen*
(a, en ...) ella *sie/ihr*	(a, en ...) ellas *sie/ihnen*
(a, en ...) usted *Sie/Ihnen*	(a, en ...) ustedes *Sie/Ihnen*
(a, en ...) ello *es*	

Alle Formen der betonten Objektpronomen sind identisch mit denen der betonten Subjektpronomen, lediglich die erste und zweite Person Singular, mí und ti, haben eine eigene Form:
Esto es para **ti**. *Das ist **für dich**.*
¿Lo has hecho por **mí**? *Du hast es **wegen mir** getan?*

A2 In Verbindung mit der Präposition con *mit* verbinden sich die betonten Objektpronomen mí und ti zu folgenden Formen:

con + mí → conmigo
con + ti → contigo

Tengo que hablar **contigo**. *Ich muss **mit dir** sprechen.*
¿Quieres venir **conmigo** mañana? *Möchtest du morgen **mit mir** kommen?*

Gebrauch

ℹ Ein typisches Merkmal des Spanischen ist das Auslassen der Subjektpronomen. Diese können und werden häufig weggelassen, da die jeweilige Person im Spanischen eindeutig an der Verbendung zu erkennen ist. Sie sind für das Verständnis einer Aussage folglich nicht zwingend erforderlich:
(Nosotros) Sal**imos** de casa todos los días a las 8.00. *Wir geh**en** jeden Tag um 8.00 Uhr aus dem Haus.*
(Ellos) Sal**en** de casa todos los días a las 8.00. *Sie geh**en** jeden Tag um 8.00 Uhr aus dem Haus.*

Werden Subjektpronomen im Satz verwendet, geschieht dies meist aus Gründen der Hervorhebung, etwa um beispielsweise eine Gegenüberstellung deutlich zu kennzeichnen:
Tú lo has dicho, no **yo**. ***Du** hast es gesagt, nicht **ich**.*
Vosotras no vais a ir a la fiesta, ¡y se acabó! ***Ihr** werdet nicht zur Party gehen, und Schluss!*

Die Formen usted/ustedes werden hingegen häufig verwendet. Sie drücken in der Regel nur Höflichkeit aus, ohne dass sich daraus eine zusätzliche Hervorhebung oder Unterscheidung ableitet:
Sra. García, ¿qué tal está **usted**? *Frau García, wie geht's **Ihnen**?*
Venga **usted** conmigo, por favor. *Kommen **Sie** bitte mit mir.*

Beziehen sich Pluralformen der Personalpronomen sowohl auf Männer als auch auf Frauen, wird immer die maskuline Form verwendet:
Alberto, Olga y Estrella, **vosotros** podéis entrar. *Alberto, Olga und Estrella, **ihr** könnt hineinkommen.*
Lucía, Isabel y Alejandro hablan castellano. **Ellos** son de Nicaragua. *Lucía, Isabel und Alejandro sprechen Spanisch. **Sie** kommen aus Nicaragua.*

ℹ In Lateinamerika, auf den Kanarischen Inseln und zum Teil auch in Südspanien macht man keinen Unterschied zwischen der 2. und der 3. Person Plural: Anstelle der 2. Person Plural – vosotros und einem Verb mit der Endung der 2. Person Plural – benutzt man immer die 3. Person Plural und ein Verb mit der Endung der 3. Person Plural:

Spanien	Lateinamerika, Kanarische Inseln, Teile Südspaniens
Vosotras sois de Chile.	**Ustedes** son de Chile.
***Ihr** seid aus Chile.*	***Ihr** seid aus Chile.*
Ustedes son de Chile.	**Ustedes** son de Chile.
***Sie** sind aus Chile.*	***Sie** sind aus Chile.*

In Teilen Lateinamerikas verwendet man die Form usted anstelle von tú, selbst wenn es sich um eine informelle Situation handelt:
Usted, mi hijito, ¿adónde va? ***Du**, mein Söhnchen, wo gehst du hin?*

In der gesprochenen Sprache einiger Länder Lateinamerikas, vor allem (aber nicht ausschließlich) in Argentinien, Paraguay und Uruguay, wird anstelle von tú die Form vos benutzt. Auch die Verbkonjugation oder die Betonung können dabei leicht variieren:

Spanien:	Teile Lateinamerikas:
¿**Tú tienes** hambre?	¿**Vos tenés** hambre?
***Hast du** Hunger?*	***Hast du** Hunger?*
¿**Tú sabes** cuánto cuesta?	¿**Vos sabés** cuánto cuesta?
***Weißt du**, wie viel es kostet?*	***Weißt du**, wie viel es kostet?*

Betonte Objektpronomen können allein stehen:
¿Para quién es esto? – **Para ti.** *Für wen ist das? – **Für dich.***

Treten betonte Objektpronomen innerhalb eines Satzgefüges als Akkusativ- oder Dativobjekt auf, dienen sie zur Verstärkung unbetonter Personalpronomen, d. h., wird im Satz ein betontes Objektpronomen benutzt, muss auch zwingend ein unbetontes Personalpronomen (▷ 7.2) vorkommen:
Nos lo han preguntado **a nosotras.** *Sie haben **uns** danach gefragt.*
Os hemos saludado **a vosotros.** *Wir haben **euch** begrüßt.*

Betonte Personalpronomen haben in diesem Fall eine hervorhebende oder unterscheidende Funktion. In Verbindung mit den Verben gustar *gefallen*, encantar *lieben*, fastidiar *stören* u. a. werden sie häufig in dieser Funktion verwendet:
A mí me encantan las novelas policíacas. ***Ich** liebe Krimis.*
A mí no **me** molestan tus comentarios. ***Mich** stören deine Bemerkungen nicht.*

B2

Ello bezieht sich immer auf einen ganzen Satz oder auf einen Satzteil:
¿Sabes qué han dicho? – Sí, **de ello** quería hablar contigo. *Weißt du, was sie gesagt haben? – Ja, ich wollte mit dir **darüber** sprechen.*
No han llegado aún y **ello** me preocupa. *Sie sind noch nicht angekommen und **darum** mache ich mir Sorgen.*

Stellung

Betonte Subjektpronomen stehen in der Regel vor dem Verb:
Yo he comido carne. ***Ich** habe Fleisch gegessen.*
Ustedes tienen A2 razón. ***Sie** haben Recht.*

Betonte Objektpronomen können jedoch an verschiedenen Stellen stehen, sie sind immer frei zu positionieren:
Sin ti no quiero ir a ninguna parte./No quiero ir a ninguna parte **sin ti**. *Ich möchte **ohne dich** nirgendwohin gehen.*

A1

7.2 Das unbetonte Pronomen

Bei unbetonten Personalpronomen unterscheidet man zwischen direkten und indirekten Objektpronomen sowie Reflexivpronomen. Unbetonte Subjektpronomen gibt es nicht.

Formen

Unbetonte direkte Objektpronomen	Unbetonte indirekte Objektpronomen	Reflexivpronomen
me *mich*	me *mir*	me *mich*
te *dich*	te *dir*	te *dich*
lo *ihn/Sie*	le *ihm/ihr/Ihnen*	se *sich*
la *sie/Sie*		
lo *es*		
nos *uns*	nos *uns*	nos *uns*
os *euch*	os *euch*	os *euch*
los *sie/Sie*	les *ihnen/Ihnen*	se *sich*
las *sie/Sie*		

Alle unbetonten Personalpronomen bis auf die dritte Person Singular und Plural sind gleich.

Das indirekte Objektpronomen der 3. Person Singular und Plural sowie das Reflexivpronomen unterscheiden nicht zwischen Maskulinum und Femininum:
He ido a ver a Ignacio y **le** he llevado una tarta. *Ich habe Ignacio besucht und ich habe **ihm** eine Torte mitgebracht.*
No sé qué regalarle a Leandra, así que **le** voy a comprar flores. *Ich weiß nicht, was ich Leandra schenken soll, deswegen werde ich **ihr** Blumen kaufen.*
Ana **se** sentó en una silla y Alberto **se** sentó en el sofá. *Ana setzte **sich** auf einen Stuhl und Alberto setzte **sich** auf das Sofa.*

Gebrauch

Unbetonte Personalpronomen müssen immer innerhalb eines Satzgefüges verwendet werden, sie können nicht allein stehen:
Te quiero. *Ich liebe **dich**.*
Nos han traído el diario. *Sie haben **uns** die Zeitung mitgebracht.*
No **me** encuentro bien, creo que **me** he resfriado. *Ich fühle **mich** nicht wohl, ich glaube, dass ich **mich** erkältet habe.*

⚡ Bei der Verwendung von unbetonten Personalpronomen sind folgende Besonderheiten zu beachten:

- In Sätzen, in denen das direkte oder indirekte Objekt dem Verb vorangestellt wird, müssen sie durch das jeweilige unbetonte Objektpronomen wiederholt werden:
  Los informes **los** he escrito yo esta mañana. *Die Berichte habe ich heute Vormittag geschrieben.*
  A Carlos **le** he pedido que me haga un favor. *Carlos habe ich gebeten, mir einen Gefallen zu tun.*
  Steht das indirekte oder direkte Objekt nach dem Verb, muss es nicht durch ein unbetontes Objektpronomen wiederholt werden. Trotzdem hat sich die Wiederaufnahme des indirekten Objekts durch ein unbetontes Objektpronomen auch in diesen Fällen durchgesetzt. So sind Sätze wie die folgenden im Sprachgebrauch des Spanischen üblich:
  Le he dado el número de teléfono **a la secretaria**. *Ich habe der Sekretärin die Telefonnummer gegeben.*
  Le he prestado **a tu hermano** todos los CD que tenía. *Ich habe deinem Bruder alle CDs, die ich hatte, geliehen.*

- Treten direkte oder indirekte Objekte in der Kombination a + betontes Personalpronomen auf, muss auch das unbetonte Objektpronomen wieder aufnehmend verwendet werden:
  Ayer **te** vi **a ti** en el cine. *Gestern habe ich dich im Kino gesehen.*
  Os he comprado una guitarra **a vosotras**. *Ich habe euch eine Gitarre gekauft.*
  In diesen Fällen kann jedoch auch nur das unbetonte Objektpronomen allein benutzt werden:
  Ayer **te** vi en el cine. *Gestern habe ich dich im Kino gesehen.*
  Os he comprado una guitarra. *Ich habe euch eine Gitarre gekauft.*

- Das indirekte Objektpronomen le kann auch in der Funktion eines direkten Objektpronomens verwendet werden, wenn es sich auf männliche Personen bezieht:
  Le he saludado ya. *Ich habe **ihn** schon begrüßt.*
  Aber: **La** he saludado ya. *Ich habe **sie** schon begrüßt.*

B2 • Die neutrale Form **lo** des direkten Objektpronomens kann sich sowohl auf die Demonstrativpronomen **esto** *das, dies(es) (hier)*, **eso** *das, dies(es) (da)*, **aquello** *das, jene(s) (dort)* (▷ 8.1) wie auch auf einen ganzen Satz oder einen Satzteil beziehen:
¿Sabías eso? – No, no **lo** sabía. *Wusstest du das? – Nein, ich wusste **es** nicht.*
No he tenido tiempo y **lo** siento. *Ich habe keine Zeit gehabt und **es** tut mir leid.*
¿Estás triste? – No, no **lo** estoy. *Bist du traurig? – Nein, ich bin **es** nicht.*

A2 ⚡ Treffen unbetonte direkte und indirekte Objektpronomen in einem Satz aufeinander, ändert sich deren Formen in der dritten Person wie folgt:

le/les + lo → se lo
le/les + la → se la
le/les + los → se los
le/les + las → se las

¿Le has preguntado a Javier qué va a hacer? – Sí, **se lo** he preguntado. *Hast du Javier gefragt, was er machen wird? – Ja, ich habe **es ihn** gefragt.*
¿Le has llevado a Alicia las B1 novelas? – Sí, **se las** he llevado. *Hast du Alicia die Romane gebracht? – Ja, ich habe **sie ihr** gebracht.*
Ayer vi una película muy divertida y **se la** he recomendado a todos mis compañeros de trabajo. *Gestern habe ich einen unterhaltsamen Film gesehen und ich habe ihn allen meinen Arbeitskollegen empfohlen.*

Stellung

💡 Unbetonte Personalpronomen haben immer eine feste Stellung im Satz – sie stehen unmittelbar vor dem Verb:
Ese programa de televisión **me** gusta mucho. *Dieses Fernsehprogramm gefällt **mir** sehr.*
Ayer **te** felicitaron por tu cumpleaños. *Gestern haben sie **dir** zum Geburtstag gratuliert.*
Mi jefa **se** viste muy elegante. *Meine Chefin kleidet **sich** sehr elegant.*

A2 ◐ Ausnahme: Beim bejahten Imperativ (▷ 17.1) und beim Infinitiv (▷ 18.1) werden die unbetonten Personalpronomen an das Verb angehängt:
¡Cómpra**melo**! *Kauf es mir!*
Gracias por llevár**telo**. *Danke dafür, dass du **es** mit dir nimmst.*

A2 Bei den Konstruktionen finite Verbform + Gerund oder finite Verbform + Infinitiv (▷ 20) kann die Stellung der unbetonten Personalpronomen im Satz variieren, sie können entweder an die infinite Verbform angehängt oder aber vor die finite Verbform gestellt werden:
Quiero acompañar**te** al aeropuerto./**Te** quiero acompañar al aeropuerto. *Ich möchte **dich** zum Flughafen begleiten.*

Ella está lavándo*se* las manos./Ella *se* está lavando las manos. *Sie wäscht **sich** gerade die Hände.*

Bei zusammengesetzten Verbformen stehen die unbetonten Personalpronomen vor dem Verb **haber** *haben, sein*:
Nos han B1 **engañado otra vez.** *Sie haben **uns** noch einmal betrogen.*
Se han dado mucha prisa para llegar a tiempo a la reunión. *Sie haben **sich** sehr beeilt, um rechtzeitig zur Besprechung zu kommen.*

Ausnahme: Ist das Verb **haber** im Infinitiv, werden die unbetonten Personalpronomen angehängt: B2
Siento haberlo hecho mal. *Es tut mir leid, dass ich **es** falsch gemacht habe.*
Gracias por haberte disculpado con nosotras. *Danke, dass du **dich** bei uns entschuldigt hast.*

Treffen mehrere unbetonte Personalpronomen in einem Satz aufeinander, sind folgende Regeln zu beachten: A2

- Das indirekte Objektpronomen steht immer vor dem direkten:
  Te lo he comprado yo. *Ich habe **es dir** gekauft.*
  Nos lo dijeron por la noche. *Sie haben **es uns** am Abend gesagt.*

- Die Form **se** steht grundsätzlich vor jedem anderen unbetonten Personalpronomen:
  Se me ha caído el jarrón. *Die Vase ist mir heruntergefallen.*
  Se lo preguntaré a él cuando llegue. *Ich werde **es ihn** fragen, wenn er ankommt.*

Treffen betonte und unbetonte Objektpronomen vor dem Verb zusammen, steht die betonte Form vor der unbetonten:
A mí me apetece hacer un viaje largo. *Ich habe Lust, eine lange Reise zu unternehmen.*
A nosotros nos interesa mucho ese B1 **proyecto.** ***Uns** interessiert dieses Projekt sehr.*

Im verneinten Satz werden betonte und unbetonte Objektpronomen durch die Negationspartikel **no** getrennt:
A mí **no** me lo preguntes. *Frag mich das nicht.*
A nosotros **no** nos gusta viajar en tren. *Uns gefällt nicht, mit dem Zug zu fahren.*

Zwischentest 7

A1 **1. Wie lautet die richtige Antwort auf die Frage?**

¿María y Laura se han ido?

a. No, ellos están aquí. ☐ c. No, ellas están aquí. ☐
b. No, vosotras estáis aquí. ☐ d. No, vosotros estáis aquí. ☐

A1 **2. Welche Ergänzung passt zum Satz?**

He pensado mucho en ....

a. tú ☐ c. migo ☐
b. ti ☐ d. yo ☐

A2 **3. In welchem Satz ist die Verbindung von con + mí richtig verwendet?**

a. Quédate conyo un poco más, por favor. ☐
b. Quédate conmí un poco más, por favor. ☐
c. Quédate conme un poco más, por favor. ☐
d. Quédate conmigo un poco más, por favor. ☐

A1 **4. Welches Personalpronomen gehört in die Lücke?**

Alfonso, Alberto y María, ¿venís? – No, ... no vamos.

a. nosotros ☐ c. nosotras ☐
b. vosotros ☐ d. vosotras ☐

B2 **5. Wie lautet der Satz auf Spanisch?**

Das ist gut, aber damit lösen wir das Problem nicht.

a. Eso está bien pero con él no solucionamos el problema. ☐
b. Eso está bien pero con ella no solucionamos el problema. ☐
c. Eso está bien pero con ello no solucionamos el problema. ☐
d. Eso está bien pero con lo no solucionamos el problema. ☐

A1 **6. Ergänzen Sie den Satz mit dem passenden Pronomen.**

.... he enviado un ramo de rosas.

a. le ☐ c. lo ☐
b. la ☐ d. las ☐

A1 **7. Welche Form kann nicht als direktes Objektpronomen verwendet werden?**

a.le ☐ c. la ☐
b.se ☐ d. las ☐

8. Wie muss die Antwort auf die Frage heißen? A2

¿Has contado un cuento a la niña?

a. Sí, le lo he contado. ☐
b. Sí, lo se he contado. ☐
c. Sí, lo le he contado. ☐
d. Sí, se lo he contado. ☐

9. Wo stehen unbetonte Personalpronomen im Satz? A1

a. vor dem Verb ☐
b. hinter dem Verb ☐
c. am Anfang des Satzes ☐
d. am Ende des Satzes ☐

10. Welche Wortstellung ist richtig? A2

a. Te levanta ahora mismo. ☐
b. Levanta ahora mismo te. ☐
c. Levántate ahora mismo. ☐
d. Levanta te ahora mismo. ☐

11. In welchem Satz wird das Personalpronomen richtig benutzt? A2

a. Estoy me poniendo el pijama. ☐
b. Estoy poniéndome el pijama. ☐
c. Estoy poniendo el pijama a mí. ☐
d. A mí estoy poniendo el pijama. ☐

12. Wo stehen unbetonte Personalpronomen bei zusammengesetzten Verbformen? A1

a. zwischen dem Verb haber und dem Partizip ☐
b. nach dem Partizip ☐
c. vor dem Verb haber ☐
d. an das Partizip angehängt ☐

13. Welche Position haben indirekte Objektpronomen im Satz? A2

a. vor dem direkten Objektpronomen ☐
b. immer am Ende des Satzes ☐
c. hinter dem direkten Objektpronomen ☐
d. immer am Anfang des Satzes ☐

Lösungen

1 c. 2 b. 3 d. 4 a. 5 c. 6 a. 7 b.
8 d. 9 a. 10 c. 11 b. 12 c. 13 a.

A1

8 Das Demonstrativ- und das Indefinitpronomen

*Lo importante no es tener **muchas** ideas,
sino la idea oportuna en **cada** caso.*

Juan Zorrilla de San Martín (1855–1931), escritor uruguayo

*Wichtig ist es nicht, **viele** Ideen zu haben,
sondern die passende Idee für **jede** Gelegenheit.*

*Juan Zorrilla de San Martín (1855–1931),
uruguayischer Schriftsteller*

G Demonstrativpronomen sind veränderlich, sie gleichen an ihr Bezugswort an. Sie können allein oder vor dem jeweiligen Bezugswort stehen. Bei Indefinitpronomen unterscheidet man zwischen veränderlichen und unveränderlichen Formen.

8.1 Das Demonstrativpronomen

A1

Mit den Demonstrativpronomen wird auf zeitlich oder räumlich Nahes und Fernes verwiesen.

Formen

	Singular		Plural
Maskulinum	**este** perro	*dieser Hund (hier)*	**estos** perros
	ese abrigo	*dieser Mantel (da)*	**esos** abrigos
	aquel plato	*dieser, jener Teller (dort)*	**aquellos** platos
Femininum	**esta** puerta	*diese Tür (hier)*	**estas** puertas
	esa mujer	*diese Frau (da)*	**esas** mujeres
	aquella botella	*diese, jene Flasche (dort)*	**aquellas** botellas
Neutrale Formen	**esto**	*das, dieses*	
	eso	*das, dieses*	
	aquello	*das, dieses, jenes*	

Gebrauch

Demonstrativpronomen können sowohl adjektivisch als auch substantivisch gebraucht werden, d. h. sie stehen vor dem jeweiligen Bezugswort oder aber allein in substantivischer Funktion:

Este A2 vestido es el más bonito. ***Dieses** Kleid ist das schönste.*
¿Qué vestido te gusta más? – **Éste** es el más bonito. *Welches Kleid gefällt dir am besten? – **Dieses** ist das schönste.*

Demonstrativpronomen stimmen in Genus und Numerus mit dem Substantiv überein, das sie begleiten oder auf das sie sich beziehen:

Esta ciudad es muy grande. ***Diese** Stadt ist sehr groß.*
¿Con qué llaves has abierto la puerta? – Con **ésas** que están encima de la mesa. *Mit welchen Schlüsseln hast du die Tür geöffnet? – Mit **diesen**, die auf dem Tisch liegen.*
¿De quién es **aquel** móvil? *Wem gehört **dieses** Handy (dort)?*

Adjektivisch gebrauchte Demonstrativpronomen tragen nie einen Akzent. In der substantivischen Funktion hingegen ist der Akzent (▶ 1.2.1) im modernen Spanisch fakultativ. Die Schreibung mit Akzent ist bei missverständlicher Deutung jedoch obligatorisch: A2

Esta excursión ha sido muy agradable. ***Dieser** Ausflug ist sehr angenehm gewesen.*
A **éste/este** no lo conozco. ***Diesen** kenne ich nicht.*
Éstas/Estas son las que yo quiero. ***Diese** sind diejenigen, die ich möchte.*

Wird esos im Satz ¿Y por qué no han traído **esos** libros? ohne Akzent gebraucht, hat der Satz zwei mögliche Übersetzungen: *Und warum haben **diese** (Studenten, Kollegen ...) keine Bücher mitgebracht?* oder: *Und warum haben sie **diese** Bücher nicht mitgebracht?* Hat esos hingegen einen Akzent, ist nur die erste Übersetzung möglich.

⚡ Die neutralen Formen esto, eso, aquello haben nur eine Singularform. Sie werden immer substantivisch gebraucht und stehen ohne Akzent:
Eso es lo que quería oír. ***Das** ist es, was ich hören wollte.*
¿Qué es **aquello** que se ve a lo lejos? *Was ist **das**, was in der Ferne zu sehen ist?*

Demonstrativpronomen haben eine deiktische Funktion. Sie können dabei auf einen lokalen oder einen temporalen Sachverhalt weisen.

Lokal in Bezug auf den Raum bezeichnet:
- este Personen oder Dinge, die sich in unmittelbarer Nähe des Sprechers befinden:
  Siéntate a mi lado en **esta** silla. *Setze dich neben mich auf **diesen** Stuhl.*
  Vivo en **esta** casa desde 2001. *Ich wohne seit 2001 in **diesem** Haus.*
- ese Personen oder Dinge, die sich in der Nähe des Hörers oder nicht weit entfernt vom Sprecher befinden:
  ¿Ves **ese** coche que está a tu derecha? *Siehst du **diesen** Wagen **da** rechts von dir?*
  Esa señora que acaba de entrar es mi jefa. ***Diese** Frau, die gerade eingetreten ist, ist meine Chefin.*
- aquel Personen oder Dinge, die sich weit entfernt vom Hörer und Sprecher befinden:
  Aquel tren que se ve a lo lejos va a Barcelona. ***Dieser/Jener** Zug **dort**, der in der Ferne zu sehen ist, fährt nach Barcelona.*
  Aquella chica que está sentada en la última fila es de Colombia. ***Dieses/Jenes** Mädchen **dort**, das in der letzten Reihe sitzt, kommt aus Kolumbien.*

ℹ Zwischen den Demonstrativpronomen und den Lokaladverbien aquí, ahí, allí (▷ 6.1) besteht im Spanischen absolute Übereinstimmung:
Esta mesa se puede quedar **aquí**. ***Dieser** Tisch kann **hier** bleiben.*
¿Quién es **ese** señor de **ahí**? *Wer ist dieser Herr da drüben?*
Coge **aquellos** vasos que están **allí**. *Nimm **diese/jene** Becher, die **dort** stehen.*

Temporal in Bezug auf die Zeit bezeichnet:
- este die unmittelbare Vergangenheit, Gegenwart oder Zukunft:
  Esta tarde he hablado con unos amigos. ***Heute Nachmittag** habe ich mit ein paar Freunden gesprochen.*
  Esta mañana tenéis mucho que hacer. ***Heute Vormittag** habt ihr viel zu tun.*
  Esta noche vamos a ir al cine. ***Heute Abend** werden wir ins Kino gehen.*

- ese die nahe Vergangenheit oder Zukunft:
  Nos conocimos **ese** día. *Wir haben uns an **diesem** Tag kennengelernt.*
  Esa semana estaré de viaje. ***Diese** Woche werde ich auf Reisen sein.*
- aquel eine weit zurückliegende Vergangenheit:
  Aquel año hizo mucho calor. *In **jenem** Jahr war es sehr heiß.*

Stellung

Adjektivisch verwendete Demonstrativpronomen stehen in der Regel vor dem Substantiv, das sie begleiten:
Esta noticia es muy interesante. ***Diese** Nachricht ist sehr interessant.*
Ese B1 peinado es muy moderno. ***Diese** Frisur ist sehr modern.*

Zur Hervorhebung können adjektivisch verwendete Demonstrativpronomen jedoch auf das Substantiv folgen. In diesem Fall steht ein Artikel vor dem Substantiv oder der Satz wird formal zum Ausrufesatz:
El cine **ese** no me gusta nada. ***Dieses** Kino **da** gefällt mir nicht.*
¡Qué niña **esta** más guapa! *Was für ein schönes Mädchen ist **dies**!*

8.2 Das Indefinitpronomen

A2

Indefinitpronomen weisen allgemein auf Personen oder Sachen hin. Sie drücken in der Regel eine unbestimmte Menge oder Anzahl aus.

Unveränderliche Indefinitpronomen

Folgende Indefinitpronomen sind unveränderlich in Genus und Numerus:

alguien *jemand*	nada *nichts*	cada *jede/r/s, alle*
algo *etwas*	nadie *niemand*	cualquiera *jede/r/s*

Die Indefinitpronomen alguien, algo, nadie und nada

Alguien, algo, nadie und nada können nur in substantivischer Funktion auftreten:
¿Hay **alguien** ahí? *Ist **jemand** da?*
¿Te apetece tomar **algo**? *Möchtest du **etwas** trinken?*

Alguien und nadie beziehen sich ausschließlich auf Personen, algo und nada hingegen auf Sachen:
¿Conoces a **alguien**? *Kennst du **jemanden**?*
¿Ha dicho ella **algo**? *Hat sie **etwas** gesagt?*

Stehen nadie oder nada hinter dem Verb, muss die Negationspartikel no vor das Verb gestellt werden (▷ 25.2):
No me lo explicó **nadie**. Aber: **Nadie** me lo explicó. ***Niemand** hat es mir erklärt.*

L! Obwohl beide Varianten grammatikalisch korrekt sind, ist die Voranstellung stilistisch gesehen nicht immer akzeptabel. Entscheiden Sie sich im Zweifelsfall am besten für die doppelte Verneinung.

Die Indefinitpronomen cada und cualquiera

Cada kann nur adjektivisch benutzt werden:

Cada participante recibe un premio. ***Jeder*** *Teilnehmer bekommt einen Preis.*

En **cada** ciudad hay una iglesia famosa. *In* ***jeder*** *Stadt gibt es eine berühmte Kirche.*

B1 Zusammen mit Kardinalzahlen gibt es für cada zwei Verwendungsmöglichkeiten bzw. Bedeutungen:

Cada + Kardinalzahl	→ *alle* + Kardinalzahl
Kardinalzahl + de cada + Kardinalzahl	→ *jede/r* + Ordinalzahl

Mi hijo me llama **cada tres** días. *Mein Sohn ruft mich* ***alle drei*** *Tage an.*

En este pueblo **uno de cada diez** habitantes es extranjero. *In diesem Dorf ist* ***jeder zehnter*** *Einwohner Ausländer.*

Cualquiera kann sowohl adjektivisch als auch substantivisch gebraucht werden. Beim adjektivischen Gebrauch wird es zu cualquier:

Eso puede hacerlo **cualquier** persona. *Das kann jede Person tun.*

Eso puede hacerlo **cualquiera**. *Das kann jeder tun.*

Veränderliche Indefinitpronomen

Veränderlich in Genus und Numerus sind folgende Indefinitpronomen:

alguno/-a/-os/-as *irgendein/e, einige*	ninguno/-a *kein/e/er*
otro/-a/-os/-as *(noch) ein/e andere/r/s*	todo/-a/-os/-as *jede/r/s, alle*

Die veränderlichen Indefinitpronomen können sowohl substantivisch als auch adjektivisch verwendet werden:

¿Han llegado ya **todos** los invitados? – Sí, ya han llegado **todos**. *Sind* ***alle*** *Gäste schon gekommen? – Ja,* ***alle*** *sind schon gekommen.*

Die Indefinitpronomen alguno und ninguno

Alguno und ninguno werden vor einem maskulinen Substantiv im Singular zu algún bzw. ningún:

¿Has leído **algún** libro de Mario Benedetti? – No, no he leído **ningún** libro suyo. *Hast du* ***irgendein*** *Buch von Mario Benedetti gelesen? – Nein, ich habe* ***kein*** *Buch von ihm gelesen.*

Steht ninguno nach dem Verb, muss die Negationspartikel no vor dem Verb gebraucht werden (▶ 25.2):

No me he encontrado con **ningún** conocido. Aber: Con **ningún** conocido me he encontrado. *Ich habe **keinen** Bekannten getroffen.*

! Wie bei den Indefinitpronomen nadie und nada ist auch bei ninguno die Voranstellung in solchen Fällen zwar grammatikalisch korrekt, stilistisch aber nicht immer akzeptabel. Deswegen empfiehlt es sich, ninguno immer hinter das Verb zu stellen.

Ninguno (▶ 25.2) kann nur im Singular verwendet werden:
No tengo **ningún** amigo mexicano. *Ich habe **keinen** mexikanischen Freund.*
Aber: No tengo amigos mexicanos. *Ich habe keine mexikanischen Freunde.*

Das Indefinitpronomen otro
Vor otro kann nie ein unbestimmter Artikel stehen. Es kann jedoch von einem bestimmten Artikel, einem Demonstrativ-, Possessiv- oder Indefinitpronomen begleitet werden:
Quiero comprar **otro** CD porque éste no me gusta. *Ich möchte **eine andere** CD kaufen, weil diese mir nicht gefällt.*
¿Qué pelicula te ha gustado más, la de hoy o **la otra** de ayer? *Welcher Film hat dir besser gefallen, der von heute oder **der (andere)** von gestern?*
Ese otro coche es más barato. ***Das andere** Auto (da) ist billiger.*

Zusammen mit Zahlen steht otro immer an erster Stelle:
Tengo **otros dos** amigos de Venezuela. *Ich habe **noch zwei andere** Freunde aus Venezuela.*
He comprado **otras tres** camisas. *Ich habe noch **drei (andere)** Hemden gekauft.*

Das Indefinitpronomen todo
Das Indefinitpronomen todo wird in der Regel zusammen mit einem Begleitwort – Artikel, Possessiv- oder Demonstrativpronomen – verwendet:
Todos vuestros sueños se han cumplido. ***Alle eure** Träume sind in Erfüllung gegangen.*
Tengo que recoger **todos estos** papeles. *Ich muss **all diese** Papiere aufräumen.*

In Verbindung mit dem bestimmten Artikel hat todo zwei mögliche Bedeutungen: B1

Todo/-a/ + lo/la + Substantiv	→ *der/die/das ganze*
Todos/-as + los/las + Substantiv	→ *alle, jede/r/s*

Habéis estado trabajando **todo el día.** *Ihr habt **den ganzen** Tag gearbeitet.*
Desayuno en casa **todos los** días. *Ich frühstücke **jeden** Tag zu Hause.*
Hemos leído **todas las** cartas que hemos recibido. *Wir haben **alle** Briefe gelesen, die wir bekommen haben.*
Im Unterschied zum Deutschen wird der bestimmte Artikel dem Indefinitpronomen todo im Spanischen nachgestellt.

Zwischentest 8

A1 **1. Wie können Demonstrativpronomen verwendet werden?**

a. nur substantivisch ☐
b. nie nach dem Substantiv ☐
c. nur mit lokaler Bedeutung ☐
d. mit lokaler und zeitlicher Bedeutung ☐

A1 **2. Wie lautet die Pluralform von aquel?**

a. aquelos ☐
b. aqueles ☐
c. aquellos ☐
d. aquelles ☐

A1 **3. Welche Form gehört in die Lücke?**

.... pantalón de ahí es muy bonito.

a. Estos ☐
b. Aquel ☐
c. Ese ☐
d. Esos ☐

A1 **4. Was trifft auf die neutralen Formen der Demonstrativpronomen zu?**

a. Sie tragen immer einen Akzent. ☐
b. Sie werden immer adjektivisch gebraucht. ☐
c. Sie werden nie substantivisch gebraucht. ☐
d. Sie tragen nie einen Akzent. ☐

A1 **5. Wie wird der Satz korrekt ins Spanische übertragen?**

Was ist das, was du in der Hand hast?

a. ¿Qué es ésto que tienes en la mano? ☐
b. ¿Qué es eso que tienes en la mano? ☐
c. ¿Qué es aquellos que tienes en la mano? ☐
d. ¿Qué es ésos que tienes en la mano? ☐

A2 **6. Welcher Satz ist richtig?**

a. No sabe nada de eso. ☐
b. Nada sabe no de eso. ☐
c. Sabe nada de eso. ☐
d. Sabe nada no de eso. ☐

A2 **7. Wie ist cada zu verwenden?**

a. substantivisch ☐
b. adjektivisch ☐
c. immer in Verbindung mit einer Ordinalzahl ☐
d. immer in Verbindung mit dem bestimmten Artikel ☐

8. Welche Übersetzung passt? B1

Ich esse alle zwei Wochen mit ihr.

a. Como con ella dos semanas.
b. Como con ella desde hace dos semanas
c. Como con ella todas dos semanas.
d. Como con ella cada dos semanas.

9. Welches Indefinitpronomen gehört in die Lücke? A2

.... día de estos te doy una sorpresa.

a. Cualquier
b. Cualquiero
c. Cualquiera
d. Cualquiere

10. In welchem Satz ist das Indefinitpronomen richtig verwendet? A2

a. ¿Vais a venir alguna día a visitarnos?
b. ¿Vais a venir algún día a visitarnos?
c. ¿Vais a venir alguno día a visitarnos?
d. ¿Vais a venir algunos día a visitarnos?

11. elcher Satz ist korrekt? A2

a. Ninguno día libre tiene.
b. No tiene ningún día libre.
c. Tiene ningún día libre.
d. Tiene no ningún día libre.

12. Welche Aussage trifft zu? A2

a. Vor otro steht immer der unbestimmte Artikel.
b. Vor otro steht immer ein Demonstrativpronomen.
c. Die Kardinalzahlen stehen immer nach otro.
d. Die Kardinalzahlen stehen immer vor otro.

13. Was bedeutet todo im folgenden Satz? A2

He estado toda la semana de vacaciones.

a. jede
b. die ganze
c. alle
d. eine

Lösungen

1 d. 2 c. 3 c. 4 d. 5 b. 6 a. 7 b.
8 d. 9 a. 10 b. 11 b. 12 c. 13 b.

A1

9 Das Possessiv-, das Interrogativ- und das Relativpronomen

*No rechaces **tus** sueños […],*
*sin la ilusión, el mundo ¿**qué** sería?*

Ramón de Campoamor (1817–1901), poeta español

*Nimm **deine** Träume an […],*
***was** wäre die Welt ohne Illusionen?*
Ramón de Campoamor (1817–1901),
spanischer Dichter

G Im Spanischen unterscheidet man zwischen betonten und unbetonten Possessivpronomen. Sie verhalten sich beim Angleichen an das jeweilige Bezugswort unterschiedlich. Interrogativpronomen tragen immer einen Akzent. Die meistgebrauchten Relativpronomen sind **que** und **el/la/los/las que**.

9.1 Das Possessivpronomen

A1

Possessivpronomen bezeichnen Besitzverhältnisse. Je nach ihrer Form werden sie substantivisch oder adjektivisch verwendet.

9.1.1 Das unbetonte Possessivpronomen

A1

Formen

	mask. Bezugssubstantiv		fem. Bezugssubstantiv		
	Singular	**Plural**	**Singular**	**Plural**	
yo	mi	mis	mi	mis	*mein/e*
tú	tu	tus	tu	tus	*dein/e*
él	su	sus	su	sus	*sein/e*
ella, usted	su	sus	su	sus	*ihr/e, Ihr/e*
nosotros/-as	nuestro	nuestros	nuestra	nuestras	*unser/e*
vosotros/-as	vuestro	vuestros	vuestra	vuestras	*eu(e)r/e*
ellos, ellas, ustedes	su	sus	su	sus	*ihr/e, Ihr/e*

Unbetonte Possessivpronomen werden nur im Numerus an das jeweilige Bezugssubstantiv angeglichen:
Mi amiga es muy simpática. ***Meine*** *Freundin ist sehr nett.*
Mi ordenador es nuevo. ***Mein*** *Computer ist neu.*
Mis amigas son muy simpáticas. ***Meine*** *Freundinnen sind sehr nett.*
Mis ordenadores son nuevos. ***Meine*** *Computer sind neu.*

Ausnahme: Die Possessivpronomen der 1. und 2. Person Plural stimmen auch in Genus mit dem Bezugssubstantiv überein:
Nuestra perra se llama Canela. ***Unsere*** *Hündin heißt Canela.*
Hemos dejado **nuestros bolsos** encima de la mesa. *Wir haben* ***unsere*** *Handtaschen auf den Tisch gestellt.*

Abweichend vom Deutschen passen sich die unbetonten Possessivpronomen der 3. Person Singular nicht an das Geschlecht des Besitzers an. Desweiteren sind unbetonte Possessivpronomen der 3. Person im Singular und Plural sowie in der Höflichkeitsform gleich.
¿Conoces al hermano de María? – Sí, **su** hermano estudia en la misma universidad que yo. *Kennst du Marias Bruder? – Ja,* ***ihr*** *Bruder studiert an derselben Universität wie ich.*
¿Este es el coche de Mario? – Sí, es **su** coche. *Ist das das Auto von Mario? – Ja, es ist* ***sein*** *Auto.*
Enséñeme **su** pasaporte, por favor. *Zeigen Sie mir* ***Ihren*** *Pass, bitte.*

Stellung und Gebrauch

Unbetonte Possessivpronomen werden ausschließlich adjektivisch verwendet. Sie stehen immer vor dem Substantiv, auf das sie sich beziehen:
¿Tu prima vive en España? ***Deine*** *Cousine lebt in Spanien?*
Nuestros A2 vecinos son de Paraguay. ***Unsere*** *Nachbarn kommen aus Paraguay.*

A2 Zwischen dem Possessivpronomen und dem Substantiv können folgende Wortarten stehen:

- Adjektive:
  Estas fueron **nuestras mejores vacaciones** en la playa. *Dies(er) ist **unser bester Strandurlaub** gewesen.*
- Ordinalzahlen:
  Esta es **tu segunda oportunidad**. ¡Aprovéchala! *Das ist **deine zweite Chance.** Nutze sie!*
- Kardinalzahlen:
  Vuestros dos hijos son muy pequeños. ***Eure zwei Kinder** sind sehr klein.*
- Kardinalzahl + primero/-a/-os/-as:
  Recuerdo perfectamente **mis tres primeros días** en este trabajo. *Ich erinnere mich ganz genau an **meine drei ersten Tage** bei dieser Arbeit.*
- das Indefinitpronomen otro:
  Mi otro hermano trabaja en La Paz. ***Mein anderer** Bruder arbeitet in La Paz.*

A1

9.1.2 Das betonte Possessivpronomen

Formen

	maskulines Bezugssubstantiv Singular	Plural	feminines Bezugssubstantiv Singular	Plural	
yo	mío	míos	mía	mías	*mein/e*
tú	tuyo	tuyos	tuya	tuyas	*dein/e*
él	suyo	suyos	suya	suyas	*sein/e*
ella, usted	suyo	suyos	suya	suyas	*ihr/e, Ihre*
nosotros/-as	nuestro	nuestros	nuestra	nuestras	*unser/e*
vosotros/-as	vuestro	vuestros	vuestra	vuestras	*eu(e)r/e*
ellos, ellas, ustedes	suyo	suyos	suya	suyas	*ihr/e, Ihr/e*

Betonte Possessivpronomen stimmen in Genus und Numerus mit dem Bezugssubstantiv überein:
Es una amiga **mía** muy simpática. *Das ist eine sehr nette Freundin **von mir.***
Son unos amigos **míos** muy simpáticos. *Das sind sehr nette Freunde **von mir.***

⚡ Die betonten Possessivpronomen der 3. Person Singular sind für männliche und weibliche Besitzer gleich. Darüber hinaus sind betonte Possessivpronomen der 3. Person im Singular, Plural und in der Höflichkeitsform identisch:
¿Es un vecino de Ismael? – Sí, es un vecino **suyo**. *Ist er ein Nachbar von Ismael? – Ja, er ist ein Nachbar **von ihm**.*
¿Este CD es de tus hijos? – Sí, es **suyo**. *Gehört diese CD deinen Kindern? – Ja, es ist **ihre** (= sie gehört ihnen).*

Stellung und Gebrauch

Betonte Possessivpronomen können sowohl adjektivisch als auch substantivisch gebraucht werden:
Es un compañero de trabajo **mío**. *Er ist ein Arbeitskollege **von mir**.*
¿Es esta tu cartera? – Si, es **la mía**. *Ist dieses dein Geldbeutel? – Ja, es ist **meiner**.*

Bei adjektivischer Verwendung werden betonte Possessivpronomen dem Bezugssubstantiv nachgestellt:
Un **amigo mío** se va a vivir a Madrid. *Ein Freund **von mir** zieht nach Madrid.*

Vor dem Substantiv steht in diesem Fall üblicherweise der unbestimmte Artikel, ein Demonstrativ- bzw. Indefinitpronomen oder eine Kardinalzahl:
Esa música tuya me gusta mucho. ***Diese Musik von dir** gefällt mir sehr gut.*

Bei substantivischem Gebrauch können betonte Possessivpronomen allein stehen oder in Verbindung mit einem Begleitwort, wie dem bestimmten Artikel oder einem Demonstrativpronomen, verwendet werden. Ohne Artikel werden sie nur gebraucht, wenn sie den reinen Besitz ausdrücken:
Esas gafas son **mías**. *Diese Brille ist **meine** (= gehört mir).*
¿Llevamos tu ordenador portátil o **el mío**? *Nehmen wir deinen Laptop oder **meinen** mit?*

9.2 Das Interrogativpronomen

A1

💡 Mit den Interrogativpronomen wird nach Personen, Sachen oder Sachverhalten gefragt.

Formen

Maskulinum Singular	 Plural	Femininum Singular	 Plural	
qué	qué	qué	qué	*was/welche/r/s*
quién	quiénes	quién	quiénes	*wer*
cuál	cuáles	cuál	cuáles	*welche/r/s, was für ein/e/r, was für welche*
cuánto	cuántos	cuánta	cuántas	*wie viel/e*

⚡ Interrogativpronomen tragen im Unterschied zu Relativpronomen (▷ **9.3**) immer einen Akzent:
¿Qué dices? ***Was*** *sagst du?*
¿Quién ha llamado? ***Wer*** *hat angerufen?*

Gebrauch

B1 Alle Interrogativpronomen werden auch in indirekten Fragen verwendet (▷ **24.2.3**):
Dime **qué** quieres. *Sag mir,* ***was*** *du willst.*
No sabían **cuánto** tiempo tenían. *Sie wussten nicht,* ***wie viel*** *Zeit sie hatten.*

A2 ⚡ Bis auf cuál können alle Interrogativpronomen Ausrufesätze einleiten:
¡Qué caro! ***Wie*** *teuer!*
¡Cuánto tiempo ha pasado! ***Wie lange*** *ist das her!*

Das Interrogativpronomen qué

Das Interrogativpronomen qué kann sowohl vor einem Verb als auch vor einem Substantiv gebraucht werden:

qué + Verb *was*	qué + Substantiv *welche/r/s*

Qué ist immer unveränderlich:
¿Qué comida no te gusta? ***Welche Speise*** *schmeckt dir nicht?*
¿Qué comidas no te gustan? ***Welche Speisen*** *schmecken dir nicht?*
¿Qué país han visitado ustedes? ***Welches Land*** *haben Sie besucht?*
¿Qué países han visitado ustedes? ***Welche Länder*** *haben Sie besucht?*
¿Qué pasa aquí? ***Was*** *ist hier los?*

A2 Wird qué vor einem Verb benutzt und verlangt das Verb eine Präposition, wird diese vorangestellt → Präposition + qué + Verb:
Hablar de: **¿De qué** estáis hablando? ***Worüber*** *sprecht ihr?*
Necesitar para: **¿Para qué** necesitamos esto? ***Wofür*** *brauchen wir das?*

Das Interrogativpronomen quién

Quién bezieht sich nur auf Personen und ist im Numerus veränderlich.
¿Quién ha venido? ***Wer*** *ist gekommen?*
¿Quiénes son esos señores? ***Wer*** *sind diese Herren?*

Das Interrogativpronomen cuál

Cuál wird im Numerus flektiert. Es drückt eine Auswahl aus bereits erwähnten Personen oder Sachen aus. Substantive können jedoch nicht unmittelbar auf cuál folgen.
De estos viajes, **¿cuáles** prefieres? ***Welche*** *von diesen Reisen bevorzugst du?*
¿Cuál de los dos relatos te gusta más? ***Welche*** *von beiden* B2 *Erzählungen gefällt dir am besten?*

Das Interrogativpronomen cuánto
Cuánto fragt immer nach einer Menge oder Anzahl.

cuánto + Verb *wie viel* | cuánto/-a/-os/-as + Substantiv *wie viel/e*

In Bezug auf Substantive wird cuánto nach Genus und Numerus flektiert. In Singular wird es nur vor unzählbaren Substantiven verwendet:
¿Cuántos días se queda Laura en tu casa? ***Wie viele*** *Tage bleibt Laura bei dir?*
¿Cuánto dinero llevas? ***Wie viel*** *Geld hast du dabei?*

Bezieht sich cuánto auf ein Verb, bleibt es unveränderlich:
¿Cuánto cuestan estas camisas? ***Wie viel*** *kosten diese Hemden?*
¿Cuánto dura el viaje? ***Wie lange*** *dauert die Reise?*

9.3 Das Relativpronomen

B1

Relativpronomen leiten Relativsätze ein und vertreten dabei Personen, Sachen, Satzteile oder ganze Sätze, die sie näher bestimmen.

Formen

Singular **Maskulinum**	**Femininum**	**Neutrum**	**Plural** **Maskulinum**	**Femininum**
que *der, die, das*	que *der, die, das*		que *die*	que *die*
quien *der, die*	quien *der, die*		quienes *die*	quienes *die*
el que *der*	la que *die*	lo que *was*	los que *die*	las que *die*
el cual *der*	la cual *die*	lo cual *was*	los cuales *die*	las cuales *die*
cuyo *dessen*	cuya *deren*		cuyos *deren*	cuyas *deren*

Gebrauch

Das Relativpronomen que
Que ist unveränderlich. Es bezieht sich auf Personen und Sachen. Das Bezugssubstantiv kann dabei Subjekt oder Objekt des Relativsatzes sein.
El vendedor **que** nos atendió era muy amable. *Der Verkäufer,* ***der*** *uns bedient hat, war sehr freundlich.*
El diccionario **que** me han regalado es muy bueno. *Das Wörterbuch,* ***das*** *ich geschenkt bekommen habe, ist sehr gut.*

⚡ Zusammen mit que können nur die einsilbigen Präpositionen en *in*, de *von* und con *mit* auftreten:
Me gusta la ciudad **en que** vivo. *Ich mag die Stadt,* ***in der*** *ich lebe.*

Das Relativpronomen quien
Quien muss nach Numerus flektiert werden. Es bezieht sich ausschließlich auf Personen und wird zusammen mit Präpositionen gebraucht.
Estos son los arquitectos **para quienes** trabajo. *Diese sind die Architekten, **für die** ich arbeite.*
¿Dónde está el chico **con quien** has venido? *Wo ist der Junge, **mit dem** du gekommen bist?*

Die Relativpronomen el/la/los/las que und el/la cual bzw. los/las cuales
El/la/los/las que und el/la cual bzw. los/las cuales stehen sowohl für Personen als auch für Dinge. Ihr Bezugssubstantiv ist Objekt des Relativsatzes. Sie werden immer in Verbindung mit einer Präposition verwendet.
¿Te acuerdas del alumno **por el que** te pregunté ayer? *Erinnerst du dich an den Schüler, **nach dem** ich dich gestern gefragt habe?*
Esta es la habitación **para la cual** he comprado la alfombra. *Dieses ist das Zimmer, **für das** ich den Teppich gekauft habe.*

Ausnahme: Sowohl quien/quienes als auch el/la/los/las que können ohne Präposition benutzt werden. Wenn sie sich auf etwas Unbestimmtes – bei quien/quienes unbestimmte Personen, bei el/la/los/las que unbestimmte Personen/Sachen – beziehen, stehen sie ohne Bezugssubstantiv am Anfang des Satzes und fungieren meist als Subjekt:
Quien tenga tiempo, puede hacerlo. ***Wer** Zeit hat, kann es tun.*
Los que tengan menos de 16 años, tienen que ser acompañados por sus padres. ***Wer** noch nicht 16 Jahre alt ist, muss von seinen Eltern begleitet werden.*

In der gesprochenen Sprache werden überwiegend die Relativpronomen que und el/la/los/las que benutzt.

B2 Lo que und lo cual sind neutrale Formen. Sie werden benutzt, wenn der Relativsatz sich auf einen ganzen Satz oder Satzteil bezieht:
No me gustó **lo que** dijeron. ***Was** sie gesagt haben, hat mir nicht gefallen.*
No han venido, **lo cual** me molesta. *Sie sind nicht gekommen, **was** mich ärgert.*

Das Relativpronomen cuyo/-a/-os/-as
Cuyo/-a/-os/-as drückt den Besitz aus. Es stimmt immer in Genus und Numerus mit dem darauffolgenden Substantiv überein und kann mit Präpositionen verwendet werden.
No conozco a las chicas **cuyos abrigos** están en el suelo. *Ich kenne die Mädchen nicht, **deren** Mäntel auf dem Boden liegen.*
El niño **con cuya madre** estabas hablando antes es amigo de mi hijo. *Das Kind, **mit dessen** Mutter du vorher gesprochen hast, ist ein Freund meines Sohnes.*

Bestimmende versus nicht bestimmende Relativsätze

C2

Bestimmende Relativsätzen charakterisieren ein Bezugssubstantiv näher. Sie vermitteln für den Kontext notwendige Informationen. Nicht bestimmende Relativsätze geben nicht erforderliche, zusätzliche Informationen. Sie werden im Spanischen immer durch Komma vom Hauptsatz abgetrennt.

Bestimmender Relativsatz:	Han derribado las casas **que** estaban viejas. *Die Häuser,* ***die*** *alt waren, wurden abgerissen.* (nur die alten Häuser)
Nicht bestimmender Relativsatz:	Han derribado las casas, **que** estaban viejas. *Die Häuser wurden abgerissen. Sie waren alt.* (Die Häuser wurden abgerissen. Zusätzliche Information: Sie waren alt).

Die Relativpronomen quien/quienes und el/la cual bzw. los/las cuales können in nicht bestimmenden Relativsätzen sowohl zusammen mit einer Präposition oder ohne solche gebraucht werden. Ohne Präposition stehen sie dann, wenn sie Subjekt des Relativsatzes sind:
Ayer salí con un periodista, **con quien** me divertí muchísimo. *Gestern bin ich mit einem Journalisten ausgegangen. Ich habe mich köstlich mit ihm amüsiert.*
He visto a Mercedes, **la cual** me ha contado lo que pasó. *Ich habe Mercedes getroffen. Sie hat mir erzählt, was passiert ist.*

Que wird in nicht bestimmenden Relativsätzen immer ohne Präposition verwendet:
Es un amigo de mi familia, **que** vive en Puerto Rico. *Er ist ein Freund meiner Familie. Er wohnt in Puerto Rico.*

Zwischentest 9

A1 **1. Was trifft auf unbetonte Possessivpronomen der 1. und 2. Person Plural zu?**

a. Sie sind nur in Numerus veränderlich. ☐
b. Sie sind nur in Genus veränderlich. ☐
c. Sie sind in Genus und Numerus veränderlich. ☐
d. Sie sind unveränderlich. ☐

A1 **2. Welche ist die richtige Antwort auf die Frage?**

¿Has visto a la hermana de Carmen y Gonzalo?
a. No, no he visto a suas hermana. ☐
b. No, no he visto a su hermana. ☐
c. No, no he visto a sus hermana. ☐
d. No, no he visto a la su hermana. ☐

A1 **3. Welche Aussage über unbetonte Possessivpronomen ist richtig?**

a. Sie werden dem Substantiv immer nachgestellt. ☐
b. Sie werden nur adjektivisch gebraucht. ☐
c. Sie werden nur substantivisch gebraucht. ☐
d. Sie werden sowohl substantivisch als auch adjektivisch gebraucht. ☐

A2 **4. Welcher Satzteil gehört in die Lücke?**

Hoy se cumplen .... en la ciudad.
a. mis dos primeros meses ☐ c. mis meses primeros dos ☐
b. meses mis dos primeros ☐ d. dos meses mis primeros ☐

A1 **5. Wie lautet die Übersetzung des Satzes?**

Carlos ist ein sehr guter Freund von mir.
a. Carlos es un buen amigo de mí. ☐
b. Carlos es un buen amigo de yo. ☐
c. Carlos es un mío buen amigo. ☐
d. Carlos es un buen amigo mío. ☐

A1 **6. Welches Possessivpronomen beantwortet den Satz richtig?**

¿De quién son estos periódicos? a. Mis ☐ c. Sus ☐
b. Míos ☐ d. Suyas ☐

7. Wann tragen Interrogativpronomen einen Akzent? A1

a. immer
b. nur bei direkten Fragen
c. nie
d. nur bei indirekten Fragen

8. Mit welchem Interrogativpronomen ist der Satz zu ergänzen? A1

De todas estas frutas exóticas, ¿ .... te gusta más?

a. qué
b. cuáles
c. cuál
d. quién

9. In welchem Satz ist das Interrogativpronomen cuánto richtig verwendet? A1

a. ¿Cuánto carne has comprado?
b. ¿Cuántas carne has comprado?
c. ¿Cuántos carne has comprado?
d. ¿Cuánta carne has comprado?

10. Welches Interrogativpronomen kann nicht in Ausrufesätzen benutzt werden? A2

a. qué
b. cuánto
c. cuál
d. quién

11. Ergänzen Sie den Satz mit dem richtigen Relativpronomen. B1

Esta tarde te he traído un regalo .... te gustará mucho.

a. que
b. cuyo
c. el cual
d. el que

12. Welches Relativpronomen kann nur nach Numerus flektiert werden? B1

a. que
b. cuyo
c. el cual
d. quien

13. Welcher Satz ist richtig? B1

a. La alumna cuya padres no han venido se llama Isabel.
b. La alumna cuyo padres no han venido se llama Isabel.
c. La alumna cuyos padres no han venido se llama Isabel.
d. La alumna cuyas padres no han venido se llama Isabel.

Lösungen

1 c. 2 b. 3 b. 4 a. 5 d. 6 b. 7 a.
8 c. 9 d. 10 c. 11 a. 12 d. 13 c.

A1

10 Das Zahlwort

*A los **veinte** años [un hombre] será pavón;*
*a los **treinta** león; a los **cuarenta** camello;*
*a los **cincuenta** serpiente; a los **sesenta** perro;*
*a los **setenta** mono …*

Baltasar Gracián (1601–1658), escritor español

*Ein Mann ist wie ein Pfau mit **zwanzig** Jahren;*
*wie ein Löwe mit **dreißig**; wie ein Kamel mit **vierzig**;*
*wie eine Schlange mit **fünfzig**; wie ein Hund mit **sechzig**;*
*wie ein Affe mit **siebzig** …*

Baltasar Gracián (1601–1658),
spanischer Schriftsteller

G Wie im Deutschen unterscheidet das Spanische zwischen Kardinal- und Ordinalzahlen. Einheiten und Dezimalzahlen werden ebenfalls durch Kommas getrennt. Im Unterschied zum Deutschen richten sich Kardinalzahlen ab 200 im Genus nach ihrem Bezugswort.

10.1 Die Kardinalzahl

A1

Kardinalzahlen bezeichnen eine bestimmte Menge oder Anzahl von Lebewesen, Gegenständen oder Dingen.

Formen

Die Kardinalzahlen von 1 bis 29 werden zusammengeschrieben:

0	cero	10	diez	20	veinte
1	uno/-a	11	once	21	veintiuno/-a
2	dos	12	doce	22	veintidós
3	tres	13	trece	23	veintitrés
4	cuatro	14	catorce	24	veinticuatro
5	cinco	15	quince	25	veinticinco
6	seis	16	dieciséis	26	veintiséis
7	siete	17	diecisiete	27	veintisiete
8	ocho	18	dieciocho	28	veintiocho
9	nueve	19	diecinueve	29	veintinueve

Von 30 bis 99 werden die Zehner und die Einer getrennt geschrieben und durch die Konjunktion y verbunden:

			uno/-a
30	treinta		dos
40	cuarenta		tres
50	cincuenta	y	cuatro
60	sesenta		cinco
70	setenta		seis
80	ochenta		siete
90	noventa		ocho
			nueve

Kardinalzahlen bis 100 sind unveränderlich:
He escrito **cincuenta** páginas. *Ich habe **fünfzig** Seiten geschrieben.*
He leído **cincuenta** libros españoles. *Ich habe **fünfzig** spanische Bücher gelesen.*

Ausnahme: Uno wird immer dem Genus nach angepasst, sowohl in zusammengesetzten Kardinalzahlen mit uno als auch in Verbindungen mit y + uno:
He comprado **un** pantalón. *Ich habe **eine** Hose gekauft.*
Volveré dentro de **veintiún** días. *Ich werde nach **einundzwanzig** Tagen zurückkommen.*
El examen consistía en **treinta y una** preguntas. *Die Prüfung bestand aus **einunddreißig** Fragen.*

Vor einem maskulinen Substantiv wird veintiuno zu veintiún und uno zu un:
He pasado **veintiún** días en Arequipa. *Ich habe **einundzwanzig** Tage in Arequipa verbracht.*
He visitado **cuarenta y un** pueblos. *Ich habe **einundvierzig** Dörfer besucht.*

100	cien	101	ciento uno/-a
200	doscientos/-as	300	trescientos/-as
400	cuatrocientos/-as	500	quinientos/-as
600	seiscientos/-as	700	setecientos/-as
800	ochocientos/-as	900	novecientos/-as

⚡ Nur die Kardinalzahl 100 selbst heißt cien, in Zusammensetzung mit weiteren Zahlen heißt es ciento. Ciento *hundert* passt sich ab 200 in Numerus und Genus an das Bezugssubstantiv an:
Han pasado **cien** días desde que se fueron. *Es sind **hundert** Tage vergangen, seit sie weggegangen sind.*
He corregido **ciento cuarenta y seis** páginas. *Ich habe **hundertsechsund-vierzig** Seiten korrigiert.*
Había **trescientas** personas. *Es waren **dreihundert** Personen da.*
Tengo **trescientos** CD. *Ich habe **dreihundert** CDs.*

1.000	mil	2.000	dos mil
10.000	diez mil	100.000	cien mil
500.000	quinientos mil	1.000.000	un millón
1.000.000.000	mil millones	1.000.000.000.000	un billón

Mil ist unveränderlich:
En la biblioteca hay más de **mil** revistas. *In der Bibliothek gibt es mehr als **tausend** Zeitschriften.*
Eso pasó hace **mil** años. *Das ist vor **tausend** Jahren geschehen.*

Treffen millón/millones und billón/billones auf ein Substantiv, müssen sie immer mit der Präposition de angeschlossen werden:
un millón **de** habitantes *eine Million Einwohner*
Aber: un millón cien mil habitantes *eine Million einhunderttausend Einwohner*
tres billones **de** euros *drei Billionen Euro*
Aber: tres billones doscientos mil euros *drei Billionen zweihunderttausend Euro*

Stellung

Adjektivisch benutzte Kardinalzahlen können sowohl vor einem Substantiv stehen als auch auf dieses folgen. Die Stellung ist dabei bedeutungstragend. Stehen sie voran, geben sie die genaue Anzahl an:
Hay **tres** parques en la ciudad. *Es gibt **drei** Parks in der Stadt.*
He comprado **dos** mesas de madera. *Ich habe **zwei** Holztische gekauft.*

Sind sie nachgestellt, bestimmen sie ein Substantiv näher oder werden mit Ordinalwert benutzt:
la sala **cinco** *der Saal* ***fünf***, la página **veinte** *die Seite* ***zwanzig***

Nachgestellt werden Kardinalzahlen auch, wenn sie Personalpronomen begleiten:
Lo haremos nosotros **dos.** *Wir* ***beide*** *werden es machen.*

Gebrauch

Kardinalzahlen können adjektivisch und substantivisch verwendet werden:
¿Cuántos hermanos tienes? – **Cuatro, tres** viven en España y **uno** en Argentina.
Wie viele Geschwister hast du? – ***Vier, drei*** *leben in Spanien und* ***eines*** *in Argentinien.*

Kardinalzahlen dienen u. a. zur Angabe von:

- Preisen:
  Cuesta **veinticinco** euros. *Es kostet* ***fünfundzwanzig*** *Euro.*
- Gewichten:
  El paquete pesa **doscientos** gramos. *Das Paket wiegt* ***zweihundert*** *Gramm.*
- Entfernungen:
  Vivo a **cincuenta** kilómetros de la ciudad. *Ich wohne* ***fünfzig*** *Kilometer von der Stadt entfernt.*
- Maßen:
  Mide **sesenta** centímetros de largo. *Es ist* ***sechzig*** *Zentimeter lang.*
- Uhrzeiten:
  Son las **once** de la mañana. *Es ist* ***elf*** *Uhr vormittags.*
- Datum:
  Hoy estamos **a uno** de enero. *Heute haben wir den* ***ersten*** *Januar.*
- Jahrhunderten:
  el siglo XIX (**diecinueve**) *das 19. (****neunzehnte****) Jahrhundert*
- einer Anzahl von Personen:
  Habíamos reservado para **cinco** pero al final sólo somos **tres.** *Wir hatten für* ***fünf*** *Personen reserviert aber am Ende sind wir nur zu* ***dritt.***
- Temperaturen:
  Estamos a **dos** grados bajo cero. *Wir haben* ***zwei*** *Grad minus.*

Die Fügung uno/-a de cada *jede/s/r* wird auch mit Kardinalzahlen gebraucht:
Uno de cada cinco niños es rubio. ***Jedes fünfte*** *Kind ist blond.*
Una de cada cuatro ciudades tiene más de cien mil habitantes. ***Jede vierte*** *Stadt hat mehr als hunderttausend Einwohner.*

Treten Ordinalzahlen als Substantive auf, verwendet man immer die maskuline Form. Bei diesem Gebrauch können sie auch im Plural stehen:
Este año mi hijo ha sacado dos **dieces** en Matemáticas. *Dieses Jahr hat mein Sohn zwei* ***Einsen*** *in Mathematik gehabt.*
El **uno** es un número impar. *Die* ***Eins*** *ist eine ungerade Zahl.*

Mit y pico *etwas über* wird angegeben, dass eine kleine unbestimmte Menge über eine runde Zahl hinausgeht:
Ese reloj cuesta cien euros **y pico.** *Diese Uhr kostet **etwas über** hundert Euro.*

A2

10.2 Die Ordinalzahl

Ordinalzahlen geben die Position von Personen und Sachen in einer geordneten Reihe an.

Formen

primero/-a *erste/r/s*
segundo/-a *zweite/r/s*
tercero/-a *dritte/r/s*
cuarto/-a *vierte/r/s*
quinto/-a *fünfte/r/s*
sexto/-a *sechste/r/s*
séptimo/-a *siebte/r/s*
octavo/-a *achte/r/s*
noveno/-a *neunte/r/s*
décimo/-a *zehnte/r/s*
undécimo/-a, décimo primero/-a *elfte/r/s*
duodécimo/-a, décimo segundo/-a *zwölfte/r/s*
décimo tercero/-a *dreizehnte/r/s*
décimo cuarto/-a *vierzehnte/r/s*
vigésimo/-a *zwanzigste/r/s*
trigésimo/-a *dreißigste/r/s*
cuadragésimo/-a *vierzigste/r/s*
quincuagésimo/-a *fünfzigste/r/s*
sexagésimo/-a *sechzigste/r/s*
septuagésimo/-a *siebzigste/r/s*
octogésimo/-a *achtzigste/r/s*
nonagésimo/-a *neunzigste/r/s*
centésimo/-a *hundertste/r/s*
milésimo/-a *tausendste/r/s*

Ordinalzahlen gleichen im Genus und Numerus an das Bezugswort an, ihre Verwendung im Plural (Endung auf -os bzw. -as) ist jedoch selten:
Mañana celebramos nuestro **segundo aniversario** de bodas. *Morgen feiern wir unseren **zweiten Hochzeitstag**.*
He participado en la **décimo primera** jornada sobre Microcirugía. *Ich habe an der **elften** Tagung über Mikrochirurgie teilgenommen.*
Los **primeros** días del año hizo frío. *Die **ersten** Tage des Jahres war es kalt.*
Hemos llegado los **décimo terceros.** *Wir sind an **dreizehnter** Stelle gekommen.*

Primero und tercero werden vor einem maskulinen Substantiv im Singular zu primer bzw. tercer:
Me acuerdo perfectamente del **primer** viaje que hice por Chile. *Ich erinnere mich ganz genau an die **erste** Reise, die ich durch Chile gemacht habe.*
He hecho el **tercer** ejercicio. *Ich habe die **dritte** Aufgabe gemacht.*

Ordinalzahlen werden im Spanischen entsprechend dem Genus mit einem hochgestellten o bzw. a abgekürzt: el **5º** premio *der **5.** Preis;* la **3ª** pregunta *die **3.** Frage.*

Stellung

Ordinalzahlen stehen in der Regel vor dem Substantiv:
Es la **segunda** vez que lo intento. *Es ist das **zweite** Mal, das ich es versuche.*

Ausnahme: Bei Namen von Königen und Päpsten werden die Ordinalzahlen immer nachgestellt und es wird keinen Artikel verwendet:
Federico II (**Segundo**) *Friedrich **der Zweite***

Ist die Rede von Stockwerken oder Kapiteln eines Buches, kann die Ordinalzahl vor oder nach dem Substantiv stehen:
Vivo en el **quinto** piso./Vivo en el piso **quinto**. *Ich wohne im **fünften** Stockwerk.*

Gebrauch

Im Spanischen wird mit den Ordinalzahlen nur die Reihenfolge ausgedrückt:
Ella fue la **primera** persona a la que se lo pude preguntar. *Sie war die **erste** Person, die ich danach fragen konnte.*
Mi equipo ocupa el **décimo** puesto en la clasificación. *Meine Mannschaft belegt die **zehnte** Stelle in der Rangliste.*

In der Standardsprache werden die Ordinalzahlen ab 11 kaum gebraucht. An ihrer Stelle werden Kardinalzahlen verwendet:
La oficina está en el piso **catorce**. *Das Büro befindet sich im **vierzehnten** Stock.*
Papa Juan XXIII (**veintitrés**) *Papst Johannes der 23. (**dreiundzwanzigste**)*

Ordinalzahlen werden auch für Aufzählungen verwendet:
primero/en primer lugar *erstens/an erster Stelle*
segundo/en segundo lugar *zweitens/an zweiter Stelle*

10.3 Die Bruchzahl

Mit Bruchzahlen wird ein Teil eines Ganzen bezeichnet.

Formen

1/2	un medio *ein halb*	1/3	un tercio *ein drittel*
1/4	un cuarto *ein viertel*	1/5	un quinto *ein fünftel*
1/6	un sexto *ein sechstel*	1/7	un séptimo *ein siebtel*
1/8	un octavo *ein achtel*	1/9	un noveno *ein neuntel*
1/10	un décimo *ein zehntel*	1/11	un onceavo *ein elftel*
1/12	un doceavo *ein zwölftel*	1/20	un veinteavo *ein zwanzigstel*
1/30	un treintavo *ein dreißigstel* usw.		

Die Bruchzahlen 1/2 und 1/3 haben eine eigene Form:
He bebido un **tercio** de la botella. *Ich habe ein **Drittel** der Flasche getrunken.*

1/4 bis 1/10 werden mit dem unbestimmten Artikel + Ordinalzahl gebildet:
Con **un cuarto** de kilo será suficiente. *Mit* ***einem viertel*** *Kilo wird es reichen.*
Ab 1/11 werden Bruchzahlen mit dem unbestimmten Artikel + Kardinalzahl + Endung -avo gebildet:
un quinceavo *ein fünfzehntel*

Ab 1/30 entfällt der Endvokal der Kardinalzahl:
cuarenta → cuarent- + avo → cuarentavo *ein vierzigstel*

Ausnahme: un centavo/centésimo *ein hundertstel*, un milésimo *ein tausendstel*

Gebrauch
Bruchzahlen stehen nicht unmittelbar vor dem Substantiv, sie werden immer mit der Präposition de angeschlossen:
Habré terminado en **tres cuartos de hora**. *In einer* ***drei viertel Stunde*** *werde ich fertig sein.*
Un décimo de la población tiene menos de cinco años. *Ein* ***Zehntel der Bevölkerung*** *ist jünger als fünf Jahre.*

Häufig werden anstelle von Bruchzahlen andere Redemittel verwendet:
Han vendido **la mitad** de las entradas. *Sie haben* ***die Hälfte*** *der Eintrittskarten verkauft.*
Me gasto **la tercera parte** del sueldo en comida. *Ich gebe* ***ein Drittel*** *meines Gehalts für Essen aus.*

A1

10.4 Das Datum und die Uhrzeit

Das Datum
Die allgemeine Datumsangabe steht im Spanischen mit Kardinalzahlen ohne Artikel:
Estamos a **cinco** de mayo. *Heute haben wir* **den fünften** *Mai.*

Wird jedoch das Datum eines konkreten Ereignisses angegeben, steht die Datumsergänzung mit dem bestimmten Artikel. Datumsergänzungen von Monat und Jahr werden mit der Präposition de angeschlossen:
Mi hijo nació **el** cinco **de** octubre **de** 1999. *Mein Sohn wurde* ***am*** *fünften Oktober 1999 geboren.*
Aber: Mi hijo nació **en 1980/en mayo**. *Mein Sohn wurde* ***1980/im Mai*** *geboren.*

In Lateinamerika wird der erste Tag des Monats mit der Ordinalzahl angegeben:
El **primero** de febrero me voy de vacaciones. *Ich fahre am* ***ersten*** *Februar in Urlaub.*
In Spanien ist dieser Gebrauch seltener und fast ausschließlich auf Festtage beschränkt:
El **primero** de mayo no se trabaja. *Am* ***ersten*** *Mai wird nicht gearbeitet.*

Nach dem Datum wird wie folgt gefragt und darauf geantwortet:
¿A qué día estamos hoy? – Hoy estamos a quince de junio. *Welchen Tag haben wir heute? – Heute haben wir den fünfzehnten Juni.*
¿Qué día es hoy? – Hoy es veinticinco de septiembre. *Welcher Tag ist heute? – Heute ist der fünfundzwanzigste September.*

Die Uhrzeit

Nach der Uhrzeit wird mit **¿Qué hora es?** *Wie spät ist es?* gefragt.

Angegeben wird die Uhrzeit wie folgt:

Son las ocho *Es ist …*	**y**	cinco/diez.	*fünf/zehn nach acht.*
		cuarto.	*Viertel nach acht.*
		veinte/veinticinco.	*zwanzig/fünfundzwanzig nach acht.*
		media.	*acht Uhr dreißig/halb neun.*
Son las nueve *Es ist …*	**menos**	veinticinco/veinte.	*fünfundzwanzig/zwanzig vor neun.*
		cuarto.	*Viertel vor neun.*
		diez/cinco.	*zehn/fünf vor neun.*
Son las nueve en punto.			*Es ist Punkt neun.*

⚡ Nur bei ein Uhr steht das Verb im Singular:
Es la una. ***Es** ist ein Uhr.*
Aber: **Son** las seis y media. *Es **ist** sechs Uhr dreißig.*

Wie im Deutschen kann die Uhrzeit offiziell auch mit 24 Stunden angegeben werden:
El avión sale a las **quince** (horas) y **cincuenta** (minutos). *Das Flugzeug fliegt um **fünfzehn Uhr fünfzig** ab.*

Die Uhrzeit, zu der etwas geschieht, wird mit der Präposition a eingeleitet:
¿**A** qué hora empieza la película? – **A** las ocho. ***Um** wie viel Uhr fängt der Film an? – **Um** acht Uhr.*

Zwischentest 10

A1 **1. Was trifft auf die Kardinalzahlen bis 29 zu?**

a. Sie werden zusammengeschrieben. ☐
b. Sie werden getrennt geschrieben. ☐
c. Sie werden immer ohne Akzent geschrieben. ☐
d. Sie werden immer mit Akzent geschrieben. ☐

A1 **2. Welche Form von *einundzwanzig* ergänzt den Satz richtig?**

Tengo .... primos.

a. veintiuno ☐ c. veintiunos ☐
b. veintiunes ☐ d. veintiún ☐

A1 **3. Welcher Satz ist richtig?**

a. Te lo he dicho cientas veces. ☐ c. Te lo he dicho ciento veces. ☐
b. Te lo he dicho cien veces. ☐ d. Te lo he dicho cientos veces. ☐

A1 **4. In welchem Jahrhundert leben wir?**

a. En el siglo veintiun. ☐ c. En el siglo veintiuno. ☐
b. En el siglo veintiún. ☐ d. En el siglo vigésimo primero. ☐

A1 **5. Wie lautet die folgende Zahl ausgeschrieben?**

1.451.838 casas

a. un millón cuatrocientos cincuenta y un mil ochocientos treinta y ocho casas ☐
b. un millón cuatrocientas cincuenta y una mil ochocientas treinta y ocho casas ☐
c. un millón cuatrocientas cincuenta y un mil ochocientas treinta y ocho casas ☐
d. un millón cuatrocientos ciencuenta y uno mil ochocientas treinta y ocho casas ☐

A1 **6. Welche Übersetzung passt zum Satz?**

Heute sind wir im Büro nur zu zweit.

a. Hoy sólo somos segundos en la oficina. ☐
b. Hoy sólo somos dos en la oficina. ☐
c. Hoy sólo somos de dos en la oficina. ☐
d. Hoy sólo somos con dos en la oficina. ☐

7. Welche Form der Ordinalzahl *erste/r/s* muss vor einem maskulinen Substantiv im Singular stehen? A2

a. primero ☐
b. primer ☐
c. primere ☐
d. primor ☐

8. Wann werden Ordinalzahlen nachgestellt? A2

a. immer ☐
b. nie ☐
c. bei Städtenamen ☐
d. bei Namen von Königen ☐

9. Ergänzen Sie den Satz. A2

.... fue un rey español.

a. Alfonso doce ☐
b. Alfonso duodécimo ☐
c. Alfonso doceavo ☐
d. Alfonso el duodécimo ☐

10. Wie lautet die Bruchzahl *ein drittel* ausgeschrieben? B1

a. un tercio ☐
b. un tercero ☐
c. un tercer ☐
d. una tercera ☐

11. Welche Endung haben Bruchzahlen ab *ein elftel*? B1

a. -ato ☐
b. -avo ☐
c. -io ☐
d. -aso ☐

12. Welches Datum ist richtig geschrieben? A1

a. Estamos al 20 de enero. ☐
b. Estamos a un 20 de enero. ☐
c. Estamos el 20 de enero. ☐
d. Estamos a 20 de enero. ☐

13. Welche Ergänzung passt zur Uhrzeitangabe? A1

Es la ....

a. tres en punto ☐
b. doce y media ☐
c. una y media ☐
d. dos menos un minuto ☐

14. Welche Präposition gehört in die Lücke? A1

¿Quedamos .... las cinco?

a. por ☐
b. a ☐
c. en ☐
d. de ☐

Lösungen

1 a. 2 d. 3 b. 4 c. 5 b. 6 b. 7 b. 8 d.
9 a. 10 a. 11 b. 12 d. 13 c. 14 b.

A1

11 Das Verb

*Siempre la lengua **fue** compañera del imperio.*

Antonio de Nebrija (1441–1522), humanista, docente y gramático español

*Zu jeder Zeit **war** die Sprache Begleiterin des Imperiums.*
Antonio de Nebrija (1441–1522),
spanischer Humanist, Dozent und Grammatiker

G Das Spanische unterscheidet wie das Deutsche zwischen Voll- und Hilfsverben. Außer beim Passiv wird im Spanischen ausschließlich das Verb haber *haben* als Hilfsverb verwendet. Das deutsche *sein* wird mit ser und estar wiedergegeben, die jedoch unterschiedlich verwendet werden.
Die wichtigsten Modalverben im Spanischen sind poder *können, dürfen*, querer *wollen* und tener que *müssen*.

11.1 Die Verben ser und estar

A1

Das deutsche Verb *sein* kann als Vollverb sowohl mit ser als auch mit estar übersetzt werden. Beide Verben werden aber in unterschiedlichem Kontext eingesetzt und sind nicht gegeneinander austauschbar.

Das Verb ser

Das Verb ser wird zur Identifizierung von Personen und Sachen benutzt:
¿Quién **es** ése? – Ése **es** Juan Luis. *Wer **ist** das? – Das **ist** Juan Luis.*
¿Qué **es** eso? – Eso **es** una A2 papelera. *Was **ist** das? – Das **ist** ein Papierkorb.*

Des Weiteren wird ser für folgende Angaben verwendet:

- Herkunft und Staatsangehörigkeit:
  Soy de Ecuador. *Ich **komme** aus Ecuador.*
  Soy alemana. *Ich **bin** Deutsche.*
- Religion und politische Zugehörigkeit:
  Ella **es** protestante. *Sie **ist** Protestantin.*
  Ellos **son** de izquierdas. *Sie **sind** linksorientiert.*
- Beruf und Aktivität:
  Ella **es** B1 abogada. *Sie **ist** Rechtsanwältin.*
  Él **fue** B1 ministro hace algunos años. *Er **war** vor einigen Jahren Minister.*
- Kunststil:
  Este cuadro **es** cubista. *Dieses Bild **ist** kubistisch.*
- Verwandtschaft:
  Luisa Valero **es** mi B1 tía. *Luisa Valero **ist** meine Tante.*
- stoffliche Beschaffenheit:
  Esta mesa **es** de A2 madera. *Dieser Tisch **ist** aus Holz.*
- Besitzanzeige:
  La A2 moto no **es** mía. *Das Motorrad **gehört** mir nicht.*
- Zeit und Datum (▷ 10.4):
  ¿Qué hora **es**? – **Son** las dos y cinco. *Wie spät **ist** es? – Es **ist** fünf nach zwei.*
  ¿Qué día **es** hoy? – Hoy **es** martes. *Welcher Tag **ist** heute? – Heute **ist** Dienstag.*
- (gesamter) Preis und Menge:
  ¿Cuánto **es**? – **Son** 50 euros. *Wie viel **macht** das? – Das **macht** 50 Euro.*
  ¿Cuántos invitados **son**? *Wie viele Gäste **sind** es?*
- unpersönliche Redewendungen:
  Es importante seguir las B2 indicaciones del médico. *Es **ist** wichtig, die Anweisungen des Arztes zu befolgen.*
- Orte, an denen etwas stattfindet:
  La reunión **es** en la sala cinco. *Die Besprechung **findet** im Raum fünf **statt**.*
- Vorgangspassiv in Verbindung mit einem Partizip (▷ 19.1): B2
  La puerta **fue** cerrada. *Die Tür **wurde** geschlossen.*

Das Verb estar

Estar wird für folgende Angaben verwendet:

- Ort, an dem sich bestimmte Personen oder Sachen befinden:
  Rodrigo **está** en casa. ***Rodrigo ist zu Hause.***
- Datum (▷ 10.4):
  ¿A qué día **estamos** hoy? – Hoy **estamos** a 25 de mayo. *Welchen Tag **haben** wir heute? – Heute **haben** wir den 25. Mai.*
- vorübergehend ausgeübter Beruf oder Tätigkeit:
  Piedad **está de** secretaria en una oficina. *Piedad **arbeitet vorübergehend** als Sekretärin in einem Büro.*

A2
- momentane Tätigkeit in Verbindung mit dem Gerund (▷ 18.3, 20):
  ¿Qué **estás leyendo**? *Was **liest** du **gerade**?*
- Zustand in Verbindung mit den Adverbien bien *gut*, mal *schlecht* und regular *so lala*:
  ¿Cómo **está** usted? – **Estoy** regular. *Wie **geht**'s Ihnen? – Mir **geht**'s so lala.*
  ¿Qué tal **estuvo** la fiesta? – La fiesta **estuvo** muy bien. *Wie **war** die Party? Die Party **war** sehr gut.*

B2
- Zustandspassiv in Verbindung mit einem Partizip (▷ 19.2):
  La puerta **está** cerrada. *Die Tür **ist** verschlossen.*

Ser und estar + Adjektiv

Adjektive können entweder mit ser oder mit estar verwendet werden, je nachdem, ob sie eine Eigenschaft oder einen Zustand ausdrücken.

ser → **Eigenschaft:**	estar → **Zustand:**
Lola **es** inteligente.	Lola **está** cansada.
*Lola **ist** intelligent.*	*Lola **ist** müde.*
La mesa **es** redonda.	La mesa **está** rota.
*Der Tisch **ist** rund.*	*Der Tisch **ist** kaputt.*

Dabei ist für das Merkmal Zustand nicht entscheidend, ob der Zustand vorübergehender Natur ist oder nicht:
Nuestro abuelo **está** muerto. *Unser Großvater **ist** tot.*

B1
⚡ Einige Adjektive können sowohl mit ser als auch mit estar benutzt werden, je nachdem, ob im Kontext eine Eigenschaft oder ein Zustand gemeint ist:
Alberto **es** un chico nervioso. *Alberto **ist** ein nervöser Junge.*
Alberto tiene hoy un examen y **está** muy nervioso. *Alberto muss heute eine Prüfung schreiben und **ist** sehr nervös.*

L! Zur Unterscheidung hilft die Frage nach dem Grund. Im Satz Alberto es un chico nervioso lautet die einzige mögliche Antwort, dass er von Natur aus so ist. Im zweiten Satz gibt es hingegen einen konkreten Grund, die Prüfung. Die Nervosität ist hier keine Eigenschaft Albertos.

B2

Eine Reihe von Adjektiven wechselt die Bedeutung in Abhängigkeit davon, ob sie mit ser oder estar benutzt werden:

ser + Adjektiv:		estar + Adjektiv:
	atento	
Siempre **es** atento. *Er **ist** immer freundlich.*		Siempre **está** atento. *Er **ist** immer aufmerksam.*
	bueno	
Esta fruta **es** muy buena. *Dieses Obst **ist** sehr gut.*		Esta fruta **está** muy buena. *Dieses Obst **schmeckt** sehr gut.*
	listo	
La niña **es** lista. *Das Mädchen **ist** intelligent.*		La niña **está** lista para salir. *Das Mädchen **ist** fertig zum Ausgehen.*
	malo	
Raúl **es** malo. *Raúl **ist** ein böser Mensch.*		Raúl **está** malo. *Raúl **ist** krank.*
	negro	
El carbón **es** negro. *Kohle **ist** schwarz.*		Estoy **negro.** *Ich **bin** sauer.*
	rico	
Mi amigo **es** rico. *Mein Freund **ist** reich.*		La sopa **está** rica. *Die Suppe **schmeckt** gut.*
	verde	
La hierba **es** verde. *Gras **ist** grün.*		Esta manzana **está** verde. *Dieser Apfel **ist** unreif.* **Estoy** verde en Matemáticas. *Ich **habe keine Ahnung** von Mathematik.*

11.2 Das Verb **haber**

A1

Anders als im Deutschen kann das Verb haber im Spanischen nur als Hilfsverb auftreten. Mit Ausnahme der Passivzeiten, die ser und estar nutzen, werden alle zusammengesetzten Zeitformen mit haber gebildet:

Me **he** levantado muy pronto. *Ich **bin** sehr früh aufgestanden.*

¿Ya **habéis** comido? ***Habt** ihr schon gegessen?*

Hay **versus** estar

Hay ist eine unpersönliche Form des Verbs haber, die zum Anzeigen der Existenz von Personen, Tieren und Dingen benutzt wird:

No **hay** nadie en casa. *Niemand **ist** zu Hause.*

En la habitación **hay** dos camas. *Im Zimmer **sind** zwei Betten.*

Mit estar wird hingegen der Ort angegeben, wo sich jemand oder etwas befindet.
Mi casa **está** al lado del hotel. *Meine Wohnung **liegt** neben dem Hotel.*
Teresa **está** en su habitación. *Teresa **ist** in ihrem Zimmer.*

Was gibt es?/Was oder wer ist/liegt/steht dort? → hay

- unbestimmter Artikel
  En el suelo **hay un libro.**
  *Auf dem Boden **liegt ein Buch.***
- Indefinitpronomen
  Hay muchos árboles en el parque.
  ***Es gibt viele Bäume** im Park.*
  En la calle **hay algunos niños.**
  *Auf der Straße **sind einige Kinder.***
- Zahlen
  En el restaurante **hay 25 mesas.**
  *Im Restaurant **gibt es 25 Tische.***
- Substantive ohne Artikel
  Encima de la mesa **hay fruta.**
  *Auf dem Tisch **liegt Obst.***

Wo ist/liegt/steht etwas oder jemand? → estar

- bestimmter Artikel
  El libro está en el suelo.
  ***Das Buch liegt** auf dem Boden.*
- Personal- und Possessivpronomen
  Nosotros estamos aquí todo el día.
  ***Wir sind** hier den ganzen Tag.*
  Mis hijos están en la calle.
  ***Meine Kinder sind** auf der Straße.*
- Eigennamen
  Carmen está en la piscina.
  ***Carmen ist** im Schwimmbad.*
- Demonstrativpronomen
  Ese pueblo está en el norte del país.
  ***Dieses Dorf liegt** im Norden des Landes.*

Während hay unveränderlich ist, wird estar konjugiert:
En la playa **hay** muchos niños. *Am Strand **gibt es** viele Kinder.*
En mi barrio **hay** un cine. *In meinem Stadtviertel **gibt es** ein Kino.*

Mis padres **están** en el jardín. *Meine Eltern **sind** im Garten.*
La leche **está** en el frigorífico. ***Die** Milch **steht** im Kühlschrank.*

A1

11.3 Das Modalverb

Modalverben sind Hilfsverben, die in der Regel in Verbindung mit Infinitiven benutzt werden. Sie drücken die Art und Weise eines Geschehens aus und bezeichnen einen Wunsch, eine Fähigkeit, eine Pflicht usw.

Das Modalverb poder

Das Verb poder *können, dürfen* dient überwiegend zum Ausdruck von:

- Erlaubnis: ¿**Puedo** fumar? ***Darf** ich rauchen?*
- Möglichkeit: Mañana **puedes** venir cuando quieras. *Morgen **kannst** du kommen, wenn du möchtest.*

Das Modalverb tener que

Mit tener que *müssen* wird eine Notwendigkeit oder ein Zwang bezeichnet:
Mañana **tengo que** levantarme a las 9. *Morgen **muss** ich um 9 Uhr aufstehen.*
Tenemos que preparar una presentación para el martes. *Wir **müssen** für Dienstag eine Präsentation vorbereiten.*

Das Modalverb deber

Mit deber *sollen, müssen* wird angegeben:

- moralische Pflicht: **Debemos** ayudar a los (C1) necesitados. *Wir **sollen** den Bedürftigen helfen.*
- Empfehlung: **Deberías** ir a visitarla. *Du **solltest** sie besuchen.*
- Vermutung (deber + de): **Deben de** ser las cuatro. *Es **muss (ungefähr)** vier Uhr sein.*

Das Modalverb querer

Das Verb querer *wollen* nutzt man zur Äußerung von:

- Wunsch: **Quiero** acompañarte. *Ich **möchte** dich begleiten.*
- Absicht: Este verano **quiero** ir de vacaciones a Perú. *Diesen Sommer **will** ich nach Peru in Urlaub gehen.*

Das Modalverb saber

Mit saber *können* wird eine erlernte Fähigkeit bezeichnet:
Sé tocar la guitarra muy bien. *Ich **kann** sehr gut Gitarre spielen.*

In Zusammenhang mit Sprachen kann saber auch ohne Infinitiv gebraucht werden:
María **sabe** (hablar) alemán. *María **kann** Deutsch (sprechen).*

11.4 Das reflexive Verb

A1

Reflexive Verben führen Reflexivpronomen mit sich, die sich direkt auf das Subjekt des Satzes beziehen. Diese stehen als Objekt in derselben Person wie das Subjekt des Satzes.

Formen

Reflexives Verb: vestirse *sich anziehen* **Singular**	 **Plural**
yo **me visto** *ich ziehe mich an*	nosotros/-as **nos vestimos** *wir ziehen uns an*
tú **te vistes** *du ziehst dich an*	vosotros/-as **os vestís** *ihr zieht euch an*
él/ella **se viste** *er/sie zieht sich an*	ellos/ellas **se visten** *sie ziehen sich an*
usted **se viste** *Sie ziehen sich an*	ustedes **se visten** *Sie ziehen sich an*

Stellung der Reflexivpronomen

Reflexivpronomen stehen in der Regel vor der finiten Verbform:
Yo **me ducho** todas las mañanas. *Ich dusche (mich) jeden Vormittag.*

A2 Ausnahme: Beim bejahten Imperativ werden die Reflexivpronomen an das Verb angehängt:
¡Levánta**te**! *Steh auf!*

Bei verbalen Umschreibungen mit Gerund oder Infinitiv können sie entweder vor der finiten Verbform stehen oder an die infinite Verbform angehängt werden:
Me estoy peinando./Estoy peinándo**me**. *Ich kämme **mich** gerade.*
Me quiero acostar pronto./Quiero acostar**me** pronto. *Ich will früh zu Bett gehen.*

A2 11.5 Das unpersönliche Verb

Unpersönliche Verben werden nur in der 3. Person Singular konjugiert. Sie haben kein Subjekt. Echte unpersönliche Formen sind im Spanischen überwiegend Verben, die das Wetter beschreiben:
Está lloviendo. *Es regnet.*
Ha nevado. *Es hat geschneit.*

Auch hacer kann zur Beschreibung des Wetters unpersönlich benutzt werden:
Hace mucho frío. ***Es ist** sehr kalt.*
Hace viento. *Es ist windig.*

Hay que ist eine unpersönliche Form des Verbs haber, mit der Notwendigkeit ausgedrückt wird:
Hay que darles tiempo. ***Man muss** ihnen Zeit lassen.*

Hay dient als unpersönliche Form des Verbs haber außerdem auch zur Angabe der Anwesenheit von Lebewesen und Dingen (▷ 11.2):
En el Jardín Botánico **hay** muchas plantas exóticas. *Im Botanischen Garten **gibt es** viele exotische Pflanzen.*

Weitere unpersönliche Wendungen sind:
- se + 3. Person Singular:
  A la playa **se** puede ir en tranvía. ***Man** kann mit der Straßenbahn zum Meer fahren.*
- Verb in der 3. Person Plural:
- **Dicen** que en esa tienda **venden** ropa italiana. ***Man sagt**, dass in diesem Laden italienische Kleider **verkauft werden**.*
- es + Adjektiv + Infinitiv:
  Es importante llegar puntuales. ***Es ist wichtig**, pünktlich anzukommen.*

11.6 Das Veränderungsverb

C1

Dabei handelt es sich um eine Gruppe von Verben, die eine Veränderung ausdrücken und ins Deutsche meist mit *werden* zu übersetzen sind. Die wichtigsten sind:

- convertirse en → radikale Veränderung:
  El hielo **se ha convertido en** agua. *Das Eis **ist zu** Wasser **geworden.***
  Se ha convertido en un cantante famoso. ***Er ist** (doch tatsächlich) ein berühmter Sänger **geworden.***
- hacerse → Ideologie-, Religions- oder Berufswechsel, bei dem das Subjekt die Veränderung bewirkt:
  Se ha hecho musulmán. ***Er ist** Muslim **geworden.***
  Ella se hizo comunista. ***Sie wurde** Kommunistin.*
- llegar a ser → Erreichen einer besseren Position in einem langen Prozess:
  Marta **llegará a ser** ministra algún día. ***Marta wird** eines Tages Ministerin **werden.***
  Empezó de camarero y con los años **llegó a ser** director de un restaurante. *Er hat als Kellner angefangen und **wurde** mit der Zeit Leiter eines Restaurants.*
- ponerse → plötzliche und vorübergehende Veränderung:
  Cuando se lo dijimos **se puso** rojo y nervioso. *Als wir ihm es sagten, **wurde** er rot und nervös.*
  Ella **se puso** muy contenta cuando se enteró de que habíais vuelto. *Sie **hat sich sehr gefreut**, als sie erfuhr, dass ihr zurückgekommen wart.*
- quedarse → endgültige Veränderung:
  Mi abuelo **se ha quedado** ciego. *Mein Großvater **ist** blind **geworden.***
  Si escuchas la música tan alta, **te puedes quedar** sorda. *Wenn du so laut Musik hörst, **kannst du** taub **werden.***
- volverse → lang anhaltender Wandel:
  Tu prima **se ha vuelto** muy amable. *Deine Cousine **ist** (im Vergleich mit früher) sehr freundlich **geworden.***
  Dicen que **se ha vuelto** loco. *Man sagt, dass er verrückt **geworden ist.***

Zwischentest 11

A1

1. **Wie muss die Übersetzung lauten?**

Ich komme aus Deutschland, ich bin Deutscher.

a. Vengo de Alemania, estoy alemán. ☐
b. Vengo de Alemania, soy alemán. ☐
c. Soy de Alemania, estoy alemán. ☐
d. Soy de Alemania, soy alemán. ☐

A1

2. **Welche Verbform gehört in die Lücke?**

El ordenador portátil .... mío.

a. es ☐ c. está ☐
b. me pertenece ☐ d. pertenece ☐

A1

3. **Wie wird nach dem Gesamtpreis gefragt?**

a. ¿Cuánto hace esto? ☐ c. ¿Cuánto es? ☐
b. ¿Cuánto son esto? ☐ d. ¿Cuánto hacen? ☐

A1

4. **Welcher Satz ist richtig?**

a. Hoy es a 15 de julio. ☐ c. Hoy está a 15 de julio. ☐
b. Hoy estamos a 15 de julio. ☐ d. Hoy somos a 15 de julio. ☐

B1

5. **Ergänzen Sie den Satz mit dem passenden Verb.**

Ahora .... tranquilo porque mi hijo ya me ha llamado.

a. soy ☐ c. estoy ☐
b. he ☐ d. me vuelvo ☐

B2

6. **Welche Übersetzung ist richtig?**

Bist du schon fertig?

a. ¿Ya eres lista? ☐ c. ¿Ya tienes lista? ☐
b. ¿Ya estás lista? ☐ d. ¿Ya hay lista? ☐

B2

7. **Welcher Satzteil gehört in die Lücke?**

He estado unos días enfermo, pero ya ....

a. estoy bueno ☐ c. soy bueno ☐
b. estoy malo ☐ d. soy malo ☐

8. Welcher Satz ist richtig? [A1]

a. Están 5 ceniceros encima de la mesa. ☐
b. Hay el cenicero encima de la mesa. ☐
c. Están muchos ceniceros encima de la mesa. ☐
d. Hay un cenicero encima de la mesa. ☐

9. Ergänzen Sie den Satz. [A1]

El restaurante "La Cañada" .... cerca de mi casa.

a. es ☐ c. hay ☐
b. está ☐ d. ha ☐

10. Was wird mit tener que angegeben? [A1]

a. Pflicht ☐ c. Vermutung ☐
b. Notwendigkeit ☐ d. Wunsch ☐

11. In welchem Satz ist das Reflexivpronomen richtig verwendet? [A1]

a. He me duchado esta mañana. ☐
b. Heme duchado esta mañana. ☐
c. Me he duchado esta mañana. ☐
d. He duchadome esta mañana. ☐

12. Welcher Satz enthält keine unpersönliche Form? [A2]

a. Está granizando. ☐
b. Se dice que el presidente llegará mañana. ☐
c. Vienen todos los días a comer con nosotras. ☐
d. Hay que preguntárselo en cuanto llegue. ☐

13. Wählen Sie den richtigen Satz. [C1]

a. Tu amiga se ha vuelto muy antipática. ☐
b. Tu amiga se ha hecho muy antipática. ☐
c. Tu amiga se ha quedado muy antipática. ☐
d. Tu amiga se ha convertido en muy antipática. ☐

Lösungen

1d. 2a. 3c. 4b. 5c. 6b. 7a.
8d. 9b. 10b. 11c. 12c. 13a.

A1

12 Der Indikativ: das Präsens und das Futur

*Cuando **oigo** que un hombre **tiene** el hábito de la lectura, **estoy** predispuesto a pensar bien de él.*

Nicolás de Avellaneda (1836-1885), político y periodista argentino

*Wenn ich **höre**, dass ein Mensch zu lesen gewohnt **ist**, **neige** ich dazu, Gutes von ihm zu denken.*

Nicolás de Avellaneda (1836-1885), argentinischer Politiker und Journalist

G Das Präsens bezeichnet Handlungen und Zustände der Gegenwart, das Futur solche der Zukunft. Darüber hinaus wird die Konstruktion ir a + Infinitiv für feste Absichten und Pläne verwendet.

12.1 Das Präsens

A1

Formen

Regelmäßige Verben

Im Spanischen gibt es drei Konjugationsgruppen (▷ 18.1). Die Zugehörigkeit zu diesen Gruppen bestimmt die Personalendungen.

	habl-ar *sprechen*	**beb-er** *trinken*	**recib-ir** *bekommen*
yo	habl-**o**	beb-**o**	recib-**o**
tú	habl-**as**	beb-**es**	recib-**es**
él/ella/usted	habl-**a**	beb-**e**	recib-**e**
nosotros/-as	habl-**amos**	beb-**emos**	recib-**imos**
vosotros/-as	habl-**áis**	beb-**éis**	recib-**ís**
ellos/ellas/ustedes	habl-**an**	beb-**en**	recib-**en**

Die Verben auf -ar und auf -er erhalten bis auf die 1. Person Singular den Vokal der Infinitivendung:

estudiar: Yo estudio español en una escuela de idiomas. *Ich lerne in einer Sprachschule Spanisch.*
trabajar: Vosotros trabajáis demasiado. *Ihr arbeitet zu viel.*
comer: Yo como todos los días a la una. *Ich esse jeden Tag um ein Uhr.*
leer: Ellas leen el periódico por la mañana. *Sie lesen die Zeitung vormittags.*

Die Präsensendungen der Verben auf -er und auf -ir sind bis auf die 1. und 2. Person Plural identisch:

saber: Nosotros sab**emos** hablar francés. *Wir können Französisch (sprechen).*
¿Vosotros sab**éis** hablar francés? *Könnt ihr Französisch (sprechen)?*
vivir: Nosotras viv**imos** en esta ciudad desde hace mucho. *Wir leben seit langem in dieser Stadt.*
¿Vosotras viv**ís** en esta ciudad desde hace mucho? *Lebt ihr seit langem in dieser Stadt?*

Außer in der 1. und 2. Person Plural, bei denen die Betonung auf der Verbendung liegt, bleibt sie immer auf dem Stamm:

Tu hermana canta muy bien. *Deine Schwester singt sehr gut.*
Vosotros A2 decidís qué queréis hacer. *Ihr entscheidet, was ihr machen wollt.*

Unregelmäßige Verben

Im Spanischen betreffen alle Unregelmäßigkeiten den Verbstamm, nicht die Verbendungen.

Ausnahme: Die Präsenskonjugationen von haber *haben, sein*, ir *gehen* und ser *sein* sind vollkommen unregelmäßig.

haber	ir	ser
he	voy	soy
has	vas	eres
ha	va	es
hemos	vamos	somos
habéis	vais	sois
han	van	son

⚡ Der (zweite) Vokal im Infinitivstamm unregelmäßiger Verben ändert sich in der deklinierten Form. Der Verbstamm der 1. und 2. Person Plural ist jedoch immer regelmäßig. Es sind drei Formen des Vokalwechsels zu beobachten:

e → ie **empezar** *anfangen*	**o → ue** A2 **volar** *fliegen*	**e → i** A2 **repetir** *wiederholen*
emp**ie**zo	v**ue**lo	rep**i**to
emp**ie**zas	v**ue**las	rep**i**tes
emp**ie**za	v**ue**la	rep**i**te
empezamos	volamos	repetimos
empezáis	voláis	repetís
emp**ie**zan	v**ue**lan	rep**i**ten

ℹ Während die Vokalwechsel **e → ie** und **o → ue** bei Verben aller drei Konjugationsgruppen vorkommen können, erscheint der Vokalwechsel **e → i** nur bei Verben auf **-ir**:

Verben mit Vokalwechsel sind u. a.:

- **e → ie**: B1 **calentar** *heiß machen*, B1 **comenzar** *anfangen*, B1 **defender** *verteidigen*, A2 **divertir** *amüsieren*, **entender** *verstehen*, B2 **gobernar** *regieren*, B1 **herir** *verletzen*, B1 **mentir** *lügen*, **pensar** *denken*, **perder** *verlieren*, B1 **preferir** *vorziehen*, **querer** *wollen*, B1 **regar** *gießen*, **sentar(se)** *(sich) setzen*, A2 **sentir** *fühlen*
- **o → ue**: **acordarse** *sich erinnern*, B1 **acostarse** *ins Bett gehen*, **contar** *(er)zählen*, **doler** *wehtun*, **dormir** *schlafen*, B1 **devolver** *zurückgeben*, **encontrar** *finden*, **poder** *können*, B2 **morder** *beißen*, A2 **morir** *sterben*, B1 **mover** *bewegen*, **probar** *probieren*, B1 **recordar** *sich erinnern*, B1 **soler** *pflegen*, **volver** *zurückkommen*
  Auch **jugar** *spielen* (**u → ue**) kann man zu dieser Gruppe zählen: **Juego al fútbol.** *Ich spiele Fußball.*
- **e → i**: B2 **competir** *wetteifern*, B1 **corregir** *verbessern*, B1 **elegir** *wählen*, B2 **impedir** *verhindern*, B1 **medir** *messen*, A2 **pedir** *bitten*, B1 **perseguir** *verfolgen*, A2 **reír** *lachen*, C2 **rendirse** *sich ergeben/aufgeben*, B2 **reñir** *schimpfen*, **repetir** *wiederholen*, A2 **seguir** *entlang gehen/folgen*, **servir** *(be)dienen*, B1 **sonreír** *lächeln*, **vestir(se)** *(sich) anziehen*

Eine Reihe von Verben bildet nur die 1. Person Singular unregelmäßig:

B2 **caber** *(hinein)passen*	A2 **caer** *hinfallen*	**dar** *geben*	**hacer** *machen*	**poner** *stellen, legen*
quepo	**caigo**	**doy**	**hago**	**pongo**
cabes	caes	das	haces	pones
cabe	cae	da	hace	pone
cabemos	caemos	damos	hacemos	ponemos
cabéis	caéis	dais	hacéis	ponéis
caben	caen	dan	hacen	ponen

saber *wissen*	**salir** *ausgehen*	A2 **traer** *bringen*	**valer** *kosten, wert sein*	**ver** *sehen*
sé	**salgo**	**traigo**	**valgo**	**veo**
sabes	sales	traes	vales	ves
sabe	sale	trae	vale	ve
sabemos	salimos	traemos	valemos	vemos
sabéis	salís	traéis	valéis	veis
saben	salen	traen	valen	ven

Bei einer weiteren Gruppe von Verben ist die 1. Person Singular unregelmäßig und es liegt in den restlichen Personen – außer der 1. und 2. Person Plural – ein Stammvokalwechsel oder eine andere Unregelmäßigkeit vor.

decir *sagen*	**estar** *sein*	**oír** *hören*	**tener** *haben*	**venir** *kommen*	B1 **oler** *riechen*
digo	**estoy**	**oigo**	**tengo**	**vengo**	**huelo**
d**i**ces	est**á**s	o**y**es	t**ie**nes	v**ie**nes	**hue**les
d**i**ce	est**á**	o**y**e	t**ie**ne	v**ie**ne	**hue**le
decimos	estamos	oímos	tenemos	venimos	olemos
decís	estáis	oís	tenéis	venís	oléis
d**i**cen	est**á**n	o**y**en	t**ie**nen	v**ie**nen	**hue**len

Verben, die die 1. Person Singular aus phonetischen Gründen (▷ 1) unregelmäßig bilden: A2

- Verben auf -cer und -cir: c → zc:
  B1 ofrecer *anbieten*: ofre**zc**o, ofreces, ofrece usw.
  Weitere Verben dieser Gruppe: B1 agradecer *danken*, C1 bendecir *segnen*, conocer *kennen*, conducir *fahren*, C1 deducir *folgern*, B2 introducir *einführen*, C1 obedecer *gehorchen*, parecer *aussehen/finden*, B1 producir *erzeugen*, B1 traducir *übersetzen*
  Ausnahme: B1 cocer *kochen*: cue**z**o, cueces, cuece usw.

- Verben mit Konsonant + **-cer**: **c → z**:
  B1 **vencer** *besiegen*: **venzo**, **vences**, **vence** usw.
  Weitere Verben dieser Gruppe: **convencer** *überzeugen*, C2 **ejercer** *ausüben*, B2 **torcer** *biegen*
- Verben auf **-ger** und **-gir**: **g → j**:
  proteger *schützen*: **protejo**, **proteges**, **protege** usw.
  Weitere Verben dieser Gruppe: C2 **afligir** *bekümmern*, **coger** *nehmen*, B1 **corregir** *korrigieren*, B1 **dirigir** *leiten*, C2 **emerger** *auftauchen*, B1 **escoger** *auswählen*, B1 **exigir** *verlangen*, C1 **fingir** *vortäuschen*, B1 **recoger** *aufräumen*
- Verben auf **-guir**: **gu → g**:
  distinguir *unterscheiden*: **distingo**, **distingues**, **distingue** usw.
  Weitere Verben dieser Gruppe: B1 **conseguir** *erreichen*, C1 **extinguir** *(aus)lö-schen*, B1 **perseguir** *verfolgen*, C2 **proseguir** *fortführen*, **seguir** *folgen*

B1 Auch die Verben auf **-uir** sowie eine Gruppe von Verben auf **-iar** und **-uar** zeigen Unregelmäßigkeiten wie folgt:

Verben auf -uir	**einige Verben auf -iar**	**einige Verben auf -uar**
construir *bauen*	confiar *vertrauen*	B2 actuar *agieren*
constru**y**o	conf**í**o	act**ú**o
constru**y**es	conf**í**as	act**ú**as
constru**y**e	conf**í**a	act**ú**a
construimos	confiamos	actuamos
construís	confiáis	actuáis
constru**y**en	conf**í**an	act**ú**an

Unter anderem werden wie **confiar** konjugiert:
B2 **ampliar** *ausdehnen, erweitern*, C2 **criar** *züchten, aufziehen*, C2 **desafiar** *herausfordern*, **enviar** *senden*, C2 **espiar** *(aus)spionieren*, **esquiar** *Ski laufen*, **fotografiar** *fotografieren*, C1 **guiar** *führen/leiten*, C1 **variar** *(ab-, ver-)ändern, variieren*
Verben auf **-uar**, die wie **actuar** konjugiert werden:
C1 **atenuar** *mildern*, B2 **efectuar** *ausführen, unternehmen*, B2 **evaluar** *bewerten, auswerten*, B2 **exceptuar** *ausschließen*, C1 **extenuar** *erschöpfen*, C2 **graduar** *abstufen*, B2 **habituar** *gewöhnen*, C2 **insinuar** *andeuten, unterstellen*, B2 **situar** *legen, stellen*, C2 **tatuar** *tätowieren*

Gebrauch

Das Präsens wird im Spanischen für Folgendes verwendet:
- gegenwärtige Zustände und Geschehen:
  Ahora **hace** mucho calor. *Jetzt **ist** es gerade sehr warm.*
  Hoy **tenemos** hora en el médico. *Heute **haben** wir einen Arzttermin.*

- unmittelbare Zukunft:
  Mañana es mi cumpleaños. *Morgen **habe** ich Geburtstag.*
  Esta tarde **viene** María José a verme. *Heute Nachmittag **kommt** María José mich besuchen.*

- tägliche bzw. gewohnheitsmäßige Aktivitäten:
  Como en casa todos los días. *Ich **esse** jeden Tag zu Hause.*
  Voy a la piscina todas las semanas. *Ich **gehe** jede Woche ins Schwimmbad.*

- Aufforderungen:
  Cruzas el puente y después **giras** a la izquierda. *Du **gehst** über die Brücke und dann **biegst** du links ab.*
  Dejas de quejarte y te **pones** a estudiar. *Hör **auf**, dich zu beklagen und **fang** an zu lernen.*

- Allgemeingültiges:
  En la actualidad **hablan** español como lengua materna más de 300 millones de personas. *Derzeit **sprechen** mehr als 300 Millionen Menschen Spanisch als Muttersprache.*
  El agua del mar **es** salada. *Meerwasser **ist** salzig.*

- historisches Präsens + erzählende, häufig mündliche Berichte über Vergangenes:
  Colón **descubre** América en 1492. *Kolumbus **entdeckt** Amerika 1492.*
  Ayer **voy** en el metro y se **para**. *Gestern **fahre** ich mit der U-Bahn und die **bleibt** stehen.*

12.2 Das Futur A1

12.2.1 Das Futur I A1

Formen

Regelmäßige Verben

Das Futur I wird durch Anhängen der Personalendungen des Futurs an den Infinitiv gebildet. Diese sind für alle drei Konjugationsgruppen gleich. Die Betonung liegt immer auf der Verbendung:

	hablar *sprechen*	**beber** *trinken*	**recibir** *bekommen*
yo	hablar-**é**	beber-**é**	recibir-**é**
tú	hablar-**ás**	beber-**ás**	recibir-**ás**
él/ella/usted	hablar-**á**	beber-**á**	recibir-**á**
nosotros/-as	hablar-**emos**	beber-**emos**	recibir-**emos**
vosotros/–as	hablar-**éis**	beber-**éis**	recibir-**éis**
ellos/ellas/ustedes	hablar-**án**	beber-**án**	recibir-**án**

A2 **Unregelmäßige Verben**
Die Betonung der unregelmäßigen Verben ist gleich der der regelmäßigen auf der Personalendung.

⚡ **Poner** *legen/stellen*, **salir** *ausgehen*, **tener** *haben*, **valer** *kosten/wert sein* und **venir** *kommen* hängen **dr** an den Verbstamm des Infinitivs:

pon-er	**sal-ir**	**ten-er**	**val-er**	**ven-ir**
pon**dr**-é	sal**dr**-é	ten**dr**-é	val**dr**-é	ven**dr**-é
pon**dr**-ás	sal**dr**-ás	ten**dr**-ás	val**dr**-ás	ven**dr**-ás
pon**dr**-á	sal**dr**-á	ten**dr**-á	val**dr**-á	ven**dr**-á
pon**dr**-emos	sal**dr**-emos	ten**dr**-emos	val**dr**-emos	ven**dr**-emos
pon**dr**-éis	sal**dr**-éis	ten**dr**-éis	val**dr**-éis	ven**dr**-éis
pon**dr**-án	sal**dr**-án	ten**dr**-án	val**dr**-án	ven**dr**-án

⚡ Auch **caber** *(hinein)passen*, **haber** *haben, sein*, **poder** *können*, **querer** *wollen* und **saber** *wissen* gehören in diese Gruppe. Sie hängen jedoch nur ein **r** an den Infinitivstamm:

B2 **cab-er**	**hab-er**	**pod-er**	**sab-er**	**quer-er**
cab**r**-é	hab**r**-é	pod**r**-é	sab**r**-é	quer**r**-é
cab**r**-ás	hab**r**-ás	pod**r**-ás	sab**r**-ás	quer**r**-ás
cab**r**-á	hab**r**-á	pod**r**-á	sab**r**-á	quer**r**-á
cab**r**-emos	hab**r**-emos	pod**r**-emos	sab**r**-emos	quer**r**-emos
cab**r**-éis	hab**r**-éis	pod**r**-éis	sab**r**-éis	quer**r**-éis
cab**r**-án	hab**r**-án	pod**r**-án	sab**r**-án	quer**r**-án

⚡ **Decir** *sagen* und **hacer** *machen* bilden das Futur I mit unregelmäßigem Verbstamm:

dec-ir → dir-	
dir-é	**dir**-emos
dir-ás	**dir**-éis
dir-á	**dir**-án

hac-er → har-	
har-é	**har**-emos
har-ás	**har**-éis
har-á	**har**-án

Gebrauch
Das Futur I wird im Spanischen für Folgendes verwendet:
- zukünftige Geschehen und Zustände:
  El año que viene **viajaremos** a Cuba. *Nächstes Jahr* ***werden*** *wir nach Kuba* ***reisen.***
  Después del verano **cambiaré** de trabajo. *Nach dem Sommer* ***werde*** *ich meine Arbeit* ***wechseln.***

- Vermutungen in der Gegenwart:
  Ahora **serán** casi las 3. *Jetzt **muss** es fast drei Uhr sein.*
  Tendrán unos cuarenta años. *Sie **müssen ungefähr** vierzig Jahre alt sein.*

- Aufforderungen und Befehle:
  ¡**Irás** con tu hermano! *Du **wirst** mit deinem Bruder **gehen**!*

Ir a + Infinitiv
Ist die Rede von Plänen, festen Absichten oder sicheren Handlungen in der (unmittelbaren) Zukunft, wird im Spanischen nicht das Futur I benutzt, sondern die verbale Umschreibung ir a + Infinitiv:
Esta noche **voy a ir** al cine. *Heute Abend **werde** ich ins Kino **gehen**.*
Nos **vamos a casar** en julio. *Wir **werden** im Juli **heiraten**.*

12.2.2 Das Futur II

B2

Formen
Das Futur II wird mit dem Futur I von haber und dem Partizip (▷ 18.2) des jeweiligen Verbs gebildet:

		habl-ar *sprechen*	**beb-er** *trinken*	**recib-ir** *bekommen*
yo	**habré**	hablado	bebido	recibido
tú	**habrás**	hablado	bebido	recibido
él/ella/usted	**habrá**	hablado	bebido	recibido
nosotros/-as	**habremos**	hablado	bebido	recibido
vosotros/-as	**habréis**	hablado	bebido	recibido
ellos/ellas/ustedes	**habrán**	hablado	bebido	recibido

Gebrauch
Das Futur II drückt aus:
- in der Zukunft abgeschlossene Handlungen:
  La semana que viene ya nos **habremos cambiado** de casa. *Nächste Woche **werden** wir schon **umgezogen sein**.*

- Vorzeitigkeit in der Zukunft:
  Cuando ellos vuelvan, tú ya te **habrás marchado**. *Wenn sie zurückkommen, **wirst** du schon **weggegangen sein**.*

- Vermutungen, die vor einem gegenwärtigen Sachverhalt liegen:
  Se **habrá quedado** dormido y por eso no ha venido todavía. *Er **wird wohl verschlafen haben**, deswegen ist er noch nicht gekommen.*

Zwischentest 12

A1 **1. Was ergänzt den Satz richtig?**

Nosotros .... de trabajar a las cinco.

a. salen ☐ c. salemos ☐
b. salimos ☐ d. salan ☐

A1 **2. Unregelmäßigkeiten im Präsens betreffen ...**

a. ... ausschließlich den Verbstamm. ☐
b. ... ausschließlich die Verbendungen. ☐
c. ... alle Personen. ☐
d. ... nur die 1. und 2. Person Plural. ☐

A1 **3. Welche ist die richtige Form der 2. Person Singular Präsens des Verbs tener?**

a. tenes ☐ c. tienés ☐
b. tienes ☐ d. tenges ☐

A1 **4. Welche Form gehört in die Lücke?**

¿Qué vestido me .... para la fiesta?

a. ponemos ☐ c. pongo ☐
b. pono ☐ d. ponguemos ☐

A1 **5. In welchem Satz ist saber richtig konjugiert?**

a. Yo no so cómo se llama. ☐ c. Yo no sabo cómo se llama. ☐
b. Yo no sé cómo se llama. ☐ d. Yo no sabe cómo se llama. ☐

A1 **6. Zu welcher Gruppe gehört das Verb dormir?**

a. vivir, comer, cantar, estudiar, andar ☐
b. preferir, divertir, sentir, mentir, herir ☐
c. perseguir, repetir, reír, servir, elegir ☐
d. contar, mover, encontrar, volver, doler ☐

A1 **7. Welches Verb passt nicht zu den drei anderen?**

a. tener ☐ c. venir ☐
b. dar ☐ d. decir ☐

8. In welchem Satz ist das Verb traducir richtig verwendet? A2

a. Todos los días traduzo cien palabras. ☐
b. Todos los días traduco cien palabras. ☐
c. Todos los días traduzco cien palabras. ☐
d. Todos los días traduzgo cien palabras. ☐

9. Welche Aussage trifft auf Verben mit der Endung -uir zu? B1

a. Sie sind immer regelmäßig. ☐
b. Sie ersetzen das u durch y. ☐
c. Sie bilden nur die 1. Person Singular unregelmäßig. ☐
d. Sie fügen ein y hinzu. ☐

10. Welche Aussage ist nicht richtig? A1

a. Im Präsens können Hypothesen aufgestellt werden. ☐
b. Im Präsens kann über Gegenwärtiges gesprochen werden. ☐
c. Im Präsens kann über Vergangenes gesprochen werden. ☐
d. Im Präsens kann über Zukünftiges gesprochen werden. ☐

11. Ergänzen Sie den Satz mit der richtigen Futurform. A1

Creo que .... a las 9 de la noche, antes no puedo.
a. llegaré ☐ c. llegaró ☐
b. llegarás ☐ d. llegará ☐

12. Was ist die 2. Person Plural Futur I des Verbs salir? A2

a. saldréis ☐ c. saliréis ☐
b. salidréis ☐ d. saléis ☐

13. Welche Übersetzung des Satzes ist richtig? B2

Wenn du ankommst, werde ich schon weggegangen sein.
a. Cuando habrás llegado, me iré. ☐
b. Cuando llegues, ya me voy a ir. ☐
c. Cuando llegues, ya me habré ido. ☐
d. Cuando habrás llegado, ya me habré ido. ☐

Lösungen
1 b. 2 a. 3 b. 4 c. 5 b. 6 d. 7 b.
8 c. 9 d. 10 a. 11 a. 12 a. 13 c.

A2

13 Der Indikativ: die Vergangenheitszeiten

*¿No tienes enemigos? ¿Es que jamás **dijiste** la verdad o jamás **amaste** la justicia?*

Santiago Ramón y Cajal (1852–1934), médico español, premio Nobel de Medicina

*Hast du keine Feinde? **Hast** du vielleicht nie die Wahrheit **gesagt** oder die Gerechtigkeit **geliebt**?*

Santiago Ramón y Cajal (1852–1934), spanischer Arzt, Nobelpreisträger für Medizin

G Das Perfekt und das Indefinido drücken abgeschlossene Handlungen aus, das Imperfekt hingegen unabgeschlossene oder sich wiederholende Geschehnisse in der Vergangenheit. Auch das Plusquamperfekt drückt abgeschlossene Handlungen in der Vergangenheit aus, diese sind jedoch vorzeitig.

13.1 Das Perfekt

A1

Formen

Das Perfekt wird mit dem Präsens des Hilfsverbs haber *haben/sein* und dem Partizip (▷ 18.2) des jeweiligen Verbs gebildet.

		habl-ar *sprechen*	**beb-er** *trinken*	**recib-ir** *bekommen*
yo	**he**	hablado	bebido	recibido
tú	**has**	hablado	bebido	recibido
él/ella/usted	**ha**	hablado	bebido	recibido
nosotros/-as	**hemos**	hablado	bebido	recibido
vosotros/-as	**habéis**	hablado	bebido	recibido
ellos/ellas/ustedes	**han**	hablado	bebido	recibido

Anders als im Deutschen wird das Hilfsverb ser *sein* nie zur Bildung des Perfekts benutzt:

Han salido de casa muy pronto. *Sie* ***sind*** *sehr früh aus dem Haus* ***gegangen.***
He trabajado cinco horas. *Ich* ***habe*** *fünf Stunden* ***gearbeitet.***
Nos **hemos acostado** muy tarde. *Wir* ***sind*** *sehr spät ins Bett gegangen.*

ℹ Hilfsverb und Partizip bilden immer eine Einheit, zwischen ihnen darf kein anderes Wort stehen. Das Partizip ist immer unveränderlich:

Lo **hemos leído** en el periódico. *Wir* ***haben*** *es in der Zeitung* ***gelesen.***
A tu jefa la **he visto** esta mañana. *Ich* ***habe*** *deine Chefin heute Vormittag* ***gesehen.***
Los bombones los **he comprado** en una pastelería. *Die Pralinen* ***habe*** *ich in einer Konditorei* ***gekauft.***

Gebrauch

Mit dem Perfekt drückt man eine abgeschlossene Handlung aus, die in der unmittelbaren Vergangenheit oder in einem noch gegenwärtigen Zeitraum stattgefunden hat:

Hace un rato **hemos hablado** con Pía. *Vor einer Weile* ***haben*** *wir mit Pia* ***gesprochen.***
Hoy **he comido** en casa. *Heute* ***habe*** *ich zu Hause* ***gegessen.***
Este mes **he ido** dos veces al cine. *Diesen Monat* ***bin*** *ich zweimal im Kino* ***gewesen.***

In Verbindung mit ya *schon*, todavía no *noch nicht*, alguna vez *schon (ein)mal*, nunca *(noch) nie* kann mit dem Perfekt nach persönlichen Erfahrungen gefragt und darüber informiert werden:

¿Has estado **alguna vez** en Perú? *Bist du* ***schon einmal*** *in Peru gewesen?*
No he ido **nunca** en barco. *Ich bin* ***noch nie*** *mit dem Schiff gefahren.*

A2

13.2 Das Indefinido

Formen

Regelmäßige Verben

	habl-ar *sprechen*	**beb-er** *trinken*	**recib-ir** *bekommen*
yo	habl-**é**	beb-**í**	recib-**í**
tú	habl-**aste**	beb-**iste**	recib-**iste**
él/ella/usted	habl-**ó**	beb-**ió**	recib-**ió**
nosotros/-as	habl-**amos**	beb-**imos**	recib-**imos**
vosotros/-as	habl-**asteis**	beb-**isteis**	recib-**isteis**
ellos/ellas/ustedes	habl-**aron**	beb-**ieron**	recib-**ieron**

Bei den regelmäßigen Indefinidoformen liegt die Betonung immer auf der Verbendung. Die Verben der 2. und 3. Konjugationsgruppe haben die gleichen regelmäßigen Indefinidoformen.

Unregelmäßige Verben

B2 Caber *(hinein)passen*, haber *sein, haben*, poder *können*, poner *legen/stellen* und saber *wissen* bilden den Stamm unregelmäßig mit dem Vokal u:

cab-er → cup-	**hab-er → hub-**	**pod-er → pud-**	**pon-er → pus-**	**sab-er → sup-**
cup-e	**hub-e**	**pud-e**	**pus-e**	**sup-e**
cup-iste	**hub**-iste	**pud**-iste	**pus**-iste	**sup**-iste
cup-o	**hub-o**	**pud-o**	**pus-o**	**sup-o**
cup-imos	**hub**-imos	**pud**-imos	**pus**-imos	**sup**-imos
cup-isteis	**hub**-isteis	**pud**-isteis	**pus**-isteis	**sup**-isteis
cup-ieron	**hub**-ieron	**pud**-ieron	**pus**-ieron	**sup**-ieron

Die Verbendungen der 1. und 3. Person Singular sind unregelmäßig. Darüber hinaus liegt die Betonung bei diesen Personen nicht auf der Verbendung, sondern auf dem Verbstamm.

Decir *sagen*, hacer *machen*, querer *wollen* und venir *kommen* bilden den Stamm unregelmäßig mit dem Vokal i:

dec-ir → dij-	**hac-er → hic-**	**quer-er → quis-**	**ven-ir → vin-**
dij-e	**hic-e**	**quis-e**	**vin-e**
dij-iste	**hic**-iste	**quis**-iste	**vin**-iste
dij-o	**hiz-o**	**quis-o**	**vin-o**
dij-imos	**hic**-imos	**quis**-imos	**vin**-imos
dij-isteis	**hic**-isteis	**quis**-isteis	**vin**-isteis
dij-eron	**hic**-ieron	**quis**-ieron	**vin**-ieron

Auch in dieser Gruppe sind die Verbendungen der 1. und 3. Person Singular sowie die Betonung unregelmäßig.

Phonetisch bedingt (▷ 1) bildet das Verb hacer die 3. Person Singular mit z anstatt c:
Ayer hizo mucho frío. *Gestern **war** es sehr kalt.*

Bei decir ist auch die Verbendung der 3. Person Plural unregelmäßig:
Ayer no nos dij**eron** nada. *Gestern **haben** sie uns nichts **gesagt**./... **sagten** sie ...*

⚡ Andar *gehen*, estar *sein* und tener *haben* bilden den Stamm unregelmäßig mit dem Vokal u und hängen zusätzlich ein v an:

and-ar → anduv-	est-ar → estuv-	ten-er → tuv-
anduv-e	**estuv-e**	**tuv-e**
anduv-iste	**estuv**-iste	**tuv**-iste
anduv-o	**estuv-o**	**tuv-o**
anduv-imos	**estuv**-imos	**tuv**-imos
anduv-isteis	**estuv**-isteis	**tuv**-isteis
anduv-ieron	**estuv**-ieron	**tuv**-ieron

Auch die 1. und 3. Person Singular dieser Verbgruppe endet unregelmäßig und betont den Verbstamm.

⚡ Ser *sein* und ir *gehen* haben identische (unregelmäßige) Indefinidoformen:

Singularfomen:	fui	fuiste	fue
Pluralformen:	fuimos	fuisteis	fueron

⚡ Alle Verben auf -ir, die im Präsens einen Vokalwechsel (▷ 12.1) vornehmen, ändern im Indefinido den Stammvokal in der 3. Person Singular und Plural:

Vokalwechsel Präsens: e → ie/i Vokalwechsel Indefinido: e → i		Vokalwechsel Präsens: o → ue Vokalwechsel Indefinido: o → u
sentir *fühlen*	pedir *bitten*	dormir *schlafen*
(Präsens: **sient**o)	(Präsens: **pid**o)	(Präsens: **duerm**o)
sent-í	ped-í	dorm-í
sent-iste	ped-iste	dorm-iste
sint-ió	**pid**-ió	**durm**-ió
sent-imos	ped-imos	dorm-imos
sent-isteis	ped-isteis	dorm-isteis
sint-ieron	**pid**-ieron	**durm**-ieron

Die Verbendungen dieser Gruppe sind regelmäßig. Die Betonung liegt immer auf der Verbendung.

B1 Verben auf -ducir ersetzen das c durch j:

traducir *übersetzen* (traduj-)

Singularformen:	traduj-**e**	traduj-iste	traduj-**o**
Pluralformen:	traduj-imos	traduj-isteis	traduj-**eron**

Diese Verbgruppe endet in der 1. und 3. Person Singular sowie der 3. Person Plural unregelmäßig:
Ellos **tradujeron** ese libro. *Sie **haben** dieses Buch **übersetzt**.*
Ella **condujo** hasta Madrid. *Sie **ist** bis Madrid **gefahren**.*

Auch das Verb traer *(mit)bringen* zählt zu dieser Gruppe und hängt -j an den Stamm: Anoche **trajeron** vino. *Sie **haben** gestern Abend Wein **mitgebracht**.*

B1 Verben der 2. und 3. Konjugationsgruppe, deren Stamm auf Vokal endet, ersetzen in der 3. Person Singular und Plural das -i der regelmäßigen Personalendung durch -y:

leer *lesen*

Singularformen:	le-í	le-íste	le-**y**ó
Pluralformen:	le-ímos	le-ísteis	le- **y**eron

Die restlichen Personalendungen der Verben aus dieser Gruppe sind regelmäßig. Sie tragen jedoch immer einen Akzent. Weitere Verben dieser Gruppe sind oír *hören*, creer *glauben*, caer *(hin)fallen* sowie alle Verben auf -uir.

B1 Aussprachebedingt (▶ 1) ändern folgende Verbgruppen den Verbstamm in der 1. Person Singular:

- c → qu bei Verben auf -car:
  buscar *suchen*: bus**qu**é, buscaste usw.
  Weitere Verben dieser Gruppe sind C2 aplicar *(auf-)anlegen/anwenden*, B2 colocar *stellen/legen*, embarcar *einschiffen/-checken*, explicar *erklären*, B2 pescar *fischen*, B2 practicar *ausüben*, tocar *anfassen/ein Musikinstrument spielen*, sacar *herausnehmen*, C2 volcar *umwerfen/-kippen*.

- g → gu bei Verben auf -gar:
  jugar *spielen*: ju**gu**é, jugaste usw.
  Weitere Verben dieser Gruppe sind apagar *ausschalten*, cargar *(auf-, ver-) beladen*, entregar *geben/überreichen*, llegar *ankommen*, negar *verneinen*, pagar *bezahlen*.

- gu → gü bei Verben auf -guar:
  C2 apaciguar *befrieden*: apaci**gü**é, apaciguaste usw.
  Weitere Verben dieser Gruppe sind C2 aguar *(ver)wässern*, C2 atestiguar *bezeugen*, B2 averiguar *herausfinden*, C2 menguar *abnehmen/verringern*, C2 santiguarse *sich bekreuzigen*.

Gebrauch

Mit dem Indefinido spricht man über abgeschlossene Handlungen, die in einer schon vergangenen Zeit stattgefunden haben. Das Indefinido kann das deutsche Perfekt oder Imperfekt übertragen, da der Grad der zeitlichen Entfernung sowie der Aspekt der Abgeschlossenheit der Handlung im Deutschen keine Rolle spielt:
El año pasado **estuve** en México. *Letztes Jahr **bin** ich in Mexico **gewesen**./... **war** ich ...*

Perfekt versus Indefinido

Beide Zeitformen bezeichnen im Spanischen abgeschlossene Handlungen. Das Perfekt bezieht sich auf einen (beinahe) gegenwärtigen Zeitraum, das Indefinido hingegen auf eine bereits vergangene Zeit:
Hoy he trabajado mucho. ***Heute** habe ich viel gearbeitet.*
Ayer trabajé mucho. ***Gestern** habe ich viel gearbeitet.*

Das Auftreten bestimmter Zeitangaben erfordert die Verwendung des Perfekts bzw. des Indefinido:

Zeitangaben mit Perfekt	Zeitangaben mit Indefinido
hoy *heute*	ayer *gestern*
esta mañana/tarde *heute Vormittag/Nachmittag*	ayer por la mañana/tarde *gestern Vormittag/ Nachmittag*
esta noche *heute Abend*	anoche *gestern Abend*
este mes/año *diesen Monat/dieses Jahr*	el mes/año pasado *vergangenen Monat/ vergangenes Jahr*
esta semana *diese Woche*	la semana pasada *vergangene Woche*
hace un rato *vor einer Weile*	hace mucho *vor langer Zeit*
hace poco *vor Kurzem*	hace ... días/meses/años *vor ... Tagen/Monaten/ Jahren*
alguna vez *schon (ein)mal*	el otro día *vor ein paar Tagen*
nunca *nie*	el lunes/el martes ... *am Montag/Dienstag ...*
ya *schon*	en diciembre/enero ... *im Dezember/Januar ...*
todavía no *noch nicht*	en 2009 *im Jahr 2009*

El año pasado cumplí 50 años. ***Letztes Jahr** bin ich 50 Jahre alt geworden.*
Hoy sólo he tomado un café. ***Heute** habe ich nur einen Kaffee getrunken.*

Steht keine Zeitangabe, ist die Verwendung von Perfekt oder Indefinido optional: Mit dem Perfekt wird angedeutet, dass die Handlung nah an der Gegenwart liegt, mit dem Indefinido hingegen, das sie zeitlich weiter entfernt stattgefunden hat.

In großen Teilen Lateinamerikas und in manchen Gegenden Spaniens wird in der gesprochenen Sprache fast ausschließlich das Indefinido benutzt.

A2

13.3 Das Imperfekt

Formen

Regelmäßige Verben

	habl-ar *sprechen*	**beb-er** *trinken*	**recib-ir** *bekommen*
yo	habl-**aba**	beb-**ía**	recib-**ía**
tú	habl-**abas**	beb-**ías**	recib-**ías**
él/ella/usted	habl-**aba**	beb-**ía**	recib-**ía**
nosotros/-as	habl-**ábamos**	beb-**íamos**	recib-**íamos**
vosotros/-as	habl-**abais**	beb-**íais**	recib-**íais**
ellos/ellas/ustedes	habl-**aban**	beb-**ían**	recib-**ían**

Die Verben der 2. und der 3. Konjugationsgruppe haben im Imperfekt die gleichen Personalendungen. Bei allen drei Gruppen liegt die Betonung auf der Verbendung.

Unregelmäßige Verben

Nur die Verben ir *gehen*, ser *sein* und ver *sehen* sind unregelmäßig:

ser *sein*		**ir** *gehen*		**ver** *sehen*	
era	éramos	iba	íbamos	veía	veíamos
eras	erais	ibas	ibais	veías	veíais
era	eran	iba	iban	veía	veían

Gebrauch

Das Imperfekt bezeichnet vergangene Handlungen:

- die nicht abgeschlossen sind, häufig auch dann, wenn eine weitere Handlung hinzukommt:
  Ayer, mientras **estaba** en casa, llamó mi amigo Alfredo. *Gestern, während ich zu Hause **war**, hat mein Freund Alfredo angerufen.*
- die sich wiederholen:
  Yo siempre **iba** a bailar con él. *Ich **bin** immer mit ihm tanzen gegangen.*

Man verwendet das Imperfekt außerdem zum Ausdruck von:

- Situationsbeschreibungen und Zuständen in der Vergangenheit:
  Era una tarde de invierno, **hacía** frío y **llovía**. *Es **war** ein Winternachmittag, es war kalt und es **regnete**.*
- höflichen Bitten mit dem Verb querer *wollen*:
  Quería un litro de leche. *Ich möchte einen Liter Milch.*

Imperfekt versus Perfekt bzw. Indefinido

Der Unterschied zwischen Imperfekt und Perfekt bzw. Indefinido liegt in der Art der Handlung:

Imperfekt
→ stattfindende/unabgeschlossene Handlung:
Cuando yo vivía en esa casa, era aún muy pequeña. *Als ich in diesem Haus **wohnte, war** ich noch sehr klein.*
→ sich wiederholende Handlung:
En invierno **íbamos** a menudo a esquiar. *Im Winter **gingen** wir oft Ski fahren.*

Perfekt/Indefinido
→ abgeschlossene Handlung:
Yo **viví/he vivido** en esa casa dos años. *Ich **habe** zwei Jahre lang in diesem Haus **gewohnt**.*
→ einmalige Handlung:
Este invierno **hemos ido** a esquiar./ El invierno pasado **fuimos** a esquiar. Diesen Winter/Vergangenen Winter ***sind*** wir Ski fahren ***gegangen***.

13.4 Das Plusquamperfekt

B1

Formen

Das Plusquamperfekt wird mit dem Imperfekt des Hilfsverbs haber *haben, sein* und dem Partizip (▶ 18.2) des jeweiligen Verbs gebildet:

		habl-ar *sprechen*	**beb-er** *trinken*	**recib-ir** *bekommen*
yo	**había**	hablado	bebido	recibido
tú	**habías**	hablado	bebido	recibido
él/ella/usted	**había**	hablado	bebido	recibido
nosotros/-as	**habíamos**	hablado	bebido	recibido
vosotros/-as	**habíais**	hablado	bebido	recibido
ellos/ellas/ustedes	**habían**	hablado	bebido	recibido

Gebrauch

Mit dem Plusquamperfekt wird Vorzeitigkeit in der Vergangenheit ausgedrückt:
Cuando llegué, ya te **habías marchado.** *Als ich ankam, **warst** du schon weg.*

13.5 Das Pretérito anterior

C2

Diese Form (▶ Musterkonjugationen) kommt selten und in der gehobenen Schriftsprache vor. Sie steht in Temporalnebensätzen bei Handlungen, die unmittelbar vor Geschehnissen im Hauptsatz liegen. Häufig leiten Partikeln wie apenas *kaum* oder no bien *sobald*, die die Unmittelbarkeit hervorheben, diese Nebensätze ein:
El portavoz del Ejecutivo comunicó la noticia **no bien hubo terminado** la reunión del Consejo de Ministros. *Sobald die Kabinettssitzung beendet wurde, teilte der Regierungssprecher die Nachricht mit.*

Zwischentest 13

A1

1. **Welche Aussage über das Perfekt ist richtig?**
   a. Es wird nur mit dem Hilfsverb ser gebildet. ☐
   b. Es wird nur mit dem Hilfsverb haber gebildet. ☐
   c. Das Partizip ist veränderlich. ☐
   d. Das Partizip steht immer am Ende des Satzes. ☐

A1

2. **Wie wird der Satz richtig ergänzt?**
   Esta tarde .... en el cine.
   a. he estado ☐ c. soy estado ☐
   b. he estada ☐ d. soy estada ☐

A2

3. **Welches Verb ist im Indefinido regelmäßig?**
   a. poner ☐ c. tener ☐
   b. salir ☐ d. traer ☐

A2

4. **Welches Verb passt nicht zu den drei anderen?**
   a. elegir ☐ c. dormir ☐
   b. mentir ☐ d. subir ☐

A2

5. **In welchem Satz ist die Indefinidoform von estar korrekt?**
   a. Anoche estuve en casa de mis padres. ☐
   b. Anoche esté en casa de mis padres. ☐
   c. Anoche estevé en casa de mis padres. ☐
   d. Anoche estive en casa de mis padres. ☐

B1

6. **Welche Form des Verbs oír gehört in die Lücke?**
   .... esa canción el año pasado.
   a. oyí ☐ c. oímos ☐
   b. oyimos ☐ d. oíeron ☐

A2

7. **Welche Zeitform gehört in die Lücke?**
   Hace un rato .... con tu padre.
   a. hablo ☐ c. hablé ☐
   b. he hablado ☐ d. hablaré ☐

B1

8. **Welche Verben bilden die 1. Person Singular im Indefinido regelmäßig?**
   a. Verben auf -ger ☐ c. Verben auf -gar ☐
   b. Verben auf -guar ☐ d. Verben auf -car ☐

9. Ergänzen Sie mit der passenden Zeitangabe. A2

.... hicimos un viaje por la Patagonia argentina.

a. Este año ☐
b. Todavía no ☐
c. Este mes ☐
d. En 2008 ☐

10. Was trifft auf das Verb traer zu? B1

a. Es bildet das Indefinido regelmäßig. ☐
b. Es fügt im Indefinido ein j hinzu. ☐
c. Es fügt im Indefinido ein y hinzu. ☐
d. Es bildet das Indefinido mit dem Präsensstamm. ☐

11. Welche Verwendung trifft nicht auf das Imperfekt zu? A2

a. Ausdruck von sich in der Vergangenheit wiederholenden Handlungen ☐
b. Ausdruck unabgeschlossener Handlungen ☐
c. Ausdruck abgeschlossener Handlungen ☐
d. Beschreibung von Situationen in der Vergangenheit ☐

12. Wie lautet die richtige Übersetzung ins Spanische? A2

Als ich 15 Jahre alt war, ging ich zum Gymnasium.

a. Cuando tuve 15 años, fui al instituto. ☐
b. Cuando tenía 15 años, he ido al instituto. ☐
c. Cuando he tenido 15 años, fui al instituto. ☐
d. Cuando tenía 15 años, iba al instituto. ☐

13. Welche Ergänzung passt zum Satz? B1

Cuando venías a verme, ...

a. te invité a comer ☐
b. te he invitado a comer ☐
c. te había invitado a comer ☐
d. te invitaba a comer ☐

14. Welche Zeitform gehört in die Lücke? B1

Cuando llegaste, ya ....

a. habíamos comido ☐
b. comemos ☐
c. comimos ☐
d. hemos comido ☐

Lösungen

1 b. 2 a. 3 b. 4 d. 5 a. 6 c. 7 b.
8 a. 9 d. 10 b. 11 c. 12 d. 13 d. 14 a.

B1

14 Der Konditional

***Dejaría** en el libro este toda mi alma.*

Federico García Lorca (1898–1936), poeta español

*Diesem Buch **würde** ich meine ganze Seele **anvertrauen**.*

Federico García Lorca (1898–1936), spanischer Dichter

G Der Konditional I zeigt die gleichen Unregelmäßigkeiten wie das Futur I. Mit dem Konditional I kann man über Nachzeitiges und mit dem Konditional II über Vorzeitiges in der Vergangenheit sprechen. Darüber hinaus können beide Konditionalzeiten Vermutungen in der Vergangenheit ausdrücken.

14.1 Der Konditional I

B1

Formen

Regelmäßige Verben

Der Konditional I wird durch Anhängen der Imperfektendungen der 2. und 3. Konjugationsgruppe an den Infinitiv gebildet.

	habl-ar *sprechen*	**beb-er** *trinken*	**recib-ir** *bekommen*
yo	hablar-**ía**	beber-**ía**	recibir-**ía**
tú	hablar-**ías**	beber-**ías**	recibir-**ías**
él/ella/usted	hablar-**ía**	beber-**ía**	recibir-**ía**
nosotros/-as	hablar-**íamos**	beber-**íamos**	recibir-**íamos**
vosotros/-as	hablar-**íais**	beber-**íais**	recibir-**íais**
ellos/ellas/ustedes	hablar-**ían**	beber-**ían**	recibir-**ían**

Die Personalendungen des Konditional I sind für alle drei Konjugationsgruppen identisch. Die Betonung liegt immer auf der Endung.

Die 1. und die 3. Person Singular haben mit -ía die gleiche Personalendung:
En ese caso **yo iría** mañana y **él iría** pasado mañana. *In diesem Fall* ***würde ich*** *morgen* ***hingehen*** *und* ***er würde*** *übermorgen* ***hingehen.***

Unregelmäßige Verben

Die Abweichungen, die die unregelmäßigen Verben im Konditional I zeigen, sind gleich denen des Futur I (▶ 12.2.1).
Die Betonung der unregelmäßigen Verben liegt wie die der regelmäßigen Formen immer auf der Personalendung.

⚡ Poner *legen/stellen*, salir *ausgehen*, tener *haben*, valer *kosten/wert sein* und venir *kommen* hängen dr an den Verbstamm des Infinitivs:

pon-er	**sal-ir**	**ten-er**	**val-er**	**ven-ir**
pon**dr**-ía	sal**dr**-ía	ten**dr**-ía	val**dr**-ía	ven**dr**-ía
pon**dr**-ías	sal**dr**-ías	ten**dr**-ías	val**dr**-ías	ven**dr**-ías
pon**dr**-ía	sal**dr**-ía	ten**dr**-ía	val**dr**-ía	ven**dr**-ía
pon**dr**-íamos	sal**dr**-íamos	ten**dr**-íamos	val**dr**-íamos	ven**dr**-íamos
pon**dr**-íais	sal**dr**-íais	ten**dr**-íais	val**dr**-íais	ven**dr**-íais
pon**dr**-ían	sal**dr**-ían	ten**dr**-ían	val**dr**-ían	ven**dr**-ían

⚡ Auch caber *(hinein)passen*, haber *haben/sein*, poder *können*, saber *wissen* und querer *wollen* lassen sich dieser Kategorie unregelmäßiger Verben zuordnen. Sie hängen im Unterschied zur oben beschriebenen Gruppe lediglich ein r an den Stamm des Infinitivs:

B2 **cab-er**	**hab-er**	**pod-er**	**sab-er**	**quer-er**
cab**r**-ía	hab**r**-ía	pod**r**-ía	sab**r**-ía	quer**r**-ía
cab**r**-ías	hab**r**-ías	pod**r**-ías	sab**r**-ías	quer**r**-ías
cab**r**-ía	hab**r**-ía	pod**r**-ía	sab**r**-ía	quer**r**-ía
cab**r**-íamos	hab**r**-íamos	pod**r**-íamos	sab**r**-íamos	quer**r**-íamos
cab**r**-íais	hab**r**-íais	pod**r**-íais	sab**r**-íais	quer**r**-íais
cab**r**-ían	hab**r**-ían	pod**r**-ían	sab**r**-ían	quer**r**-ían

⚡ Der Infinitivstamm von decir *sagen* und hacer *machen* zeigt folgende Unregelmäßigkeit:

de-cir → dir-		**hac-er → har-**	
dir-ía	**dir**-íamos	**har**-ía	**har**-íamos
dir-ías	**dir**-íais	**har**-ías	**har**-íais
dir-ía	**dir**-ían	**har**-ía	**har**-ían

Gebrauch

Der Konditional I wird auch das Futur der Vergangenheit genannt. Mit ihm kann die Nachzeitigkeit in der Vergangenheit, d. h. eine von der Vergangenheit aus gesehene noch kommende Handlung bezeichnet werden:

En 1950 aún vivían en París, pero dos años más tarde se **marcharían** a Londres. *1950 lebten sie noch in Paris, aber zwei Jahre später **werden** sie nach London **umgezogen sein**.*

En 1985 Marco todavía estudiaba en la universidad y sólo en 1990 **abriría** el bufete de abogados. *1985 war Marco noch Student und erst 1990 **wird** er **sich** als Anwalt **niederlassen**.*

In dieser Funktion ist der Konditional I auch in der indirekten Rede anzutreffen (▶ 26):

Dijo que **iría** al médico al día siguiente. *Er sagte, er **würde** am nächsten Tag zum Arzt **gehen**.*

El jefe me preguntó si **podría** llegar a tiempo a la reunión. *Der Chef fragte mich, ob ich rechtzeitig zur Besprechung kommen **könnte**.*

⚡ Häufig dient der Konditional I zur Äußerung von Vermutungen in der Vergangenheit:

¿Tú sabes por qué no vino Bea al cine? – No sé, **estaría** cansada. *Weißt du warum Bea nicht ins Kino gekommen ist? – Ich weiß es nicht, **vielleicht war** sie müde.*

No trajeron una tarta porque no **habría** una pastelería cerca. ***Wahrscheinlich** haben sie keine Torte mitgebracht, weil es keine Konditorei in der Nähe **gab**.*

Darüber hinaus findet der Konditional I bei Folgendem Verwendung:

- höfliche Bitten:
  ¿Sería usted tan amable de acompañarme? ***Wären** Sie so freundlich, mich zu begleiten?*
  ¿Podría cerrar la puerta, por favor? ***Könnten** Sie bitte die Tür schließen?*
  Die Konditionalform von querer *wollen* wird in diesem Gebrauch häufig durch das Imperfekt ersetzt:
  Querría un kilo de manzanas. *Ich **möchte** ein Kilo Äpfel.*
- Ratschläge:
  Yo en tu lugar **llamaría** ahora mismo. *Ich an deiner Stelle **würde** sofort **anrufen**.*
  Yo que él **aceptaría** la oferta de trabajo. *Ich an seiner Stelle **würde** das Arbeitsangebot **annehmen**.*
- Hypothesen in der Gegenwart und Zukunft:
  ¿Qué **harías** con tanto dinero si te tocara la lotería? *Was **würdest** du mit so vielem Geld **machen**, wenn du im Lotto gewinnen würdest?*
  ¿Qué **pensaríais** si os dijera que no quiero volver a veros nunca más? *Was **würdet** ihr **denken**, wenn ich euch sagen würde, dass ich euch nie wieder sehen möchte?*
- Äußerung von Wünschen mit Verben wie desear *sich wünschen*, encantar *lieben, sehr mögen*, gustar *gefallen* usw.:
  Nos **encantaría hacer** un viaje. *Wir **würden** sehr gerne eine Reise **machen**.*
  Me **gustaría conocer** a tu familia. *Ich **würde** sehr gerne deine Familie **kennenlernen**.*
  Der Konditional I von querer wird in diesem Fall sehr oft durch den Subjuntivo Imperfekt (▷ 15.2) ersetzt:
  Quisiera pasar todo el día contigo. *Ich **würde** gerne den ganzen Tag mit dir **verbringen**.*
- irreale Bedingungssätze (▷ 16.5): B2
  Si lo supiera, te lo **diría**. *Wenn ich es wusste, **würde** ich es dir **sagen**.*
  Si realmente tuvieran ganas, **vendrían** con nosotras. *Wenn sie wirklich Lust hätten, **würden** sie mit uns **kommen**.*

Konditional I versus Imperfekt bzw. Indefinido

Wie oben beschrieben, können mit dem Konditional I vermutete Handlungen und Sachverhalte in der Vergangenheit ausgedrückt werden. Mit dem Imperfekt oder dem Indefinido werden hingegen sichere, also tatsächlich eingetretene Handlungen in der Vergangenheit bezeichnet:
No me explico por qué no nos **llamó**. – No te preocupes, **estaría** muy ocupada.
*Ich kann nicht verstehen, warum sie uns nicht **angerufen hat**. – Mach dir keine Sorgen, **wahrscheinlich war** sie sehr beschäftigt.*
Im ersten Satz handelt es sich um ein tatsächliches Geschehnis (daher Indefinido), in der Antwort aber um eine unbestätigte Vermutung (daher Konditional I).

Beachten Sie den Unterschied zwischen den folgenden Sätzen:
Tendrían problemas y por eso estaban tan serios. ***Vielleicht hatten*** *sie Probleme und waren deswegen so ernst.* (Vermutung → Konditional I)
Tenían problemas y por eso estaban tan serios. *Sie* ***hatten*** *Probleme und deswegen* ***waren*** *sie so ernst.* (Gewissheit → Imperfekt)

In manchen Fällen kann diese Funktion des Konditional I durch ein Adverb der Vermutung + Imperfekt/Indefinido ersetzt werden:
Comería/Seguramente comía poco y por eso estaba tan delgado. ***Wahrscheinlich aß*** *er wenig und war deswegen so dünn.*

B2

14.2 Der Konditional II

Formen

Der Konditional II wird mit dem Konditional I von haber und dem Partizip (▷ 18.2) des jeweiligen Verbs gebildet.

		habl-ar *sprechen*	**beb-er** *trinken*	**recib-ir** *bekommen*
yo	**habría**	hablado	bebido	recibido
tú	**habrías**	hablado	bebido	recibido
él/ella/usted	**habría**	hablado	bebido	recibido
nosotros/-as	**habríamos**	hablado	bebido	recibido
vosotros/-as	**habríais**	hablado	bebido	recibido
ellos/ellas/ustedes	**habrían**	hablado	bebido	recibido

Gebrauch

- Auch mit dem Konditional II kann man Vermutungen ausdrücken. Im Unterschied zu den mit dem Konditional I geäußerten, drückt man mit dem Konditional II Vermutungen über abgeschlossene Handlungen aus, die von der Vergangenheit aus gesehen vorzeitig sind, also vor einem bereits vergangenen Geschehnis anzusiedeln sind:
  ¿No estaba Alfonso allí cuando llegaste? – Se **habría ido** a trabajar. *War Alfonso nicht da, als du ankamst? – Er* ***war wahrscheinlich*** *zur Arbeit* ***gegangen.***
  Ya se **habrían marchado** de vacaciones, porque en la oficina no estaban. *Sie* ***waren wahrscheinlich*** *schon in Urlaub gefahren, weil sie nicht im Büro waren.*
- Mit dem Konditional II wird darüber hinaus über Handlungen in der Vergangenheit gesprochen, die nicht stattgefunden haben:
  Habría comprado más fresas, pero se habían acabado. *Ich* ***hätte*** *mehr Erdbeeren* ***gekauft****, aber sie waren ausverkauft.*
  Tuve un pequeño problema, de lo contrario **habría terminado** antes. *Ich hatte ein kleines Problem, sonst* ***wäre*** *ich früher fertig* ***gewesen.***

- Der Konditional II wird außerdem verwendet, um Ratschläge in der Vergangenheit zu geben:
  Yo en vuestro lugar los **habría esperado** un poco más. *Ich **hätte** an eurer Stelle ein bisschen länger auf sie **gewartet**.*
  Yo que tú no les **habría hablado** de eso. *Ich an deiner Stelle **hätte** mit ihnen nicht darüber **gesprochen**.*
- Mit Verben wie desear *sich wünschen*, encantar *lieben, sehr mögen*, gustar *gefallen* usw. dient der Konditional II zum Ausdruck von Wünschen, die in der Vergangenheit nicht verwirklicht werden konnten.
  Me **habría gustado** llamarte pero no tenía tu número de teléfono. *Ich **hätte dich gerne angerufen**, aber ich hatte deine Telefonnummer nicht.*
  ¡Qué pena! ¡Me **habría encantado** veros! *Wie Schade! Ich **hätte** euch gerne **gesehen**!*
- In Konditionalsätzen benutzt man den Konditional II im Hauptsatz, wenn eine geäußerte Bedingung für eine Handlung nicht gegeben war und die Handlung daher nicht realisiert werden konnte (▶ 16.5):
  Si hubiera tenido tiempo, te **habría visitado**. *Wenn ich Zeit gehabt hätte, **hätte** ich dich **besucht**.*
  Si hubieran sabido algo, nos **habrían avisado**. *Wenn sie etwas gewusst hätten, **hätten** sie uns Bescheid **gesagt**.*
- In der indirekten Rede (▶ 26) wird mit dem Konditional II die Vorzeitigkeit in der Vergangenheit ausgedrückt:
  Me dijo que a esa hora ya **habría llegado**. *Er sagte mir, dass er zu dieser Zeit schon **angekommen sein würde**.*
  Me prometieron que el martes ya me **habrían entregado** el informe. *Sie haben mir versprochen, dass sie mir am Dienstag den Bericht schon **gegeben haben würden**.*

Konditional II versus Futur II

Futur II	Konditional II
Vorzeitigkeit in der Zukunft: Cuando se despierten ya **habremos llegado**. *Wenn sie wach werden, **werden** wir schon da **sein**.*	Vorzeitigkeit in der Vergangenheit: Ella dijo que cuando se despertaran ya **habríamos llegado**. *Sie sagte, dass wenn sie wach würden, wir schon **angekommen sein würden**.*
Vermutung in der Gegenwart oder nahe liegenden Vergangenheit: **Habrán perdido** el tren y por eso no están aquí. *Sie **werden wohl** den Zug **verpasst haben** und deswegen sind sie nicht hier.*	Vermutung in der Vergangenheit: **Habrían perdido** el tren y por eso no estaban allí. ***Wahrscheinlich hatten** sie den Zug **verpasst** und waren deswegen nicht dort.*

Zwischentest 14

B1 **1. Wann liegt beim Konditional I die Betonung auf den Personalendungen?**

a. nur bei den regelmäßigen Verben ☐
b. nur bei den unregelmäßigen Verben ☐
c. immer ☐
d. nie ☐

B1 **2. In welchem Satz ist der Konditional I unregelmäßig?**

a. ¿Me cantarías una canción? ☐
b. Yo haría cualquier cosa por ti. ☐
c. Yo no subiría a esa montaña sin ayuda. ☐
d. Estarían enfermos y por eso no vinieron. ☐

B1 **3. Wie lautet salir in der 1. Person Plural des Konditional I?**

a. saliríamos ☐
b. saldreríamos ☐
c. salríamos ☐
d. saldríamos ☐

B1 **4. In welchem Satz ist poner richtig verwendet?**

a. Yo en tu lugar me pondería el traje gris. ☐
b. Yo en tu lugar me ponría el traje gris. ☐
c. Yo en tu lugar me pondría el traje gris. ☐
d. Yo en tu lugar me poniría el traje gris. ☐

B1 **5. Wie ist der Satz zu ergänzen?**

Con lo inteligente que eres, ...
a. podrías estudiar cualquier carrera ☐
b. poderías estudiar cualquier carrera ☐
c. podría estudiar cualquier carrera ☐
d. podería estudiar cualquier carrera ☐

B1 **6. Was kann mit dem Konditional I nicht ausgedrückt werden?**

a. höfliche Bitten ☐
b. Hypothesen in der Gegenwart ☐
c. Vorzeitigkeit in der Vergangenheit ☐
d. Vermutungen in der Vergangenheit ☐

7. Sie möchten einen Wunsch äußern. Welcher Satz ist richtig? B1

a. Me encanta ir a Argentina.
b. Me encantó ir a Argentina.
c. Me encantaría ir a Argentina.
d. Me encantaba ir a Argentina.

8. Welcher Satz bedeutet sinngemäß dasselbe wie das Beispiel? B1

Anoche estaría aburrida y se marchó.
a. Anoche estaba aburrida y se marchó.
b. Anoche probablemente estaba aburrida y se marchó.
c. Anoche no estaba aburrida y se marchó.
d. Anoche sabemos que estaba aburrida y se marchó.

9. Wie muss der Satz ins Spanische übersetzt werden? B1

Sie haben nicht angerufen, weil sie keine Zeit hatten.
a. No llamaron porque no tendrían tiempo.
b. Ni llamaron ni tenían tiempo.
c. No llamaron porque tendrían tiempo.
d. No llamaron porque no tenían tiempo.

10. Welche Form gehört in die Lücke? B2

No pude ir, pero me .... verlo.
a. gustó
b. habría gustado
c. gustaba
d. había gustado

11. Ergänzen Sie den Satz mit der richtigen Verbform. B2

Yo en tu lugar se lo .... el fin de la semana pasado en la fiesta.
a. diría
b. decía
c. había dicho
d. habría dicho

12. Was gehört in die Lücke? B2

Me dijo que cuando yo llegara, ella ya ....
a. habría salido de trabajar hacía mucho
b. saldría de trabajar hacía mucho
c. había salido de trabajar hacía mucho
d. salió de trabajar hacía mucho

Lösungen
1c. 2b. 3d. 4c. 5a. 6c. 7c.
8b. 9d. 10b. 11d. 12a.

B1

15 Der Subjuntivo

*No creo yo que **haya** en el mundo palabras tan eficaces ni oradores tan elocuentes como las lágrimas.*

Lope de Vega y Carpio (1562–1635), poeta y dramaturgo español

Ich glaube nicht, dass es in der ganzen Welt wirksamere Wörter oder beredtere Redner als Tränen gibt.

Lope de Vega y Carpio (1562–1635), spanischer Dichter und Dramatiker

G Der Subjuntivo Präsens wird für die Gegenwart und die Zukunft verwendet, der Subjuntivo Imperfekt, Perfekt und Plusquamperfekt üblicherweise für die Vergangenheit, unter Umständen aber auch für die Zukunft.
In der Regel treten die Zeiten des Subjuntivo nur im Nebensatz auf.
Im Verbstamm der unregelmäßigen Verben zeigen sich im Subjuntivo Präsens die gleichen Unregelmäßigkeiten wie im Indikativ Präsens.

15.1 Der Subjuntivo Präsens

B1

Formen

Regelmäßige Verben

Der Subjuntivo Präsens wird durch Anhängen entsprechender Personalendungen an den Verbstamm gebildet.
Die Endungen sind für die Verben der 1. Konjugationsgruppe (Infinitiv auf -ar) identisch mit den Endungen des Indikativ Präsens der 2. Konjugationsgruppe (Infinitiv auf -er). Gleichermaßen sind die Endungen für die Verben der 2. und 3. Konjugationsgruppe (Infinitiv auf -er und -ir) identisch mit denen des Indikativ Präsens der 1. Konjugationsgruppe.

Abweichend ist hiervon jedoch die 1. Person Singular:
statt -o → -e für die Verben auf -ar
statt -o → -a für die Verben auf -er/-ir.

	habl-ar *sprechen*	**beb-er** *trinken*	**recib-ir** *bekommen*
yo	habl-**e**	beb-**a**	recib-**a**
tú	habl-**es**	beb-**as**	recib-**as**
él/ella/usted	habl-**e**	beb-**a**	recib-**a**
nosotros/-as	habl-**emos**	beb-**amos**	recib-**amos**
vosotros/-as	habl-**éis**	beb-**áis**	recib-**áis**
ellos/ellas/ustedes	habl-**en**	beb-**an**	recib-**an**

Die 1. und die 3. Person Singular sind in jeder Konjugationsgruppe jeweils gleich:
Llámale para que **yo pueda** hablar con él. *Ruf ihn an, damit ich mit ihm sprechen kann.*
Llámale para que **ella pueda** hablar con él. *Ruf ihn an, damit sie mit ihm sprechen kann.*
¿Quieres que **yo** te **escriba** un email cuando llegue? *Willst du, dass ich dir eine E-Mail schreibe, wenn ich ankomme?*
¿Quieres que **él** te **escriba** un email cuando llegue? *Willst du, dass er dir eine E-Mal schreibt, wenn er ankommt?*

Die Betonung liegt beim Subjuntivo Präsens immer auf dem Verbstamm, außer in der 1. und 2. Person Plural, wo sie auf der Personalendung liegt.

Unregelmäßige Verben

L! Beim Lernen des Subjuntivo Präsens ist es empfehlenswert, vorerst mit dem Indikativ Präsens vertraut zu werden, da die Unregelmäßigkeiten des Indikativ Präsens sich im Subjuntivo Präsens wiederholen.

⚡ Alle Verben auf -ar und -er mit Vokalwechsel e → ie und o → ue im Indikativ Präsens (▷ 12.1), zeigen diesen ebenfalls im Subjuntivo Präsens:

	Vokalwechsel e → ie **querer** *wollen*	Vokalwechsel o → ue **volar** *fliegen*
yo	qu**ie**ra	v**ue**le
tú	qu**ie**ras	v**ue**les
él/ella/usted	qu**ie**ra	v**ue**le
nosotros/-as	queramos	volemos
vosotros/-as	queráis	voléis
ellos/ellas/ustedes	qu**ie**ran	v**ue**len

Gleich wie im Indikativ Präsens findet in der 1. und 2. Person Plural kein Vokalwechsel statt.
¿Quieres que **volvamos** ahora? *Willst du, dass wir jetzt* ***zurückgehen****?*
Esperad, ahora os traigo unas sillas para que os **sentéis**. *Wartet, ich bringe euch gleich ein paar Stühle, damit ihr euch* ***hinsetzen*** *könnt.*

Auch die Verben auf -ir mit Vokalwechsel e → ie und o → ue im Indikativ Präsens haben diesen Wechsel im Subjuntivo Präsens. Er betrifft alle Personen bis auf die 1. und 2. Person Plural, die einen Vokalwechsel von e → i bzw. o → u vollziehen. Die Verben mit Vokalwechsel e → i im Indikativ Präsens übernehmen diesen Wechsel ausnahmslos in allen Personen des Subjuntivo Präsens (▷ 12.1):

	Vokalwechsel e → ie **sentir** *fühlen*	Vokalwechsel o → ue **dormir** *schlafen*	Vokalwechsel e → i **repetir** *wiederholen*
yo	s**ie**nta	d**ue**rma	rep**i**ta
tú	s**ie**ntas	d**ue**rmas	rep**i**tas
él/ella/usted	s**ie**nta	d**ue**rma	rep**i**ta
nosotros/-as	s**i**ntamos	d**u**rmamos	rep**i**tamos
vosotros/-as	s**i**ntáis	d**u**rmáis	rep**i**táis
ellos/ellas/ustedes	s**ie**ntan	d**ue**rman	rep**i**tan

Indikativ: Siempre **duermes** bien. *Du* ***schläfst*** *immer gut.*
Subjuntivo: Me alegro de que siempre **duermas** bien. *Es freut mich sehr, dass du immer gut* ***schläfst****.*
Indikativ: Os **sentís** bien. *Ihr* ***fühlt*** *euch wohl.*
Subjuntivo: Me alegro de que os **sintáis** bien. *Es freut mich sehr, dass ihr euch wohl****fühlt****.*

Verben, die im Indikativ Präsens in der 1. Person Singular eine besondere, von den anderen Personen abweichende Unregelmäßigkeit zeigen, bilden den Subjuntivo Präsens mit diesem unregelmäßigen Stamm (▷ 12.1):

	caber *(hinein)passen* (Indikativ Präsens → quep-o)	**tener** *haben* (Indikativ Präsens → teng-o)	**salir** *ausgehen* (Indikativ Präsens → salg-o)
yo	**quep**-a	**teng**-a	**salg**-a
tú	**quep**-as	**teng**-as	**salg**-as
él/ella/usted	**quep**-a	**teng**-a	**salg**-a
nosotros/-as	**quep**-amos	**teng**-amos	**salg**-amos
vosotros/-as	**quep**-áis	**teng**-áis	**salg**-áis
ellos/ellas/ustedes	**quep**-an	**teng**-an	**salg**-an

Zu dieser Gruppe gehören auch folgende Verben:
caer *hinfallen*, decir *sagen*, hacer *machen*, oír *hören*, poner *stellen*, traer *(mit) bringen*, valer *kosten/wert sein*, venir *kommen*, ver *sehen*

Indikativ Präsens: **Te traigo** un libro. *Ich **bringe** dir ein Buch.*
Subjuntivo Präsens: No quiero que me **traigas** un libro. *Ich will nicht, dass du mir ein Buch **bringst**.*

B2

⚡ Verben, die die 1. Person Singular im Indikativ Präsens und im Indefinido aus phonetischen und orthografischen Gründen unregelmäßig bilden (▷ 12.1, 13.2), bilden den Subjuntivo Präsens ebenfalls mit diesem unregelmäßigen Stamm. Zum Beispiel:

Präsens c → zc	**Präsens g → j**	**Präsens gu → g**	**Indefinido c → qu**	**Indefinido g → gu**	**Indefinido z → c**
tradu**c**ir	esco**g**er	conse**gu**ir	to**c**ar	apa**g**ar	alcan**z**ar
übersetzen	*auswählen*	*erreichen*	*anfassen*	*ausschalten*	*(er)reichen*
tradu**zc**a	esco**j**a	consi**g**a	to**qu**e	apa**gu**e	alcan**c**e
tradu**zc**as	esco**j**as	consi**g**as	to**qu**es	apa**gu**es	alcan**c**es
tradu**zc**a	esco**j**a	consi**g**a	to**qu**e	apa**gu**e	alcan**c**e
tradu**zc**amos	esco**j**amos	consi**g**amos	to**qu**emos	apa**gu**emos	alcan**c**emos
tradu**zc**áis	esco**j**áis	consi**g**áis	to**qu**éis	apa**gu**éis	alcan**c**éis
tradu**zc**an	esco**j**an	consi**g**an	to**qu**en	apa**gu**en	alcan**c**en

Indefinido: Anoche no **apagué** la luz del salón. *Gestern Abend **habe** ich das Licht im Wohnzimmer nicht **ausgeschaltet**.*
Subj. Präs: Diles que **apaguen** la luz del salón. *Sag ihnen, sie **sollen** das Licht im Wohnzimmer **ausschalten**.*
Präsens: No **consigo** hablar con él. *Ich kann ihn nicht erreichen.*
Subj. Präs: No creo que **consiga** hablar con él esta semana. *Ich glaube nicht, dass ich ihn diese Woche **erreichen werde**.*

⚡ Die Verben dar *geben*, estar *sein*, haber *haben/sein*, ir *gehen*, saber *wissen* und ser *sein* sind im Subjuntivo Präsens vollkommen unregelmäßig:

dar	estar	haber	ir	saber	ser
dé	est-**é**	**hay**-a	**vay**-a	**sep**-a	**se**-a
des	est-**és**	**hay**-as	**vay**-as	**sep**-as	**se**-as
dé	est-**é**	**hay**-a	**vay**-a	**sep**-a	**se**-a
demos	est-**emos**	**hay**-amos	**vay**-amos	**sep**-amos	**se**-amos
deis	est-**éis**	**hay**-áis	**vay**-áis	**sep**-áis	**se**-áis
den	est-**én**	**hay**-an	**vay**-an	**sep**-an	**se**-an

B2

15.2 Der Subjuntivo Imperfekt

Formen

Der Subjuntivo Imperfekt aller regelmäßigen und unregelmäßigen Verben kann ganz einfach mit der 3. Person Plural des Indefinido (▶ 13.2) ohne die Endung -ron + den folgenden Personalendungen gebildet werden:

	habl-ar *sprechen* (Indef.: hablaron → habla-)	**beb-er** *trinken* (Indef.: bebieron → bebie-)	**recib-ir** *bekommen* (Indef.: recibieron → recibie-)
yo	habla-**ra**	bebie-**ra**	recibie-**ra**
tú	habla-**ras**	bebie-**ras**	recibie-**ras**
él/ella/usted	habla-**ra**	bebie-**ra**	recibie-**ra**
nosotros/-as	hablá-**ramos**	bebié-**ramos**	recibié-**ramos**
vosotros/-as	habla-**rais**	bebie-**rais**	recibie-**rais**
ellos/ellas/ustedes	habla-**ran**	bebie-**ran**	recibie-**ran**

Indefinido: Ellos no **dijeron** nada en absoluto. *Sie **haben** überhaupt nichts **gesagt**.*

Subj. Imperf.: No querían que **dijéramos** nada. *Sie wollten nicht, dass wir etwas **sagen**.*

Indefinido: No **pudieron** ir con nosotros de vacaciones. *Sie **konnten** nicht mit uns in Urlaub fahren.*

Subj. Imperf.: Siento que no **pudieras** despedirte de Miguel. *Es tut mir leid, dass du dich von Miguel nicht verabschieden **konntest**.*

Indefinido: No **supieron** lo que había ocurrido hasta el día siguiente. *Sie **erfuhren** bis zum nächsten Tag nicht, was geschehen war.*

Subj. Imperf.: Estaría bien que **supierais** manejar el ordenador correctamente. *Es wäre gut, wenn ihr den Computer richtig bedienen **könntet**.*

Zur Bildung des Subjuntivo Imperfekt können auch folgende Endungen herangezogen werden:

	habl-ar *sprechen*	**beb-er** *trinken*	**recib-ir** *bekommen*
yo	habla-**se**	bebie-**se**	recibie-**se**
tú	habla-**ses**	bebie-**ses**	recibie-**ses**
él/ella/usted	habla-**se**	bebie-**se**	recibie-**se**
nosotros/-as	hablá-**semos**	bebié-**semos**	recibié-**semos**
vosotros/-as	habla-**seis**	bebie-**seis**	recibie-**seis**
ellos/ellas/ustedes	habla-**sen**	bebie-**sen**	recibie-**sen**

In beiden Fällen sind die 1. und die 3. Person Singular jeweils gleich:
¿Querían que **Carmen preguntara/preguntase** a mi hermano? – No, querían que le **preguntara/preguntase yo**. *Wollten sie, dass Carmen meinen Bruder **fragte**? – Nein, sie wollten, dass ich ihn **fragte**.*

Die Betonung liegt immer auf dem letzten Vokal vor der Personalendung, wobei bei der 1. Person Plural ein Akzent zu setzen ist.
Nos llamó para que la **ayudáramos**. *Sie hat uns angerufen, damit wir ihr **helfen**.*

Beide Formen können unterschiedslos benutzt werden:
Yo no quería que **vinieras/vinieses** sola. *Ich wollte nicht, dass du alleine **kommst**.*

Ausnahme: Wird mit den Verben deber *sollen* und querer *mögen/wollen* eine höfliche Bitte, ein Ratschlag bzw. ein Wunsch ausgedrückt, dürfen nur die Formen auf -ra benutzt werden: C1
Debierais marcharos ya. *Ihr **solltet** schon einmal gehen.*
Quisiera enseñarte algo. *Ich **möchte** dir etwas zeigen.*

15.3 Der Subjuntivo Perfekt

B2

Formen

Der Subjuntivo Perfekt wird mit dem Subjuntivo Präsens von haber und dem Partizip (▷ 18.2) des jeweiligen Verbs gebildet:

		habl-ar *sprechen*	**beb-er** *trinken*	**recib-ir** *bekommen*
yo	**haya**	hablado	bebido	recibido
tú	**hayas**	hablado	bebido	recibido
él/ella/usted	**haya**	hablado	bebido	recibido
nosotros/-as	**hayamos**	hablado	bebido	recibido
vosotros/-as	**hayáis**	hablado	bebido	recibido
ellos/ellas/ustedes	**hayan**	hablado	bebido	recibido

B2

15.4 Der Subjuntivo Plusquamperfekt

Formen

Der Subjuntivo Plusquamperfekt wird mit dem Subjuntivo Imperfekt von haber und dem Partizip (▷ 18.2) des jeweiligen Verbs gebildet:

		habl-ar *sprechen*	**beb-er** *trinken*	**recib-ir** *bekommen*
yo	**hubiera/hubiese**	hablado	bebido	recibido
tú	**hubieras/hubieses**	hablado	bebido	recibido
él/ella/usted	**hubiera/hubiese**	hablado	bebido	recibido
nosotros/-as	**hubiéramos/hubiésemos**	hablado	bebido	recibido
vosotros/-as	**hubierais/hubieseis**	hablado	bebido	recibido
ellos/ellas/ustedes	**hubieran/hubiesen**	hablado	bebido	recibido

Si no **hubiera/hubiese llovido**, habríamos ido de excursión. ***Hätte*** *es nicht* ***geregnet****, hätten wir einen Ausflug gemacht.*

B2

15.5 Die Subjuntivo-Zeiten im Zeitensystem

Die Zeiten des Subjuntivo können die chronologische Zeit wie folgt ausdrücken:

Subjuntivo Präsens → Gegenwart + Zukunft

Espero que ya **estén** en casa. *Ich hoffe, dass sie schon zu Hause* ***sind.***
Ya hablaremos de eso cuando nos **volvamos** a ver la próxima semana. *Wir werden schon darüber reden, wenn wir uns nächste Woche* ***wiedersehen.***

Subjuntivo Imperfekt → Vergangenheit, auch Gegenwart + Zukunft

No puedo creer que os **marcharais** anoche tan pronto. *Ich kann nicht glauben, dass ihr gestern Abend so früh* ***weggegangen seid.***
Querías que **habláramos** ahora y por eso estoy aquí. *Du wolltest, dass wir jetzt* ***sprechen*** *und deswegen bin ich hier.*
Nos recomendaron que **fuéramos** mañana. *Sie haben uns empfohlen, morgen* ***hinzugehen.***

Subjuntivo Perfekt → Vergangenheit + auch Zukunft

Me alegro de que **hayas aprobado** el examen. *Es freut mich, dass du die Prüfung* ***bestanden hast.***
No creo que dentro de una hora ya **haya terminado** la conferencia. *Ich glaube nicht, dass die Tagung schon in einer Stunde* ***beendet sein wird.***

Subjuntivo Plusquamperfekt → Vergangenheit + auch Zukunft

No sabía que **hubieras estado** en Puerto Rico. *Ich wusste nicht, dass du in Puerto Rico **gewesen warst**.*
Si la semana que viene **hubiésemos/hubiéramos terminado** este trabajo, todos los problemas estarían solucionados. *Wenn wir nächste Woche mit dieser Arbeit **fertig wären**, wären alle Probleme gelöst.*

Die Zeiten des Indikativs und des Subjuntivo im Vergleich

Indikativ		Subjuntivo
Präsens **Vienen** hoy. *Sie **kommen** heute.*	→	Präsens Quizás **vengan** hoy. *Vielleicht **kommen** sie heute.*
Futur I **Vendrán** mañana. *Sie **werden** morgen **kommen**.*	→	Präsens Quizás **vengan** mañana. *Vielleicht **werden** sie morgen **kommen**.*
Perfekt **Han venido** hoy. *Sie **sind** heute **gekommen**.*	→	Perfekt Quizás **hayan venido** hoy. *Vielleicht **sind** sie heute **gekommen**.*
Imperfekt **Venían** todos los días. *Sie **kamen** jeden Tag.*	→	Imperfekt Quizás **vinieran** todos los días. *Vielleicht **kamen** sie jeden Tag.*
Indefinido **Vinieron** ayer. *Sie **sind** gestern **gekommen**.*	→	Imperfekt Quizás **vinieran** ayer. *Vielleicht **sind** sie gestern **gekommen**.*
Konditional I Dijeron que **vendrían** hoy. *Sie sagten, dass sie heute **kommen würden**.*	→	Imperfekt Dijeron que quizás **vinieran** hoy. *Sie sagten, dass sie vielleicht heute **kommen würden**.*
Futur II Mañana ya **habrán venido**. *Morgen **werden** sie schon **gekommen sein**.*	→	Perfekt Quizás mañana ya **hayan venido**. *Vielleicht **sind** sie morgen schon **gekommen**.*
Plusquamperfekt Cuando llamamos ya **habían venido**. *Als wir angerufen haben, **waren** sie schon **gekommen**.*	→	Plusquamperfekt Cuando llamamos quizás ya **hubieran venido**. *Als wir angerufen haben, **waren** sie vielleicht schon **gekommen**.*
Konditional II Dijeron que cuando llamáramos, ya **habrían venido**. *Sie sagten, dass wenn wir anrufen würden, sie schon **angekommen sein würden**.*	→	Plusquamperfekt Dijeron que cuando llamáramos, quizás ya **hubieran venido**. *Sie sagten, dass wenn wir anrufen würden, sie vielleicht schon **angekommen sein würden**.*

Zwischentest 15

B1 **1. Wie lautet die 1. Person Singular des Subjuntivo Präsens des Verbs tomar?**

a. tomo ☐ c. toma ☐
b. tomé ☐ d. tome ☐

B1 **2. Welche Endungen werden zur Bildung des Subjuntivo Präsens der Verben auf -er herangezogen?**

a. die Indikativ Präsensendungen der Verben auf -ar ☐
b. die Indikativ Präsensendungen der Verben auf -er ☐
c. die Indefinido-Endungen der Verben auf -ar ☐
d. die Indefinido-Endungen der Verben auf -er ☐

B1 **3. Welche Form gehört in die Lücke?**

Espero que .... bien esta noche.

a. dormís ☐ c. durmáis ☐
b. durmís ☐ d. duermáis ☐

B1 **4. Welches Verb ist regelmäßig?**

a. comenzar ☐ c. pasear ☐
b. sentarse ☐ d. pensar ☐

B1 **5. Wie bilden die Verben mit Vokalwechsel e → i im Indikativ Präsens den Subjuntivo Präsens?**

a. regelmäßig ☐
b. mit Vokalwechsel nur in der 1. und 2. Person Plural ☐
c. mit Vokalwechsel in allen Personen außer in der 1. und 2. Person Plural ☐
d. mit Vokalwechsel in allen Personen ☐

B1 **6. Zu welcher Gruppe gehört das Verb traer?**

a. entender, defender, perder, querer ☐
b. comer, leer, meter, aprender ☐
c. caer, poner, valer, hacer ☐
d. mover, volver, doler, soler ☐

B1 **7. Welche ist die richtige Form des Subjuntivo Präsens zur Ergänzung des Satzes?**

Vendrás cuando yo te lo ....

a. dica ☐ c. dega ☐
b. diga ☐ d. deca ☐

8. Welches Verb passt nicht zu den anderen? B2

a. pagar ☐
b. caminar ☐
c. aparcar ☐
d. avanzar ☐

9. Wie lautet die richtige Übersetzung des Satzes? B1

Ich kann nicht glauben, dass du nicht müde bist.

a. No puedo creer que no estes cansado. ☐
b. No puedo creer que no estas cansado. ☐
c. No puedo creer que no estés cansado. ☐
d. No puedo creer que no estoyes cansado. ☐

10. Welche Aussage ist richtig? B2

a. Der Subjuntivo Imperfekt hat zwei gleichbedeutende Formen. ☐
b. Der Subjuntivo Imperfekt hat immer nur eine regelmäßige Form. ☐
c. Der Subjuntivo Imperfekt ist immer unregelmäßig. ☐
d. Der Subjuntivo Imperfekt hat eine regelmäßige und eine unregelmäßige Form. ☐

11. Wie wird der Subjuntivo Perfekt gebildet? B2

a. mit dem Subjuntivo Imperfekt von ser oder haber + Partizip ☐
b. mit dem Subjuntivo Präsens von haber + Partizip ☐
c. mit dem Subjuntivo Imperfekt von haber + Partizip ☐
d. mit dem Subjuntivo Präsens von ser oder haber + Partizip ☐

12. Welches Subjuntivo-Tempus kann in Bezug auf die Zukunft benutzt werden? B2

a. alle ☐
b. nur das Präsens ☐
c. keine ☐
d. nur das Imperfekt ☐

13. Was ist die richtige Antwort auf die Frage? B2

¿Se verán todos los días?

a. Sí, quizás se vean todos los días. ☐
b. Sí, quizás se hubieran visto todos los días. ☐
c. Sí, quizás se hayan visto todos los días. ☐
d. Sí, quizás se vieran todos los días. ☐

Lösungen

1 d. 2 a. 3 c. 4 c. 5 d. 6 c. 7 b.
8 b. 9 c. 10 a. 11 b. 12 a. 13 a.

B2

16 Der Subjuntivo im Nebensatz

*Si **hubiera estado** presente en la Creación, habría dado algunas indicaciones útiles.*

Alfonso X el Sabio (1221–1284), rey de Castilla y León

***Wäre** ich bei der Schöpfung anwesend **gewesen**, hätte ich ein paar nützliche Vorschläge gemacht.*

Alfonso X, der Weise (1221–1284), König von Kastilien und León

G Der Subjuntivo wird fast ausschließlich in Nebensätzen verwendet. Die Art des Nebensatzes und das Auftreten bestimmter Konjunktionen ist entscheidend für die Verwendung des Subjuntivo.

Der Subjuntivo findet mehrheitlich in Nebensätzen Verwendung. Seltener tritt er in Hauptsätzen unter folgenden Bedingungen auf: B1

- mit ojalá *hoffentlich* eingeleitete Sätze:
  Ojalá **estén** bien. *Hoffentlich **geht's** ihnen gut.*
  ⚡ Der Subjuntivo Imperfekt wird gebraucht, wenn der Sachverhalt für unwahrscheinlich gehalten wird:
  Ojalá **estuvieran** bien. ***Ginge** es ihnen doch gut!*

- mit quizás, tal vez und acaso *vielleicht*, sowie posiblemente, probablemente und seguramente *wahrscheinlich* eingeleitete Sätze, in denen abhängig vom Wahrscheinlichkeitsgrad der Indikativ oder der Subjuntivo benutzt wird:
  - sehr wahrscheinlich → Indikativ:
    Quizás no **han llegado** aún. *Vielleicht sind sie noch nicht **angekommen**.*
    (Sie sind wahrscheinlich noch nicht angekommen.)
  - kaum wahrscheinlich → Subjuntivo:
    Quizás no **hayan llegado** aún. *Vielleicht **sind** sie noch nicht **angekommen**.*
    (Sie sind wahrscheinlich angekommen.)

16.1 Der Subjuntivo im Que-Satz B1

Der Subjuntivo tritt im Nebensatz mit que auf, wenn im Hauptsatz folgende Verben erscheinen:

Verben des Wünschens

Mit den Verben des Wünschens äußert man Wünsche, Befehle, Verbote, Erlaubnisse oder Vorschläge. Dazu zählen:

aconsejar *empfehlen*	aprobar *gutheißen, billigen*	conseguir *erreichen*
esperar *hoffen*	intentar *versuchen*	mandar *befehlen*
necesitar *brauchen*	ordenar *befehlen*	pedir *bitten*
permitir *erlauben*	prohibir *verbieten*	proponer *vorschlagen*
querer *wollen*	rogar *bitten*	suplicar *flehen*

No **quiero** que **vengas** solo. *Ich **möchte** nicht, dass du allein **kommst**.*
Nos **pidieron** que **volviéramos** a llamar. *Sie **baten** uns darum, wieder anzurufen.*

⚡ Ist das Subjekt von Haupt- und Nebensatz identisch, wird anstatt que + Subjuntivo der Infinitiv verwendet:
No **quiero ir** solo. ***Ich möchte** nicht allein **gehen**.*

Verben der Gefühlsäußerung

Verben des subjektiven Empfindens, mit denen eine Reaktion auf den im Nebensatz dargestellten Sachverhalt geäußert wird, sind u. a.:

aburrir *langweilen*	alegrar(se) *(sich) freuen*	apenar *bekümmern*
consolar *trösten*	divertir *amüsieren*	doler *leid tun*
encantar *sehr mögen*	extrañar(se) *(sich) wundern*	gustar *mögen*
interesar *interessieren*	lamentar *bedauern*	molestar *stören*
preferir *bevorzugen*	sorprender *überraschen*	sentir *bedauern*

Me encanta que me **llames** todos los días. *Ich **mag es sehr**, dass du mich jeden Tag **anrufst**.*
Siento que no **pudieras** estar presente. *Ich **bedauere**, dass du nicht **dabei sein konntest**.*

⚡ Auch in diesem Fall wird anstelle der Konstruktion que + Subjuntivo der Infinitiv verwendet, wenn das Subjekt von Haupt- und Nebensatz übereinstimmt:
Me encanta llamarte todos los días. ***Ich mag** dich **gerne** jeden Tag **anrufen**.*

⚡ Zum Ausdruck eines Wunsches wird im Spanischen häufig der Hauptsatz ausgelassen:
¡Que te **diviertas**! (Te deseo que te diviertas.) *Viel Spaß! (Ich wünsche dir viel Spaß.)*
¡Que **tengas** buen viaje! (Te deseo que tengas buen viaje.) *Gute Reise! (Ich wünsche dir eine gute Reise.)*

Ausdruck der wertenden Stellungnahme

Unter diese Kategorie fallen Verben wie parecer *finden* oder considerar *der Ansicht sein* + wertendes Adjektiv, Substantiv oder Adverb, mit denen Stellung zum Sachverhalt des Nebensatzes bezogen wird. Ebenso unpersönliche Ausdrücke mit ser *sein*, estar *sein* + Adjektiv, Substantiv oder Adverb wie:

es (me parece) normal *es ist normal/ich finde…*
está (me parece) bien *es ist gut/ich finde …*
es (me parece) lógico *es ist logisch/ich finde …*
es (me parece) una pena *es ist schade/ich finde …*
es (me parece) aconsejable *es ist ratsam/ich finde …*
es (me parece) importante *es ist wichtig/ich finde …*
es (me parece) justo *es ist gerecht/ich finde …*
es (me parece) extraño *es ist seltsam/ich finde …*
parece adecuado *es scheint angemessen*
es (me parece) mejor *es ist besser/ich finde …*

Me parece una pena que no **hayáis participado** en el concurso. ***Ich finde es schade**, dass ihr nicht am Wettbewerb **teilgenommen habt**.*
Es mejor que lo **hagas** tú. ***Es ist besser**, wenn du das **machst**.*
Está bien que **quieran** ayudar a sus amigos. ***Es ist gut**, dass sie ihren Freunden helfen **möchten**.*

Ausdruck der Wahrscheinlichkeit bzw. Unwahrscheinlichkeit

Dazu gehören neben dem Verb dudar *(be)zweifeln* die folgenden unpersönlichen Ausdrücke:

es posible *es ist möglich*	es probable *es ist wahrscheinlich*
es imposible *es ist unmöglich*	es improbable *es ist unwahrscheinlich*
está difícil *es ist schwierig*	hay posibilidades *es gibt die Möglichkeit*

Es imposible que **venga** ella. ***Es ist unmöglich,*** *dass sie* ***kommt.***
Dudo que me **acompañen.** *Ich* ***bezweifle,*** *dass sie mich begleiten.*

⚡ Unpersönliche Ausdrücke, die Gewissheit oder Sicherheit ausdrücken, verlangen den Indikativ:
Está claro que **quieren** marcharse. ***Es ist klar,*** *dass sie weggehen* ***wollen.***
Es verdad que no **sabíamos** nada. ***Es ist wahr,*** *dass wir nichts* ***wussten.***

Werden diese Ausdrücke jedoch verneint, drücken sie keine Gewissheit oder Sicherheit aus und erfordern daher den Subjuntivo:
No está claro que **quieran** marcharse. ***Es ist nicht klar,*** *dass sie weggehen* ***wollen.***
No es verdad que no **supiéramos** nada. ***Es ist nicht wahr,*** *dass wir nichts* ***wussten.***

Verben des Sagens, Denkens und Glaubens

Verben des Sagens und Denkens ziehen den Subjuntivo im Nebensatz nach sich, wenn sie verneint auftreten. Dazu gehören:

admitir *zugeben*	afirmar *behaupten*	comunicar *mitteilen*
confesar *(ein)gestehen*	creer *glauben*	decir *sagen*
pensar *denken*	opinar *meinen*	parecer *finden/meinen*
saber *wissen*	sospechar *vermuten*	revelar *offenbaren*
imaginar(se) *vermuten/sich vorstellen*		sostener *behaupten*
suponer *annehmen/vermuten*		

No creo que **tengan** dos hijas. ***Ich glaube nicht,*** *dass sie zwei Töchter* ***haben.***
Aber: **Creo** que **tienen** dos hijas. ***Ich glaube,*** *dass sie zwei Töchter* ***haben.***

⚡ Auch der Indikativ kann im Nebensatz stehen, wenn das Verb des Hauptsatzes negiert ist. Damit geht jedoch ein Bedeutungsunterschied einher. Vergleichen Sie: C2
Alberto **no cree** que **tienen** dos hijas. *Alberto glaubt nicht, dass sie zwei Töchter haben.* (Indikativ, der Sprecher informiert über die Tatsache, dass es zwei Töchter gibt und drückt gleichzeitig aus, dass Alberto dies nicht glaubt.)
Alberto **no cree** que **tengan** dos hijas. *Alberto glaubt nicht, dass sie zwei Töchter* ***haben.*** (Subjuntivo, der Sprecher sagt nicht, ob es wirklich zwei Töchter gibt, sondern nur, dass Alberto dies nicht glaubt.)

B2 ⚡ Einige Verben dieser Gruppe können auch einen auffordernden Charakter annehmen. In diesem Fall tritt im Nebensatz der Subjuntivo auf, selbst wenn sie in der bejahten Form stehen:
Han dicho que **vengas** hoy. *Sie **haben gesagt**, dass du heute **kommen sollst**.*
Aber: **Han dicho** que **vienes** esta tarde. *Sie **haben gesagt**, dass du heute Nachmittag **kommst**.*

B2 16.2 Der Subjuntivo im Temporalsatz

Temporalsätze erfordern den Subjuntivo, wenn sie sich auf die Zukunft beziehen:
Haré un viaje cada vez que **tenga** vacaciones. *Jedes Mal, wenn ich Urlaub **haben werde**, werde ich eine Reise machen.*
Aber: Hago un viaje cada vez que **tengo** vacaciones. *Jedes Mal, wenn ich Urlaub **habe**, mache ich eine Reise.*
Hacía un viaje cada vez que **tenía** vacaciones. *Jedes Mal, wenn ich Urlaub **hatte**, machte ich eine Reise.*

Temporalsätze mit antes de que *bevor* und C1 a que *bis* werden immer mit dem Subjuntivo gebildet:
Conocí a mi marido antes de que se **fuera a vivir** a México. *Ich habe meinen Mann kennengelernt, bevor er nach Mexiko **gezogen ist**.*

⚡ Wird der Nebensatz durch eine zusammengesetzte Temporalkonjunktion mit que (▶ 22.2) eingeleitet und ist das Subjekt im Haupt- und Nebensatz identisch, kann auch – unter Wegfall von que – die Konjunktion + Infinitiv benutzt werden:
Vuelvo al trabajo después de que he comido/**después de comer**. *Ich gehe nachdem ich gegessen habe/nach dem Essen zur Arbeit zurück.*
Trabajaré hasta que esté/**hasta estar** agotada. *Ich werde bis ich erschöpft bin/zur Erschöpfung arbeiten.*

B2 16.3 Der Subjuntivo im Finalsatz

Finalsätze werden immer mit dem Subjuntivo gebildet:
Te lo digo para que lo **sepas**. *Ich sage es dir, damit du es **weißt**.*
He hablado con él a fin de que se **tranquilice**. *Ich habe mit ihm gesprochen, damit er sich **beruhigt**.*
⚡ Ist das Subjekt von Haupt- und Nebensatz gleich, schließt der Infinitiv ohne que an die Finalkonjunktion an:
He comprado un coche **para ir** de vacaciones. *Ich habe ein Auto gekauft, um in Urlaub zu **fahren**.*
Doy un paseo todos los días **a fin de relajarme**. *Ich mache jeden Tag einen Spaziergang, **um** mich **zu entspannen**.*

16.4 Der Subjuntivo im Konzessivsatz

C1

Konzessivsätze, die mit (aun) a riesgo de que *auf die Gefahr hin, dass*, así *und wenn* und por (muy) + Adjektiv + que *so* + Adjektiv + *jdn./etw. auch sein mag* eingeleitet werden, erfordern immer den Subjuntivo:
Aun a riesgo de que me **despidan**, no iré a trabajar. ***Auf die Gefahr hin, dass*** *ich* ***entlassen werde****, werde ich nicht arbeiten gehen.*
No les dirá la verdad **así** lo **maten.** *Er wird ihnen die Wahrheit nicht sagen,* ***und wenn*** *sie ihn* ***töten****.*
Por muy inteligente que sea, nunca resolverá ese problema. ***So intelligent er auch sein mag****, er wird dieses Problem nie lösen.*

⚡ Konstruktionen wie cueste lo que cueste *koste es, was es wolle*, quieras o no quieras *ob du willst oder nicht*, pase lo que pase *egal was geschieht* usw. haben eine konzessive Bedeutung und stehen immer im Subjuntivo:
Ganaremos el premio **cueste lo que cueste**. *Wir werden den Preis gewinnen,* ***koste es, was es wolle.***
No cambiaré de opinión **digas lo que digas**. ***Egal was du sagst****, ich werde meine Meinung nicht ändern.*

⚡ Konzessivsätze mit aunque *obwohl/selbst wenn* werden mit dem Subjuntivo gebildet, wenn die Gesprächspartner den Sachverhalt des Nebensatzes kennen oder wenn er allen unbekannt ist:
María: Aunque en este período **estoy** muy cansada, voy a ayudarle. ¿Tú qué opinas? *Obwohl ich zurzeit sehr müde* ***bin****, werde ich ihm helfen. Was meinst du?*
Pedro: Yo también creo que aunque en este período **estés** muy cansada tienes que ayudarle. *Ich glaube auch, dass du ihm helfen muss, obwohl du zurzeit sehr müde* ***bist****.*
María geht davon aus, dass Pedro nicht weiß, dass sie müde ist, sie informiert ihn → Indikativ. Pedro weiß Bescheid, dass María müde ist → Subjuntivo.

¿No sabes si va a llover mañana? Yo tampoco, pero aunque **llueva** iremos de excursión al campo. *Du weißt nicht, ob es morgen regnen wird? Ich auch nicht, aber selbst wenn es morgen* ***regnet****, werden wir den Ausflug aufs Land machen.*
In diesem Beispiel wissen beide Gesprächspartner nicht, ob es morgen regnen wird oder nicht → Subjuntivo.

Drückt der Nebensatz eine unwahrscheinliche oder unmögliche Einräumung aus, steht der Subjuntivo Imperfekt bzw. Plusquamperfekt:
Aunque lo **supiéramos**, no podríamos hacer nada. *Selbst wenn wir es* ***wüssten****, könnten wir nichts tun.*
Aunque lo **hubiéramos sabido**, no habríamos podido hacer nada. *Selbst wenn wir es* ***gewusst hätten****, hätten wir nichts machen können.*

B2

16.5 Der Subjuntivo im Konditionalsatz

Alle Konditionalkonjunktionen (▷ 22.2) außer si *wenn* verlangen den Subjuntivo:
Te ayudaré **con tal de que** luego me **ayudes** tú a mí. *Ich werde dir helfen* ***vorausgesetzt, dass*** *du mir später* ***helfen wirst.***
Iré a verte **en caso de que tenga** tiempo. *Ich werde dich besuchen,* ***falls*** *ich Zeit* ***habe.***

Der Subjuntivo im Si-Satz
In Si-Sätzen tritt der Subjuntivo nur dann auf, wenn der Sprecher die Erfüllung einer Bedingung für unwahrscheinlich hält:
Si **fuera** a Guatemala, visitaría a tus amigos. *Wenn ich nach Guatemala* ***reisen würde,*** *würde ich deine Freunde besuchen.*
Aber: Si voy a Guatemala, **visitaré** a tus amigos. *Wenn ich nach Guatemala reise,* ***werde*** *ich deine Freunde* ***besuchen.***

Konnte eine Bedingung in der Vergangenheit nicht verwirklicht werden, steht im Nebensatz der Subjuntivo Plusquamperfekt:
Si **hubiera ido** a Guatemala, habría visitado a tus amigos. ***Wäre*** *ich nach Guatemala* ***gereist,*** *hätte ich deine Freunde besucht.*
In diesen Sätzen kann der Subjuntivo Plusquamperfekt auch im Hauptsatz anstatt des Konditional II benutzt werden:
Si hubiera ido a Guatemala, **hubiera visitado** a tus amigos. *Wäre ich nach Guatemala gereist,* ***hätte*** *ich deine Freunde* ***besucht.***

B2

16.6 Der Subjuntivo im Relativsatz

Verneinte Bezugswörter im Hauptsatz erfordern den Einsatz des Subjuntivo im Relativsatz:
No hay **nadie** que **sepa** cantar mejor que él. *Es gibt niemanden, der besser singen* ***kann*** *als er.*

Der Subjuntivo steht auch, wenn das Bezugswort unbestimmt ist:
Busco un profesor que **sepa** hablar bien español. *Ich suche einen Lehrer, der gut Spanisch sprechen* ***kann.***
Aber: Busco al profesor que **sabe** hablar bien español. *Ich suche den Lehrer, der gut Spanisch sprechen* ***kann.***

B2

16.7 Die Zeitenfolge im Nebensatz mit Subjuntivo

Im bedingenden Haupt-Nebensatz-Gefüge ist die Zeitform im Hauptsatz entscheidend für die des Subjuntivo im Nebensatz.

Man unterscheidet zwischen zwei Gruppen von Zeitformen im Hauptsatz.

Verb im Hauptsatz:		Verb im Nebensatz:
Präsens Perfekt Futur I und II Imperativ	→	alle Subjuntivo-Formen möglich

- Der Subjuntivo Präsens steht, wenn die Handlung im Nebensatz gleichzeitig oder nach der Handlung im Hauptsatz stattfindet:
  - Gleichzeitigkeit: **Diles** que **vengan** ahora mismo. ***Sag*** *ihnen, sie* ***sollen*** *sofort* ***kommen.***
  - Nachzeitigkeit: **Han dicho** que **vayamos** a tu casa esta noche. *Sie* ***haben gesagt****, dass wir heute Abend zu dir* ***gehen sollen.***
- Der Subjuntivo Imperfekt tritt hingegen auf, wenn die Handlung im Nebensatz vor der des Hauptsatzes stattfindet, wenn also eine Vorzeitigkeit vorliegt:
  No creo que Juan nos **llamara** anoche. *Ich* ***glaube nicht****, dass Juan uns gestern Abend* ***angerufen hat.***
- Der Subjuntivo Perfekt drückt eine vor Kurzem abgeschlossene Handlung oder Vorzeitigkeit in der Zukunft aus:
  No creo que **hayan comido** ya. *Ich glaube nicht, dass sie schon* ***gegessen haben.***
  Me llamarán cuando **hayan terminado.** *Sie werden mich anrufen, wenn* ***sie fertig sind.***
- Der Subjuntivo Plusquamperfekt steht bei Vorzeitigkeit in der Vergangenheit:
  No creerán **que** Fernando **hubiera nacido** ya ese año. *Sie* ***werden nicht glauben****, dass Fernando im diesen Jahr schon* ***geboren war.***

Verb im Hauptsatz:		Verb im Nebensatz:
Indefinido Imperfekt Plusquamperfekt Konditional I und II	→	Subjuntivo Imperfekt oder Subjuntivo Plusquamperfekt

- Der Subjuntivo Plusquamperfekt steht bei Vorzeitigkeit bezüglich der Handlung im Hauptsatz:
  Sentí mucho que te **hubieras marchado** el día antes. *Es* ***tat*** *mir sehr* ***leid****, dass du am Tag zuvor* ***abgereist warst.***
  Me **habría gustado** que no te **hubieras marchado** el día antes. *Es* ***hätte*** *mir* ***gefallen****, wenn du am Tag zuvor nicht* ***abgereist wärest.***
- In allen anderen Fällen wird im Nebensatz der Subjuntivo Imperfekt benutzt:
  Pensaba decírselo cuando **llegaran**. *Ich* ***wollte*** *es ihnen* ***sagen****, wenn sie* ***ankommen.***
  Habría salido aunque **lloviera**. *Ich* ***wäre ausgegangen****, selbst wenn es* ***regnete.***

Zwischentest 16

B1 **1. Wann tritt in Sätzen, die mit ojalá eingeleitet werden, der Subjuntivo auf?**

a. immer ☐
b. nie ☐
c. wenn der Sachverhalt unwahrscheinlich ist ☐
d. wenn der Sachverhalt unmöglich ist ☐

B1 **2. Welches Verb verlangt in der bejahten Form keinen Subjuntivo im Que-Satz?**

a. molestar ☐
b. creer ☐
c. prohibir ☐
d. pedir ☐

B1 **3. Welcher Satz ist richtig?**

a. No quiero que voy al cine. ☐
b. No quiero que yo vaya al cine. ☐
c. No quiero ir al cine. ☐
d. No quiero que ir al cine. ☐

B1 **4. In welchem Satz darf kein Subjuntivo stehen?**

a. Es importante que vengan mañana. ☐
b. Está claro que vengan mañana. ☐
c. Es probable que vengan mañana. ☐
d. Es imposible que vengan mañana. ☐

B2 **5. Wie übersetzen Sie den Satz ins Spanische?**

Sag ihm, er solle mich anrufen.

a. Dile que me llama. ☐
b. Dile que me llamé. ☐
c. Dile que me llame. ☐
d. Dile que me llamo. ☐

B2 **6. Wann tritt der Subjuntivo in Temporalsätzen auf?**

a. immer ☐
b. nie ☐
c. bei Bezug auf die Zukunft ☐
d. abhängig von der Temporalkonjunktion ☐

B2 **7. Wie muss der Satz ergänzt werden?**

Me encantó verte antes de que ....

a. te marcharas ☐
b. te marchaste ☐
c. te marcharás ☐
d. te marches ☐

8. Welche Aussage über Finalsätze trifft zu? B2

a. Sie verwenden den Subjuntivo nur in Bezug auf die Zukunft. ☐
b. Sie verwenden den Subjuntivo nur in Bezug auf die Vergangenheit. ☐
c. Sie werden nie mit dem Subjuntivo gebildet. ☐
d. Sie werden immer mit dem Subjuntivo gebildet. ☐

9. Welcher Satzteil passt in die Lücke? B2

Me he comprado un coche ....

a. para que voy a trabajar ☐
b. para que yo vaya a trabajar ☐
c. para que ir a trabajar ☐
d. para ir a trabajar ☐

10. Wann steht der Subjuntivo in Sätze mit aunque? C1

a. Wenn der Sachverhalt nur dem Sprecher bekannt ist. ☐
b. Wenn der Sachverhalt Sprecher und Hörer bekannt ist. ☐
c. Immer. ☐
d. Nie. ☐

11. Wie ist die Aussage zu ergänzen? B2

Alle Konditionalkonjunktionen ....

a. erfordern den Subjuntivo ☐
b. bis auf si verlangen den Subjuntivo ☐
c. werden mit dem Indikativ gebraucht ☐
d. werden in Bezug auf die Zukunft mit dem Subjuntivo gebraucht ☐

12. In welchem Relativsatz ist der Subjuntivo richtig verwendet? B2

a. Busco una secretaria que sepa hablar alemán. ☐
b. Busco la secretaria que sepa hablar alemán. ☐
c. Busco una secretaria que supiera hablar alemán. ☐
d. Busco la secretaria que supiera hablar alemán. ☐

13. Ergänzen Sie den folgenden Konditionalsatz. B2

Si hubiera estado aquí, ...

a. te había acompañado ☐
b. te haya acompañado ☐
c. te acompañaré ☐
d. te habría acompañado ☐

Lösungen

1 a. 2 b. 3 c. 4 b. 5 c. 6 c. 7 a.
8 d. 9 d. 10 b. 11 b. 12 a. 13 d.

A2

17 Der Imperativ

No dejes *apagar el entusiasmo,*
virtud tan valiosa como necesaria;
trabaja, aspira, tiende *siempre*
hacia la altura.

Rubén Darío (1867–1916), poeta nicaragüense

Lass *eine wertvolle und nötige Tugend wie die Begeisterung* ***nicht*** *auslöschen:* ***arbeite, sei*** *ehrgeizig,* ***strebe*** *immer nach oben.*

Rubén Darío (1867–1916), nicaraguanischer Dichter

G Der Imperativ dient zur Aufforderung und zum Ausdruck von Befehlen. Formal unterscheidet man im Spanischen zwischen bejahtem und verneintem Imperativ.

17.1 Der bejahte Imperativ

A2

Formen

Der bejahte Imperativ hat im Spanischen fünf Formen: die Du-Form im Singular und Plural, die Sie-Form im Singular und Plural und die Wir-Form.

Der Imperativ der 2. Person Singular und Plural (Du-Form)

Der Imperativ der 2. Person Singular stimmt mit der 3. Person Singular des Indikativ Präsens überein:

	3. Pers. Sing. Ind. Präsens →	Imperativ der 2. Pers. Sing.
Verben auf -ar	**él habla** *er spricht*	**¡Habla!** *Sprich!*
Verben auf -er	**él bebe** *er trinkt*	**¡Bebe!** *Trink!*
Verben auf -ir	**él escribe** *er schreibt*	**¡Escribe!** *Schreib!*

¡Come un poco más! ***Iss*** *ein bisschen mehr!*
¡Cierra la puerta! ***Mach*** *die Tür zu!*

Alle Verben mit Vokalwechsel im Indikativ Präsens (▶ 12.1) zeigen diese Unregelmäßigkeit ebenfalls im Imperativ:

Indikativ Präsens: Carmelo **vuelve** todos los días a casa a las cinco. *Carmelo* ***kommt*** *jeden Tag um 5 Uhr nach Hause* ***zurück****.*
Imperativ: **¡Vuelve** a casa a las 5! ***Komm*** *um 5 Uhr nach Hause* ***zurück****!*

Die Verben decir *sagen*, hacer *machen*, ir *gehen*, poner *stellen*, salir *ausgehen*, ser *sein*, tener *haben* und venir *kommen* bilden den Imperativ der 2. Person Singular unregelmäßig:

decir	hacer	ir	poner	salir	ser	tener	venir
¡Di! *Sag!*	**¡Haz!** *Mach!*	**¡Ve!** *Geh!*	**¡Pon!** *Stell!*	**¡Sal!** *Geh aus!*	**¡Sé!** *Sei!*	**¡Ten!** *Nimm!/Hab!*	**¡Ven!** *Komm!*

¡Di lo que piensas! ***Sag****, was du denkst!*
¡Ten un poco de paciencia! ***Hab*** *ein bisschen Geduld!*

Der Imperativ der 2. Person Plural wird gebildet, indem man die Infinitivendung -r durch -d ersetzt:

	Infinitiv →	Imperativ der 2. Person Plural
Verben auf -ar	habla-r *sagen*	**¡Hablad!** *Sprecht!*
Verben auf -er	bebe-r *trinken*	**¡Bebed!** *Trinkt!*
Verben auf -ir	escribi-r *schreiben*	**¡Escribid!** *Schreibt!*

¡Venid aquí ahora mismo! ***Kommt*** *sofort hierher!*

◐ Ausnahme: Bei den reflexiven Verben entfällt das -d der 2. Person Plural vor dem Reflexivpronomen:
lavar *waschen*: ¡**Lavad** las manos al niño! *Wascht dem Kind die Hände!*
lavarse *sich waschen*: ¡**Lavaos** las manos! *Wascht euch die Hände!*

Die reflexiven Verben auf -ir tragen in diesem Fall immer einen Akzent:
¡Sentíos como en vuestra casa! ***Fühlt euch** wie zu Hause!*
◐ Ausnahme: Das Verb irse *(weg)gehen* behält die Endung auf -d. Diese Form wird jedoch selten gebraucht:
¡**Idos**! no vale la pena esperarlos más. ***Geht**! Es lohnt sich nicht, länger auf sie zu warten.*

B1

Der Imperativ der 3. Person Singular und Plural (Sie-Form)

Der Imperativ der Höflichkeitsformen ist identisch mit der jeweiligen Person des Subjuntivo Präsens (▷ 15.1):

	Subjuntivo Präsens		→	Imperativ der Höflichkeitsformen
Verben auf -ar	Sing.	usted hable		**¡Hable (usted)!** *Sprechen Sie!*
	Pl.	ustedes hablen		**¡Hablen (ustedes)!** *Sprechen Sie!*
Verben auf -er	Sing.	usted beba		**¡Beba (usted)!** *Trinken Sie!*
	Pl.	ustedes beban		**¡Beban (ustedes)!** *Trinken Sie!*
Verben auf -ir	Sing.	usted escriba		**¡Escriba (usted)!** *Schreiben Sie!*
	Pl.	ustedes escriban		**¡Escriban (ustedes)!** *Schreiben Sie!*

¡**Abra** la puerta y **entre**! ***Machen Sie** die Tür auf und **kommen Sie herein**!*
¡**Siéntese** aquí a mi lado! ***Setzen Sie** sich hier neben mir **hin**!*
¡**Vengan** conmigo! ***Kommen Sie** mit mir!*
¡**Aparque** el coche aquí! ***Parken Sie** den Wagen hier!*
¡**Vayan** a casa! ***Gehen Sie** nach Hause!*

B1

Der Imperativ der 1. Person Plural (Wir-Form)

Wie im Deutschen kann auch im Spanischen eine Aufforderung an eine Gruppe, zu der der Sprecher selbst gehört, gerichtet werden.
Diese Form des Befehls stimmt immer mit der 1. Person Plural des Subjuntivo Präsens überein:

	Subjuntivo Präsens	→	Imperativ der 1. Person Plural
Verben auf -ar	nosotros hablemos		**¡Hablemos!** *Sprechen wir!*
Verben auf -er	nosotros bebamos		**¡Bebamos!** *Trinken wir!*
Verben auf -ir	nosotros escribamos		**¡Escribamos!** *Schreiben wir!*

¡**Bebamos** una cerveza! ***Trinken wir** ein Bier!/**Lasst uns** ein Bier **trinken**!*

Stellung der Personalpronomen

Das Subjektpronomen wird in der Regel ausgelassen:
¡Llama mañana! *Ruf morgen an!*
¡Llame (usted) mañana! *Rufen Sie morgen an!*
¡Llamemos mañana! *Lasst uns morgen anrufen!*
¡Llamad mañana! *Ruft morgen an!*
¡Llamen (ustedes) mañana! *Rufen Sie morgen an!*

Unbetonte Objekt- und Reflexivpronomen werden an die Imperativform angehängt:
¡Tráe**me** un vaso de agua! *Bring **mir** ein Glas Wasser!*
¡Pon**te** la camisa! *Ziehe **dir** das Hemd an!*

Beim Anhängen der unbetonten Objekt- bzw. Reflexivpronomen kann es nötig werden, einen Akzent zu setzen (▷ 1.2.1):
¡Preg**ú**ntaselo a tus amigos! *Frag deine Freunde danach!*
¡Ay**ú**dame a levantarme! *Hilf mir aufzustehen!*

Beim Imperativ der 1. Person Plural entfällt das -s am Ende, wenn die Personalpronomen nos und se angehängt werden: B2
¡Vayámo**nos** de viaje! *Lasst **uns** verreisen!*
¡Digámo**se**lo a tu hermano! *Sagen wir **es** deinem Bruder!*

Beim Anhängen des Personalpronomens nos behält hingegen die 3. Person Plural das endende -n. Dadurch ist es möglich, Singular und Plural der Höflichkeitsformen voneinander zu unterscheiden:
Usted: ¡Dé**nos**lo a nosotros! *Geben Sie es **uns**!*
Ustedes: ¡Dén**nos**lo a nosotros! *Geben Sie es **uns**!*

Gebrauch

Mit dem bejahten Imperativ kann ausgedrückt werden:

- eine Bitte:
  ¡**Dame** el libro, por favor! ***Gib** mir das Buch, bitte!*
  ¡**Pásame** la sal, por favor! ***Reich** mir bitte das Salz!*

- ein Ratschlag:
  Compradle al niño unas golosinas, se pondrá muy contento. ***Kauft** dem Kind doch ein paar Süßigkeiten, es wird sich darüber sehr freuen.*
  Si estás cansado, **vete** a dormir. *Wenn du müde bist, **geh** schlafen.*

- ein Befehl:
  ¡**Recoge** todas tus cosas y **márchate**! ***Räume** deine Sachen **weg** und **geh**!*
  ¡**Cállate** y **escúchame**! ***Sei** still und **hör** mir **zu**!*

- eine Einladung:
  ¡**Vayamos** a tomar un café! ***Lasst uns** einen Kaffee trinken gehen!*

¡Vengan a mi casa a comer el domingo! ***Kommen Sie*** *am Sonntag zu mir zum Mittagsessen!*

- eine Anweisung:
  Para apagar el aparato, **pulse** la tecla roja. ***Drücken Sie*** *die rote Taste, um das Gerät auszuschalten.*
  Coge el metro (línea 5) y **bájate** en la Plaza del Collado. ***Nimm*** *die U-Bahn (Linie 5) und* ***steig*** *am Plaza del Collado* ***aus.***

- eine Erlaubnis:
  ¡Pase, por favor! ***Kommen Sie*** *bitte* ***herein!***
  In diesem Fall wird der Imperativ häufig auch wiederholt:
  ¡Siéntense, siéntense! ***Nehmen Sie*** *(doch) bitte Platz!*

B1 Anstelle des bejahten Imperativs können folgende andere Formen als Ersatz gebraucht werden:

- ir a + Infinitiv; diese Form ersetzt in der gesprochenen Sprache die 1. Person Plural:
  ¡Vamos a tomar una cerveza! ***Lasst uns*** *ein Bier* ***trinken!***
  ¡Vamos a comer una pizza a ese restaurante nuevo! ***Lasst uns*** *in diesem neuen Restaurant eine Pizza* ***essen gehen!***

- a + Infinitiv; diese Form wird ebenfalls umgangssprachlich verwendet:
  ¡A callar! *Ruhe!*
  ¡A dormir! *Ins Bett!*

- que + Subjuntivo:
  ¡Que te calles! *Sei still!*
  ¡Que te vayas a dormir! *Geh ins Bett!*

  Bei diesen Formen handelt es sich eigentlich um Aufforderungssätze, in denen der Hauptsatz weggelassen worden ist:
  Te digo (pido, mando) que te calles. *Ich sage (bitte, befehle) dir, du sollst still sein.*
  Te digo (pido, mando) que te vayas a dormir. *Ich sage (bitte, befehle) dir, du sollst ins Bett gehen.*

- Der bejahte Imperativ der 3. Person Singular und Plural (Höflichkeitsform) wird häufig ersetzt:
  Imperativform: **Abra** la puerta del garaje, por favor. ***Machen Sie*** *bitte das Garagentor* ***auf.***
  Ersatzformen: **¿Me hace el favor de** abrir la puerta del garaje? ***Wären Sie so freundlich,*** *das Garagentor aufzumachen?*
  ¿Abre la puerta del garaje, por favor? ***Würden Sie*** *bitte das Garagentor aufmachen?*

17.2 Der verneinte Imperativ

B1

Formen

Die verneinte Form des Imperativs wird immer mit der Negationspartikel no *nicht* und der jeweiligen Person des Subjuntivo Präsens (▶ 15.1) gebildet:

	Subjuntivo Präsens	→	Verneinter Imperativ
Verben auf -ar	tú hables		**¡No hables!** *Sprich nicht!*
	usted hable		**¡No hable (usted)!** *Sprechen Sie nicht!*
	vosotros habléis		**¡No habléis!** *Sprecht nicht!*
	ustedes hablen		**¡No hablen (ustedes)!** *Sprechen Sie nicht!*
Verben auf -er	tú bebas		**¡No bebas!** *Trink nicht!*
	usted beba		**¡No beba (usted)!** *Trinken Sie nicht!*
	vosotros bebáis		**¡No bebáis!** *Trinkt nicht!*
	ustedes beban		**¡No beban (ustedes)!** *Trinken Sie nicht!*
Verben auf -ir	tú escribas		**¡No escribas!** *Schreib nicht!*
	usted escriba		**¡No escriba (usted)!** *Schreiben Sie nicht!*
	vosotros escribáis		**¡No escribáis!** *Schreibt nicht!*
	ustedes escriban		**¡No escriban (ustedes)!** *Schreiben Sie nicht!*

¡No comas tan rápido! ***Iss** nicht so schnell!*
¡No hable tan alto! ***Sprechen Sie nicht** so laut!*
¡No traduzcáis ese texto! ***Übersetzt** diesen Text **nicht**!*
¡No vayan a la piscina! ***Gehen Sie nicht** ins Schwimmbad!*

Anstelle der Negationspartikel no können in Imperativsätzen auch andere Negationswörter benutzt werden:
¡Jamás se lo digas a ellos! *Sag es ihnen **nie**!*

Stellung der Personalpronomen

Die unbetonten Objekt- und Reflexivpronomen stehen immer zwischen der Verneinungspartikel no und dem Verb:
¡No **te** enfades conmigo! *Sei mir nicht böse!*
¡No **me** pregunte a mí! *Fragen Sie mich nicht!*
¡No **se lo** digáis a ellos aún! *Sagt es ihnen noch nicht!*
¡No **lo** compren! *Kaufen Sie es nicht!*

Gebrauch

Mit der verneinten Form des Imperativs werden Verbote oder negative Befehle ausgedrückt:
¡No juegues con las cerillas! ***Spiel nicht** mit den Streichhölzern!*
¡No salgas esta noche! ***Geh** heute Abend **nicht** aus!*

Zwischentest 17

A2

1. **Mit welcher anderen Form ist der Imperativ der 2. Person Singular identisch?**

   a. mit der 3. Person Singular des Indikativ Präsens ☐
   b. mit der 2. Person Singular des Indikativ Präsens ☐
   c. mit der 3. Person Singular des Subjuntivo Präsens ☐
   d. mit der 2. Person Singular des Subjuntivo Präsens ☐

A2

2. **Welche Imperativform gehört in die Lücke?**

   ¡ .... de aquí! Me estás molestando.

   a. Sal ☐ c. Salga ☐
   b. Sales ☐ d. Salgas ☐

A2

3. **Was ist die Imperativform der 2. Person Plural von vivir?**

   a. vivir ☐ c. vivid ☐
   b. viváis ☐ d. vivís ☐

A2

4. **Welche Aussage ist richtig?**

   a. Reflexivverben können keinen bejahten Imperativ bilden. ☐
   b. Reflexivverben verlieren in der 2. Person Plural das -d der bejahten Imperativform. ☐
   c. Reflexivverben bilden den bejahten Imperativ der 2. Person Plural regelmäßig. ☐
   d. Reflexivverben bilden den bejahten Imperativ immer mit der jeweiligen Person des Subjuntivo Präsens. ☐

B1

5. **In welchem Satz ist der Imperativ richtig verwendet?**

   a. Usted viene conmigo, por favor. ☐
   b. Usted vienes conmigo, por favor. ☐
   c. Usted venid conmigo, por favor. ☐
   d. Usted venga conmigo, por favor. ☐

B1

6. **Wie wird der Imperativ der 3. Person Plural gebildet?**

   a. Er wird vom Indikativ Präsens abgeleitet. ☐
   b. Er wird vom Infinitiv abgeleitet. ☐
   c. Er stimmt mit der 3. Person Plural des Subjuntivo Präsens überein. ☐
   d. Er stimmt mit der 3. Person Plural des Indikativ Präsens überein. ☐

7. Wie lautet die Übersetzung des Satzes? B1

Lasst uns mit ihm sprechen!

a. ¡Hablamos con él!
b. ¡Hablemos con él!
c. ¡Hablen con él!
d. ¡Déjanos hablar con él!

8. Wo stehen die unbetonten Objektpronomen beim bejahten Imperativ? A2

a. Sie werden an die Imperativform angehängt.
b. Sie stehen immer vor der Imperativform.
c. Sie stehen immer vor dem Subjekt.
d. Sie werden der Imperativform nachgestellt.

9. Welche Imperativform gehört in die Lücke? B2

¡ ………… ustedes algo, por favor!

a. Comprenos
b. Cómprennos
c. Cómprenos
d. Comprennos

10. Was drückt der bejahte Imperativ nicht aus? A2

a. eine Aufforderung
b. ein Verbot
c. eine Einladung
d. eine Bitte

11. Welcher Satz drückt gleich wie das Beispiel eine Aufforderung aus? B1

Acompáñeme, por favor.

a. Usted me acompaña.
b. Ustedes me acompañan, por favor.
c. ¿Me acompaña, por favor?
d. ¿Me acompañarán, por favor?

12. Wie wird der verneinte Imperativ gebildet? B1

a. mit der jeweiligen Person des Indikativ Präsens
b. mit der jeweiligen Person des Subjuntivo Präsens
c. mit no + der jeweiligen Person des Indikativ Präsens
d. mit no + der jeweiligen Person des Subjuntivo Präsens

Lösungen

1 a. 2 a. 3 c. 4 b. 5 d. 6 c. 7 b.
8 a. 9 b. 10 b. 11 c. 12 d.

B2

18 Die infiniten Verbformen

*Más rico puedes **hacer**te **dando** que **tomando**.*

Ramon Llull (1232–1315), filósofo, poeta y teólogo mallorquín

Wenn du gibst, kannst du reicher werden als wenn du nimmst.

*Ramon Llull (1232–1315),
mallorquinischer Philosoph, Dichter
und Theologe*

G Zu den infiniten Verbformen, den Formen des Verbs, die nicht flektiert werden, gehören im Spanischen der Infinitiv, das Partizip und das Gerund.
Sowohl der Infinitiv als auch das Partizip und das Gerund finden verbal und substantivisch sowie adjektivisch bzw. adverbial Verwendung.

18.1 Der Infinitiv

B2

Formen

Infinitive enden im Spanischen auf -ar, -er oder -ir. Darüber lässt sich die Zugehörigkeit der Verben zu den drei Konjugationsgruppen erschließen. Die Zuordnung zu einer Gruppe wiederum gibt Auskunft über die jeweils anzuhängenden Personalendungen:

Infinitiv auf -ar:	1. Konjugationsgruppe: **desayunar** *frühstücken*, **cenar** *abendessen* **Nosotros siempre desayunamos y cenamos en casa.** *Wir frühstücken und essen abends immer zu Hause.*
Infinitiv auf -er:	2. Konjugationsgruppe: **leer** *lesen*, **beber** *trinken* **Nosotros cuando leemos el periódico, bebemos una cerveza.** *Wir trinken ein Bier, wenn wir die Zeitung lesen.*
Infinitiv auf -ir:	3. Konjugationsgruppe: **escribir** *schreiben*, **recibir** *bekommen* **Nosotros escribimos y recibimos muchos emails.** *Wir schreiben und bekommen viele E-Mails.*

Gebrauch

Der Infinitiv wird sowohl als Substantiv als auch als Verb verwendet:
Leer me gusta mucho. *(**Das**) **Lesen** gefällt mir sehr gut.*
Se despidieron **al salir**. *Sie haben sich verabschiedet, **als sie ausgegangen sind**.*

Als Substantiv kann der Infinitiv von einem Artikel sowie von Possessiv- bzw. Demonstrativpronomen oder Adjektiven begleitet werden:
Oigo **el** C2 **piar** de los pájaros. *Ich höre **das Piepen** der Vögel.*
Les gusta **el buen comer**. *Sie lieben **gutes Essen**.*

Einige Infinitive, die häufig verwendet werden, sind zu echten Substantiven geworden. Sie sind immer maskulin und können auch einen Plural bilden:
La reconocí por **sus andares**. *Ich habe sie an **ihrem Gang** erkannt.*
Tienes que cumplir con **tu deber**. *Du musst **deine Pflicht** erfüllen.*

Als Verb findet der Infinitiv Verwendung:

- als Teil einer verbalen Umschreibung (▶ 20):
  La reunión **va a empezar** dentro de cinco minutos. *Die Tagung **wird** in fünf Minuten **anfangen**.*
  Die unbetonten Objekt- und Reflexivpronomen können dabei vor der finiten Verbform stehen oder an den Infinitiv angehängt werden (▶ 7.2):
  Me acabo de levantar./Acabo de **levantarme**. *Ich bin gerade aufgestanden.*
- in der Umgangssprache als Ersatzform des bejahten Imperativs:
  ¡A ver! *Zeig mal!*
- als Ersatzform des verneinten Imperativs: no *nicht* + Infinitiv:
  ¡No tocar! *Nicht anfassen!*

- In Verbindung mit dem Partizip, um eine abgeschlossene Handlung auszudrücken:
  Te has caído por no **haber prestado** atención. *Du bist hingefallen, weil du nicht aufgepasst hast.*
  In diesen Fällen wird jedoch häufig der Infinitiv allein verwendet:
  Te has caído por no **prestar** atención. *Du bist hingefallen, weil du nicht aufgepasst hast.*

⚡ In Verbindung mit einer Präposition kann der Infinitiv verschiedene Nebensatzarten ersetzen:
- temporale Nebensätze: al + Infinitiv:
  Al vernos (Cuando nos vimos), nos saludamos. ***Als wir uns gesehen haben,*** *haben wir uns gegrüßt.*
- kausale Nebensätze:
  - al + no + Infinitiv: **Al no recibir noticias tuyas** (Como no había recibido noticias tuyas), me preocupé. ***Da ich keine Nachrichten von dir bekommen hatte,*** *machte ich mir Sorgen.*
  - por + Infinitiv: No te llamé **por no interrumpirte** (porque no quería interrumpirte). *Ich habe dich nicht angerufen,* ***weil ich dich nicht unterbrechen wollte.***
    ⚡ Diese Konstruktion kann auch bedeuten, dass etwas noch zu tun ist:
    Aún me quedan cinco capítulos **por leer**. *Mir bleiben noch fünf Kapitel* ***zu lesen.***

C1
- konditionale Nebensätze:
  - con + Infinitiv: **Con traerlo mañana** (Si lo traes mañana), será suficiente. *Es wird reichen,* ***wenn du es morgen bringst.***
  - de + Infinitiv: **De ir** (Si fuera), iría por la tarde. ***Wenn ich gehen würde,*** *würde ich nachmittags hingehen.*

C2
- konzessive Nebensätze:
  Con llamarla (Aunque la llames), no resolverás el problema. ***Selbst wenn du sie anrufst,*** *wirst du das Problem nicht lösen.*

B2

18.2 Das Partizip

Formen

Das Partizip der regelmäßigen Verben bildet man durch Anhängen folgender Endungen an den Infinitivstamm:

Verben auf -ar:	→	Infinitivstamm + ado:	habl**ado** *gesprochen*
Verben auf -er:	→	Infinitivstamm + ido:	beb**ido** *getrunken*
Verben auf -ir:	→	Infinitivstamm + ido:	recib**ido** *bekommen*

Wichtige unregelmäßige Partizipien:

abrir → abierto *geöffnet*
B1 cubrir → cubierto *zugedeckt*
ir → ido *gegangen*
A2 morir → muerto *gestorben*
B1 resolver → resuelto *gelöst*
ver → visto *gesehen*
decir → dicho *gesagt*
escribir → escrito *geschrieben*
hacer → hecho *gemacht*
poner → puesto *gestellt*
A2 romper → roto *zerbrochen*
volver → vuelto *zurückgekommen*

Einige Verben haben sowohl ein regelmäßiges als auch ein unregelmäßiges Partizip: C1

	regelmäßig:	unregelmäßig:
confundir *verwirren, verwechseln*	confundido	confuso
corromper *bestechen, verderben*	corrompido	corrupto
convencer *überzeugen*	convencido	C2 convicto
difundir *verbreiten*	difundido	difuso
elegir *auswählen*	elegido	C2 electo
expresar *ausdrücken*	expresado	expreso
freír *braten*	freído	frito
hartar *sättigen*	hartado	harto
imprimir *drücken*	imprimido	impreso
maldecir *verfluchen*	maldecido	maldito
soltar *loslassen*	soltado	suelto
suspender *aufhängen, durchfallen*	suspendido	suspenso

Das regelmäßige Partizip wird zur Bildung der zusammengesetzten Zeiten genutzt, das unregelmäßige als Adjektiv. Das unregelmäßige Partizip beschränkt sich auf eine Einzelbedeutung des Verbs oder hat eine abweichende Bedeutung:
Les **hemos convencido** de que vengan con nosotros. *Wir **haben** Sie davon **überzeugt**, mit uns zu kommen.*
Condenaron al C2 reo **convicto** a dos meses de cárcel. *Der **überführte** Täter wurde zu zwei Monaten Gefängnis verurteilt.*

Gebrauch

Das Partizip kann sowohl als Adjektiv als auch als Verb verwendet werden. Als Adjektiv stimmt es im Genus und Numerus mit dem Substantiv, das es begleitet, überein: A2
Tu **amiga** estaba muy **preocupada**. *Deine **Freundin** war sehr **besorgt**.*
Tus **amigos** estaban muy **preocupados**. *Deine **Freunde** waren sehr **besorgt**.*

Als Verb dient das Partizip zur Bildung der zusammengesetzten Zeiten und ist unveränderlich: A1
¿Por qué viniste al restaurante si ya **habías comido**? *Warum bist du ins Restaurant mitgekommen, wenn du schon **gegessen hattest**?*

Nur beim Passiv stimmt das Partizip im Genus und Numerus mit dem Substantiv überein, auf das es sich bezieht:
Los ladrones **han sido detenidos.** *Die Diebe sind verhaftet worden.*
Hace frío porque la **puerta** está **abierta.** *Es ist kalt, weil das **Tür** geöffnet ist.*

In Verbindung mit einem Vollverb, wird das Partizip zur Bildung von verbalen Umschreibungen gebraucht (▷ 20). Auch in diesem Fall wird das Partizip in Genus und Numerus an das Subjekt bzw. Objekt des Satzes angepasst:
María no ha participado en la reunión y su ausencia me **ha dejado muy preocupada.** *Maria hat an der Besprechung nicht teilgenommen und ich **bin wegen** ihrer Abwesenheit **sehr besorgt**.*

⚡ Partizipialkonstruktionen stehen immer am Satzanfang und werden durch Komma getrennt. Sie können folgende Nebensatzarten ersetzen:

- Temporalsatz:
  Leído el periódico (Después de haber leído el periódico), lo dejó encima de la mesa. ***Nachdem er die Zeitung gelesen hatte**, legte er sie auf den Tisch.*
- Konzessivsatz:
  C2 **Presentada la solicitud** (Aunque la solicitud se presentó) a tiempo, no la aceptaron. ***Wenngleich der Antrag rechtzeitig gestellt wurde**, wurde er nicht gebilligt.*
- Kausalsatz:
  Asustada (Como estaba asustada) ante lo que había ocurrido, se puso a llorar. ***Erschrocken** dadurch, was geschehen war, fing sie an zu weinen.*

B2 18.3 Das Gerund

Formen

Regelmäßige Verben

Das Gerund wird mit dem Infinitivstamm und folgenden Endungen gebildet:

Verben auf -ar:	→	-ando	habl-ar	→	habl**ando**
Verben auf -er/-ir:	→	-iendo	beb-er	→	beb**iendo**
			recib-ir	→	recib**iendo**

Unregelmäßige Verben

Verben auf -ir mit Vokalwechsel e → ie/i oder o → ue im Indikativ Präsens (▷ 12.1) bilden das Gerund mit i bzw. u im Verbstamm:

sentir *fühlen*	Indikativ Präsens: siento	→	Gerund: sintiendo
pedir *bitten*	Indikativ Präsens: pido	→	Gerund: pidiendo
dormir *schlafen*	Indikativ Präsens: duermo	→	Gerund: durmiendo

Verben der 2. und 3. Konjugationsgruppe, deren Stamm auf Vokal endet, ersetzen das i durch y: B1

leer *lesen* → le-**yendo**   o-ír *hören* → o-**yendo**

Das Gerund von ir *gehen* heißt yendo:
Estoy **yendo** a trabajar. *Ich bin auf dem Weg zur Arbeit.*

Gebrauch

Das Gerund kann sowohl als Adverb als auch als Verb stehen:
Me saludaron **sonriendo**. *Sie haben mich **lächelnd** begrüßt.*
No podemos quedarnos en casa **haciendo tan bueno**. *Wir können nicht zu Hause bleiben, **wenn das Wetter so schön ist**.*

Als Verb wird das Gerund für verbale Umschreibungen in Verbindung mit einem Vollverb (▷ 20) gebraucht:
Estoy **esperándote./Te** estoy esperando. *Ich **warte auf dich**.*

⚡ Das Gerund kann folgende Nebensatzarten ersetzen:

- Relativsatz:
  Te escribiré un email **contándote** (en el que te contaré) lo que pasó. *Ich werde dir eine E-Mail schreiben, **in der ich dir erzähle**, was geschehen ist.*
- Kausalsatz:
  Alberto, **pensando** (como pensaba) que el jefe no estaba presente, lo criticó. *Alberto, **da er dachte**, der Chef wäre nicht anwesend, hat ihn kritisiert.*
- Temporalsatz:
  Se conocieron **viajando** (cuando viajaban) por Perú. *Sie haben sich kennengelernt, **als sie** durch Peru **reisten**.*
- Konzessivsatz: C2
  Teniendo (Aunque tenías) tanto tiempo, no viniste. ***Obwohl** du viel Zeit **hattest**, bist du nicht gekommen.*
- Konditionalsatz: C2
  Haciéndolo (Si lo hace) él, seguro que sale bien. ***Wenn er es macht**, wird es bestimmt gut ausgehen.*

Mit dem Gerund kann Vor- oder Gleichzeitigkeit ausgedrückt werden:
Creyendo que ya te habías ido, no pregunté por ti. ***Weil ich dachte**, dass du schon gegangen seist, habe ich nicht nach dir gefragt.*
Te vi cuando te acercabas **cantando**. *Ich habe dich gesehen, als du dich **singend** nähertest.*
Für Nachzeitigkeit kann das Gerund nur eingesetzt werden, wenn es eine Handlung bezeichnet, die unmittelbar auf die Handlung des Hauptverbs folgt:
Ella ha salido **cerrando** la puerta tras de sí. *Sie ist hinausgegangen und **hat dabei** die Tür hinter sich **geschlossen**.*

Zwischentest 18

A1 **1. Welches Verb endet im Infinitiv nicht auf -er oder -ir?**

a. pensamos ☐
b. leemos ☐
c. salimos ☐
d. ponemos ☐

C1 **2. In welchem Nebensatz wird der Infinitiv richtig ersetzt?**

De haberte visto, te habría saludado.
a. Cuando te hubiera visto, te habría saludado. ☐
b. Como te hubiera visto, te habría saludado. ☐
c. Si te hubiera visto, te habría saludado. ☐
d. Aunque te hubiera visto, te habría saludado. ☐

B2 **3. Wie lautet die Übersetzung des Satzes ins Spanische?**

Ich habe mich beruhigt, als ich dich gesehen habe.
a. Me he tranquilizado de verte. ☐
b. Me he tranquilizado porque te he visto. ☐
c. Me he tranquilizado aunque te he visto. ☐
d. Me he tranquilizado al verte. ☐

A1 **4. Welches Partizip ist falsch gebildet?**

a. cantado ☐
b. corrado ☐
c. comido ☐
d. leído ☐

A1 **5. Welches Partizip gehört in die Lücke?**

No te he ...., ¿dónde estabas?
a. veído ☐
b. vedo ☐
c. vido ☐
d. visto ☐

C1 **6. Wie wird das unregelmäßige Partizip der Verben mit zwei Partizipformen gebraucht?**

a. als Adjektiv ☐
b. als Substantiv ☐
c. als Verb ☐
d. als Adverb ☐

B2 **7. Wann ist das Partizip unveränderlich?**

a. beim Gebrauch als Adjektiv ☐
b. bei den zusammengesetzten Zeiten ☐
c. beim Vorgangspassiv ☐
d. beim Zustandspassiv ☐

8. Welche Bedeutung transportiert das Partizip im folgenden Satz? B2

Terminado el trabajo, volvió a casa.

a. kausale Bedeutung ☐
b. modale Bedeutung ☐
c. konzessive Bedeutung ☐
d. temporale Bedeutung ☐

9. Welcher Satz hat die gleiche Bedeutung wie das Beispiel? B2

Cansada de tanto estudiar, se fue a dar un paseo.

a. Como estaba cansada de tanto estudiar, se fue a dar un paseo. ☐
b. Cuando estaba cansada de tanto estudiar, se fue a dar un paseo. ☐
c. Aunque estaba cansada de tanto estudiar, se fue a dar un paseo. ☐
d. Si estuviera cansada de tanto estudiar, se iría a dar un paseo. ☐

10. Wie lautet das Gerund von preferir? A2

a. preferendo ☐
b. prefiriendo ☐
c. preferiendo ☐
d. prefierendo ☐

11. Welche Form ergänzt den Satz? B1

¿Adónde estás ....?

a. iendo ☐
b. irendo ☐
c. yendo ☐
d. iriendo ☐

12. Wie lautet die richtige Übersetzung ins Spanische? A2

Ich schaue gerade einen spanischen Film.

a. Estoy a ver una película española. ☐
b. Estoy vista una película española. ☐
c. Estoy viendo una película española. ☐
d. Soy vista una película española. ☐

13. Was bedeutet folgender Satz im Deutschen? B2

Se vieron entrando en el hotel.

a. Sie haben sich gesehen, nachdem sie ins Hotel hereingekommen waren. ☐
b. Sie haben sich gesehen, obwohl sie ins Hotel hereinkamen. ☐
c. Si haben sich gesehen, weil sie ins Hotel hereingekommen waren. ☐
d. Si haben sich gesehen, als sie ins Hotel hereinkamen. ☐

Lösungen

1a. 2c. 3d. 4b. 5d. 6a. 7b.
8d. 9a. 10b. 11c. 12c. 13d.

B2

19 Das Passiv

*La mitad **está hecha** cuando tienen buen principio las cosas.*

Fernando de Rojas (1470–1541), dramaturgo español

*Es **ist** schon halb **gewonnen**, was gut beginnt.*

Fernando de Rojas (1470–1541), spanischer Dramatiker

G Das Spanische unterscheidet wie das Deutsche zwischen Vorgangs- und Zustandspassiv, die analog zum Deutschen mit unterschiedlichen Hilfsverben – **ser** bzw. **estar** – gebildet werden. Daneben gibt es das häufig verwendete Se-Passiv.

19.1 Das Vorgangspassiv

B2

Formen

Das Vorgangspassiv wird mit dem Hilfsverb ser *sein* und dem Partizip des Vollverbs gebildet. Die Passivformen des Indikativs sind:

Präsens:	La revista **es publicada** todas las semanas. *Die Zeitschrift **wird** jede Woche **veröffentlicht**.*
Imperfekt:	La revista **era publicada** todos los meses. *Die Zeitschrift **wurde** jeden Monat **veröffentlicht**.*
Perfekt:	La revista ya **ha sido publicada**. *Die Zeitschrift **ist** schon **veröffentlicht worden**.*
Indefinido:	La revista **fue publicada** ayer. *Die Zeitschrift **wurde** gestern **veröffentlicht**.*
Plusquamperfekt:	Ese año la revista ya **había sido publicada**. *Dieses Jahr **war** die Zeitschrift schon **veröffentlicht worden**.*
Futur I:	La revista **será publicada** mañana. *Die Zeitschrift **wird** morgen **veröffentlicht werden**.*
Futur II:	Mañana la revista ya **habrá sido publicada**. *Morgen **wird** die Zeitschrift schon **veröffentlicht worden sein**.*
Konditional I:	¿**Sería publicada** ayer la revista? ***Wurde** die Zeitschrift gestern vielleicht **veröffentlicht**?*
Konditional II:	Ese año ya **habría sido publicada** la revista. *Dieses Jahr **war** die Zeitschrift wahrscheinlich schon **veröffentlicht worden**.*

Auch alle Subjuntivo-Zeiten können im Vorgangspassiv gebraucht werden:

Präsens:	Quizás **sea publicada** la revista hoy. *Vielleicht **wird** die Zeitschrift heute **veröffentlicht**.*
Imperfekt:	Quizás **fuera publicada** la revista la semana pasada. *Vielleicht **wurde** die Zeitschrift letzte Woche **veröffentlicht**.*
Perfekt:	Quizás la revista ya **haya sido publicada**. *Vielleicht **ist** die Zeitschrift schon **veröffentlicht worden**.*
Plusquamperfekt:	Quizás ese año ya **hubiera sido publicada** la revista. *Vielleicht **war** die Zeitschrift dieses Jahr schon **veröffentlicht worden**.*

⚡ Das Partizip stimmt in Genus und Numerus mit dem Subjekt des Satzes überein:
La revista ha sido publicad**a**. *Die Zeitschrift ist veröffentlicht worden.*
Las revistas han sido publicad**as**. *Die Zeitschriften sind veröffentlicht worden.*
El libro ha sido publicad**o**. *Das Buch ist veröffentlicht worden.*
Los libros han sido publicad**os**. *Die Bücher sind veröffentlicht worden.*

Bei der Umformung zum Passiv wird das Akkusativobjekt des Aktivsatzes zum Subjekt des Passivsatzes. Das Subjekt des Aktivsatzes wird zum Urheber des Passivsatzes und durch die Präposition por *von*, *durch* eingeleitet.

Aktiv: **La policía** interrogó **a los detenidos.** *Die Polizei hat die Gefangenen verhört.*
Subjekt — Akkusativobjekt

Passiv: **Los detenidos** fueron interrogados **por la policía.** *Die Gefangenen wurden von der Polizei verhört.*
Subjekt — Urheber

Gebrauch

Das Vorgangspassiv findet dann Verwendung, wenn die Handlung hervorgehoben werden soll und die handelnde Person unwichtig oder unbekannt ist:
La ley **ha sido aprobada**. *Das Gesetz **ist verabschiedet worden**.*
Los cuadros **fueron restaurados** el año pasado. *Die Bilder **wurden** letztes Jahr **restauriert**.*

Selbst wenn der Urheber genannt wird, steht er im Hintergrund:
Aktiv: **El técnico** arregló la televisión. ***Der Techniker** hat den Fernseher repariert.*
Passiv: La televisión fue arreglada **por el técnico**. *Der Fernseher wurde **vom Techniker** repariert.*
Im Aktivsatz ist die handelnde Person wichtig. Während im Passivsatz der Urheber, der Techniker, zwar genannt wird, steht dennoch die Handlung, die Tatsache, dass der Fernseher repariert wurde, im Vordergrund.

Das Passiv kann nur mit transitiven Verben gebildet werden, d. h. mit Verben, die im Aktivsatz ein Akkusativobjekt anschließen können und die normalerweise punktuelle oder abgeschlossene Handlungen ausdrücken:
El hotel **ha sido inaugurado** hoy. *Das Hotel **ist** heute **eröffnet worden**.*
Ayer **fue dado a conocer** el contenido del informe. *Gestern **wurde** der Inhalt des Berichts **bekannt gegeben**.*

Anders als im Deutschen kann im Spanischen kein Vorgangspassiv von intransitiven Verben gebildet werden. In diesen Fällen muss immer ein unpersönlicher Aktivsatz mit se *man* benutzt werden:
Los domingos no **se trabaja**. *Sonntags **wird** nicht **gearbeitet**.*

Die Verwendung des Vorgangspassivs ist im Spanischen eher in der schriftlichen, gehobenen oder der Zeitungssprache anzutreffen. In der gesprochenen Sprache wird es immer seltener gebraucht, hier werden alternative Ausdrucksformen bevorzugt:

schriftliche Sprache	gesprochene Sprache
	Aktiv:
El libro **ha sido publicado** por la editorial Altamira. *Das Buch **ist** vom Verlag Altamira **veröffentlich worden**.*	La editorial Altamira **ha publicado** el libro. *Der Verlag Altamira **hat** das Buch **veröffentlicht**.*
	Se-Passiv:
Esos productos **van a ser retirados** del mercado. *Diese Produkte **werden** vom Markt **genommen werden**.*	Esos productos **se retirarán** del mercado. *Diese Produkte **werden** vom Markt **genommen werden**.*
	Umschreibung des Passivs:
Los heridos **fueron atendidos** en el hospital. *Die Verletzten **wurden** im Krankenhaus **behandelt**.*	**Atendieron** a los heridos en el hospital. *Die Verletzten **wurden** im Krankenhaus **behandelt**.* **A los heridos los** atendieron en el hospital. *Die Verletzten **wurden** im Krankenhaus **behandelt**.*

Das Se-Passiv

Die Form des Se-Passivs wird sowohl in der gesprochenen als auch in der schriftlichen Sprache häufig verwendet. Sie wird mit dem Personalpronomen se und der 3. Person Singular oder Plural des jeweiligen Verbs gebildet, abhängig davon, ob das Subjekt des Satzes im Singular oder Plural steht:

La casa **se vendió** hace un mes. *Das Haus **wurde** vor einem Monat **verkauft**.*
Las casas **se vendieron** hace un mes. *Die Häuser **wurden** vor einem Monat **verkauft**.*

Se alquila una bicicleta. ***Es wird** ein Fahrrad **vermietet**./Fahrrad zu **vermieten**.*
Se alquilan bicicletas. ***Es werden** Fahrräder **vermietet**./Fahrräder zu **vermieten**.*

Diese Passivform wird ausschließlich mit transitiven Verben verwendet, und zwar dann, wenn das Subjekt eine Sache oder eine unbestimmte Person ist und der Urheber nicht genannt wird:

El martes **se envió** la carta. *Der Brief **wurde** am Dienstag **geschickt**.*
El martes **se enviaron** otros dos mensajeros. *Am Dienstag **wurden** zwei andere Boten **geschickt**.*

Se buscan secretarias bilingües. ***Es werden** zweisprachige Sekretärinnen **gesucht**./Zweisprachige Sekretärinnen **gesucht**.*
Se buscan casas nuevas de alquiler. ***Es werden** neue Mietwohnungen **gesucht**./Neue Mietwohnungen **gesucht**.*

⚡ Das Se-Passiv ist formell der unpersönlichen Konstruktion mit se ähnlich, die jedoch nur mit der 3. Person Singular des Verbs gebildet werden kann. Es sollte jedoch nicht mit dieser verwechselt werden: C1

Se-Passiv: En la reunión **se dieron** a conocer muchas novedades. *Bei der Tagung **wurden** viele Neuigkeiten **bekannt gegeben**.*

Unpers. Konstruktion: **Se dice** que no tienen amigos. ***Man sagt/Es wird gesagt**, dass sie keine Freunde haben.*

Unter folgenden Bedingungen kann das Se-Passiv nicht benutzt werden. In diesen Fällen steht die unpersönliche Konstruktion:

- wenn das Verb intransitiv ist:
  En esta ciudad **se sale** mucho por la noche. *In dieser Stadt **wird** abends viel **ausgegangen**.*
- wenn das Akkusativobjekt eine bestimmte Person ist und mit der Präposition a eingeleitet wird:
  No **se vio a los niños** en toda la tarde. *Die Kinder **wurden** den ganzen Nachmittag nicht **gesehen**.*
- wenn im Satz ein Akkusativpronomen gebraucht wird:
  Las vecinas habían ayudado todo el día en la mudanza y por eso **se las invitó** a cenar. *Die Nachbarinnen hatten den ganzen Tag beim Umzug geholfen und **wurden** deswegen zum Abendessen **eingeladen**.*

Umschreibung des Vorgangspassivs

Anstelle des Vorgangspassivs kann man im Spanischen auch die folgenden Formen benutzen, um die Handlung in den Vordergrund zu stellen:

- 3. Person Plural ohne Subjekt:
  Me **han dicho** que en esa tienda **venden** pan alemán. ***Man hat** mir **gesagt**/ **Es wurde** mir **gesagt**, dass im diesen Laden deutsches Brot **verkauft wird**.*
- vorangestelltes Akkusativobjekt + 3. Person Plural:
  Las bebidas las traerán mañana por la mañana. ***Die Getränke wird** man morgen Vormittag **bringen**.*

A2 19.2 Das Zustandspassiv

Formen

Das Zustandspassiv wird mit dem Hilfsverb estar *sein* + dem Partizip des Vollverbs gebildet.

Präsens:	La ventana **está abierta**. *Das Fenster **ist geöffnet**.*
Imperfekt:	La ventana **estaba abierta**. *Das Fenster **war geöffnet**.*
Perfekt:	La ventana **ha estado abierta**. *Das Fenster **ist geöffnet gewesen**.*

Indefinido:	La ventana **estuvo abierta**. *Das Fenster* ***war geöffnet.***
Plusquamperfekt:	La ventana ya **había estado abierta** antes. *Das Fenster* ***war*** *schon vorher* ***geöffnet gewesen.***
Futur I:	La ventana **estará abierta** mañana. *Das Fenster* ***wird*** *morgen* ***geöffnet sein.***
Futur II:	Mañana la ventana ya **habrá estado abierta**. *Morgen* ***wird*** *das Fenster schon* ***geöffnet gewesen sein.***
Konditional I:	¿**Estaría abierta** la ventana ayer? ***War*** *gestern vielleicht das Fenster* ***geöffnet****?*
Konditional II:	A esas horas ya **habría estado abierta** la ventana. *Um diese Zeit* ***war*** *das Fenster wahrscheinlich* ***schon geöffnet gewesen.***

Auch alle Subjuntivo-Zeiten können im Zustandspassiv gebraucht werden:

Präsens:	Quizás **esté abierta** la ventana. *Vielleicht* ***ist*** *das Fenster* ***geöffnet.***
Imperfekt:	Quizás **estuviera abierta** la ventana. *Vielleicht* ***war*** *das Fenster* ***geöffnet.***
Perfekt:	Quizás la ventana **haya estado abierta**. *Vielleicht* ***ist*** *das Fenster* ***geöffnet gewesen.***
Plusquamperfekt:	Quizás ayer ya **hubiera estado abierta** la ventana. *Vielleicht* ***war*** *gestern das Fenster schon* ***geöffnet gewesen.***

Wie im Vorgangspassiv stimmt das Partizip mit dem Subjekt des Satzes in Genus und Numerus überein:
La tienda está abiert**a**. *Der Laden ist geöffnet.*
Las tiendas están abiert**as**. *Die Läden sind geöffnet.*
El banco está abiert**o**. *Die Bank ist geöffnet.*
Los bancos están abiert**os**. *Die Banken sind geöffnet.*

Gebrauch

Anders als das Vorgangspassiv wird das Zustandspassiv umfassend in allen Sprachformen (mündlich, schriftlich, Umgangssprache …) verwendet. Es drückt das Endergebnis eines Vorgangs aus und wird nur mit transitiven Verben gebildet:
El informe ya **está escrito**. *Der Bericht* ***ist*** *schon* ***geschrieben.***
Las camisas **están planchadas**. *Die Hemden* ***sind gebügelt.***

In der Regel wird der Urheber weggelassen, er kann aber ausnahmsweise genannt werden, wenn er zur Erhaltung des Zustandes beiträgt:
El coche está protegido **por una alarma**. *Der Wagen ist* ***durch eine Alarmanlage*** *geschützt.*

Zwischentest 19

B2 **1. Wie wird das Vorgangspassiv gebildet?**

a. Hilfsverb ser + Infinitiv des jeweiligen Verbs ☐
b. Hilfsverb estar + Adjektiv des jeweiligen Verbs ☐
c. Hilfsverb ser + Partizip des jeweiligen Verbs ☐
d. Hilfsverb estar + Partizip des jeweiligen Verbs ☐

B2 **2. Welche Aussage trifft auf das Vorgangspassiv zu?**

a. Das Partizip ist unveränderlich. ☐
b. Das Partizip stimmt nur im Genus mit dem Subjekt des Satzes überein. ☐
c. Das Partizip stimmt nur im Numerus mit dem Subjekt des Satzes überein. ☐
d. Das Partizip stimmt im Genus und Numerus mit dem Subjekt des Satzes überein. ☐

B2 **3. Welcher Satz ist richtig?**

a. En esta casa es comido todos los días a las 3. ☐
b. En esta casa es comida todos los días a las 3. ☐
c. En esta casa se comen todos los días a las 3. ☐
d. En esta casa se come todos los días a las 3. ☐

B2 **4. In welchem Satz kann das Verb kein Passiv bilden?**

a. Ayer fue presentado un nuevo programa. ☐
b. Ayer fue vendido otro apartamento. ☐
c. Ayer fue corrido mucho en el parque. ☐
d. Ayer fue visto un oso en el parque. ☐

B2 **5. Welche Umformung des Satzes zum Passiv ist richtig?**

Los científicos descubren todos los años varios medicamentos nuevos.

a. Varios medicamentos nuevos son descubierto por los científicos todos los años. ☐
b. Varios medicamentos nuevos son descubiertos por los científicos todos los años. ☐
c. Los científicos son descubierto por varios medicamentos nuevos todos los años. ☐
d. Los científicos son descubiertos por varios medicamentos nuevos todos los años. ☐

6. Mit welchem Aktivsatz kann der Passivsatz umgeschrieben werden? B2

Las viviendas serán vendidas dentro de dos semanas.

a. Tal vez vendan las viviendas dentro de dos semanas. ☐
b. Seguro que venden las viviendas dentro de dos semanas. ☐
c. Dicen que venderán las viviendas dentro de dos semanas. ☐
d. Las viviendas las venderán dentro de dos semanas. ☐

7. Wie wird das Se-Passiv gebildet? B2

a. mit se + ausschließlich 3. Person Singular des Verbs ☐
b. mit se + Partizip im Plural ☐
c. mit se + 3. Person Singular oder Plural des Verbs ☐
d. mit se + Adjektiv im Plural ☐

8. Welcher Satzteil ergänzt den Satz passend? B2

.... muchos proyectos nuevos.

a. El año pasado se presentaron ☐
b. El año pasado se presentó ☐
c. El año pasado se hubieron presentados ☐
d. El año pasado se hubieron ☐

9. Wie lautet die Übersetzung des Satzes ins Spanische? C1

Warum wurden sie nicht zum Ausgang begleitet?

a. ¿Por qué no se la acompañó a la salida? ☐
b. ¿Por qué no se las acompañó a la salida? ☐
c. ¿Por qué no se la acompañaron a la salida? ☐
d. ¿Por qué no se las acompañaron a la salida? ☐

10. Welcher Satz ist korrekt? C1

a. Esta semana se ha recibido a los nuevos miembros. ☐
b. Esta semana se han recibido a los nuevos miembros. ☐
c. Esta semana se hemos recibido a los nuevos miembros. ☐
d. Esta semana se has recibido a los nuevos miembros. ☐

Lösungen

1 c. 2 d. 3 d. 4 c. 5 b.
6 d. 7 c. 8 a. 9 b. 10 a.

B2

20 Die verbale Umschreibung

Los libros son, entre mis consejeros,
los que más me agradan,
porque ni el temor ni la esperanza les impiden
decirme lo que ***debo hacer****.*

Alfonso V el Magnánimo (1396–1458), rey de Aragón

Bücher sind mir von meinen Beratern die liebsten,
weil weder die Angst noch die Hoffnung sie daran hindern,
mir zu sagen, was ich ***tun soll****.*

Alfons V., der Großmütige (1396–1458),
König von Aragon

G Verbale Umschreibungen werden mit einem Vollverb in Verbindung mit einem Infinitiv, Gerund oder Partizip gebildet.
Mit den verbalen Umschreibungen wird die Modalität oder ein Aspekt des Verbs ausgedrückt, d. h. es werden zusätzliche Informationen über den Beginn, den Verlauf oder das Ende einer Handlung gegeben.

Mit verbalen Umschreibungen kann eine Modalität wie Pflicht, Notwendigkeit, Zwang usw. ausgedrückt werden:
Tienes que volver mañana. *Du **musst** morgen **zurückkommen**.*
Hay que hacerlo ahora. ***Es muss** jetzt gemacht werden.*

⚡ Anders als im Deutschen dienen verbale Umschreibungen im Spanischen auch dazu, bestimmte Nuancen des Handlungsaspekts zum Ausdruck zu bringen, die im Deutschen normalerweise durch Adverbien wiedergegeben werden.
Dem Ausdruck einer Handlung kann mit einer verbalen Umschreibung eine zusätzliche Bedeutung verliehen werden in Bezug auf:

- den Beginn: Vamos a empezar. *Wir fangen **gleich** an.*
- den Verlauf: Sigo trabajando en la misma empresa. *Ich arbeite **immer noch** in derselben Firma.*
- die Wiederholung: Espero que volvamos a vernos pronto. *Ich hoffe, dass wir uns bald **wieder**sehen werden.*
- das Ende: He dejado de quererte. *Ich liebe dich **nicht mehr**.*

In diesen Verbindungen verliert das Vollverb üblicherweise seine ursprüngliche Grundbedeutung:
Vollverb allein: ¿Te **llevo** a casa? *Soll ich dich nach Hause **bringen**?*
in verbaler Umschreibung: **Llevo buscándote** dos horas. *Ich **suche dich seit** zwei Stunden.*
Die Grundbedeutung von llevar ist *bringen*. Wird das Verb aber als Teil der verbalen Umschreibung llevar + Gerund benutzt, drückt es aus, dass eine Handlung seit einer gewissen Zeit stattfindet.

Verbale Umschreibungen mit Infinitiv

Verbale Umschreibungen mit Infinitiv stehen meist in Verbindung mit dem Ausdruck einer Modalität oder Nuance beim Beginn bzw. Ende der Handlung.

acabar de + Infinitiv → Ende der Handlung B1

Mit acabar de + Infinitiv wird ausgedrückt, dass eine Handlung unmittelbar vor dem Sprechzeitpunkt abgeschlossen wurde. Diese Konstruktion ist nur im Präsens oder Imperfekt möglich. In allen anderen Zeiten übernimmt das Verb acabar *zu Ende tun* seine Grundbedeutung:
Verbale Umschreibung: **Acabo de desayunar**. ***Soeben habe** ich **gefrühstückt**.*
Acababa de desayunar cuando vinieron. *Ich **hatte gerade gefrühstückt**, als sie kamen.*
Vollverb: **Acabé de desayunar** a las 9. *Ich **hatte** um 9 Uhr **zu Ende gefrühstückt**.*
no acabar de + Infinitiv drückt eine gewisse Ungeduld oder Ärger seitens des Sprechers aus: C1
¿Por qué **no acabas de decir** lo que piensas? *Warum **sagst du nicht endlich**, was du denkst?*

A2 **deber + Infinitiv → Pflicht**
Mit deber + Infinitiv drückt sich eine moralische Pflicht aus:
Los padres **deben educar** a sus hijos. *Eltern **sollen** ihre Kinder **erziehen**.*
Debemos respetar a nuestros padres. *Wir **sollen** unsere Eltern **respektieren**.*

Diese Kombination dient auch dazu, Vorschläge zu machen:
Debes hablar con él lo antes posible. *Du **solltest** sobald wie möglich mit ihm **sprechen**.*
Deberíais preguntarles antes de hacer nada. *Ihr **solltet** sie **fragen**, bevor ihr etwas unternehmt.*

deber de + Infinitiv → Wahrscheinlichkeit
Mit deber de + Infinitiv wird eine Handlung als vermutet dargestellt. D. h. selbst wenn sie (sehr) wahrscheinlich ist, wird sie als nicht sicher klassifiziert:
La tienda ya ha cerrado, **debe de ser** tarde. *Der Laden hat schon zu, **es muss** spät **sein**.*
Debía de ser la una cuando llegaron a casa. *Es **musste** ein Uhr **sein**, als sie nach Hause kamen.*

A1 **dejar de + Infinitiv → unterlassene Handlung**
Unter Zuhilfenahme von dejar de + Infinitiv sagt man, dass eine Handlung, die normalerweise ausgeübt wurde, unterlassen worden ist:
He dejado de pensar en ti. *Ich **denke nicht mehr** an dich.*
Hemos dejado de fumar. *Wir **haben das Rauchen aufgegeben**.*

B1 No dejar de + Infinitiv bedeutet hingegen, dass die Handlung fortbesteht:
No he dejado de pensar en ti. *Ich **denke immer noch** an dich.*

C1 Dejarse de + Infinitiv ist eine Variante dieser verbalen Umschreibung, mit der der Sprecher um die Unterlassung einer Handlung bittet:
¡Déjate de decir bobadas! *Unterlass den Blödsinn!*
Tienen que **dejarse de perder** el tiempo y concentrarse. *Sie sollten **keine Zeit mehr verlieren** und sich konzentrieren.*

echar(se) a + Infinitiv → Beginn der Handlung
Hiermit kommt der plötzliche bzw. heftige Beginn einer Handlung zum Ausdruck. Diese Konstruktion wird fast ausschließlich mit den Verben andar *gehen*, caminar *gehen*, correr *rennen*, nadar *schwimmen*, reír *lachen*, temblar *zittern* und volar *fliegen* benutzt:
Cuando vieron el león **se echaron a temblar**. *Als sie den Löwen sahen, **fingen sie heftig zu zittern an**.*
Se echaron a correr sin decir nada. *Sie **rannten plötzlich los** ohne etwas zu sagen.*

haber de + Infinitiv → Notwendigkeit, Zwang
Vor allem in der formellen Sprache tritt haber de + Infinitiv zum Ausdruck von Notwendigkeit oder Zwang auf:
Los C2 beneficiarios **han de telefonear** el próximo lunes. *Die Berechtigten **haben** nächsten Montag **anzurufen**.*

Es können damit auch Anweisungen gegeben werden:
La verdura se **ha de cocer** lentamente. *Das Gemüse **muss** langsam **kochen**.*

hay que + Infinitiv → Notwendigkeit, Zwang A1
Diese Form drückt eine Notwendigkeit auf unpersönliche Weise aus:
Hay que hacer las cosas bien. *Die Sachen **müssen** richtig **gemacht werden**.*
Hay que informar a los B1 clientes. *Die Kunden **müssen informiert werden**.*

ir a + Infinitiv → Beginn der Handlung A1
In der Gegenwart drückt ir a + Infinitiv den baldigen Beginn einer Handlung aus:
Vamos a salir dentro de cinco minutos. *Wir **werden** in fünf Minuten **ausgehen**.*
In Bezug auf die Zukunft oder die Vergangenheit spricht man damit über feste Pläne oder Absichten:
El próximo año **voy a ir** a Chile. *Nächstes Jahr **werde** ich nach Chile **reisen**.*
Íbamos a cenar con unos amigos pero al final nos quedamos en casa. *Wir **wollten** mit ein paar Freunden **zum Abendessen ausgehen** aber am Ende sind wir zu Hause geblieben.*

Diese verbale Umschreibung kann auch anstelle eines Futurs eingesetzt werden, wenn eine Handlung für gewiss gehalten wird: B1
Mañana **va a llover**. *Morgen **wird es bestimmt regnen**.*

⚡ Diese Kombination wird in der Regel im Präsens oder Imperfekt verwendet. Sie ist nicht mit der Konstruktion ir a + Infinitiv zu verwechseln, die eine finale Aussage macht. Bei letzterer behält das Verb ir seine Grundbedeutung und die Präpositon a transportiert den Zweck:
verbale Umschreibung: Esta mañana **voy a ir** al museo. *Heute Vormittag **werde ich** ins Museum **gehen**.*
ir a + Zweck: Esta mañana **he ido a ver** una exposición al museo. *Ich **bin** heute Vormittag ins Museum **gegangen, um** eine Ausstellung **zu besuchen**.*

llegar a + Infinitiv → Ende der Handlung C2
Mit llegar a + Infinitiv wird betont, dass eine Handlung, die als unsicher oder unwahrscheinlich gilt, am Ende doch stattgefunden hat:
Discutimos mucho pero **llegamos a tomar** una decisión. *Wir haben viel diskutiert, aber **am Ende haben** wir **doch** eine Vereinbarung **getroffen**.*
Nos asustamos tanto que **llegamos a gritar**. *Wir waren so erschrocken, dass wir **sogar geschrien haben**.*

In der verneinten Form drückt die Konstruktion aus, dass eine Handlung am Ende nicht zustande gekommen ist:
Les escribí una carta que **nunca llegué a mandar**. *Ich habe ihnen einen Brief geschrieben, den ich* ***aber nie geschickt habe.***

llevar sin + Infinitiv → Nichtbestand der Handlung
Die Form besagt, dass eine Handlung seit einer bestimmten Zeit nicht mehr besteht:
Llevo dos meses **sin fumar**. *Ich* ***rauche seit*** *zwei Monaten* ***nicht.***
Llevábamos un año **sin vernos**. *Wir* ***hatten*** *uns* ***seit*** *einem Jahr* ***nicht gesehen.***

parar de + Infinitiv → Abbruch der Handlung
Parar de + Infinitiv gibt an, dass eine Handlung plötzlich unterbrochen wird:
Cuando entramos **pararon de hablar** al instante. *Als wir hereinkamen, haben sie* ***sofort aufgehört zu sprechen.***

C1 In Verneinung bedeutet die Konstruktion, dass eine Handlung ohne Unterbrechung fortbesteht:
No pararon de hablar en toda la noche. *Sie* ***haben*** *die ganze Nacht* ***ununterbrochen gesprochen.***

ponerse a + Infinitiv → Beginn der Handlung
Diese Umschreibung wird zum Anzeigen des Beginns einer Handlung gebraucht, und zwar fast ausschließlich, wenn das Subjekt des Satzes eine Person ist:
Nada más llegar a casa **se pusieron a discutir**. *Sobald sie zu Hause waren, haben sie* ***angefangen sich zu streiten.***
Mit Verben, die das Wetter beschreiben, wie llover *regnen*, nevar *schneien* usw. drückt sie aus, dass die Handlung unerwartet auftritt:
Se puso a llover, por eso nos marchamos. ***Es hat plötzlich angefangen zu regnen****, deswegen sind wir gegangen.*

A1 **querer + Infinitiv → Wunsch**
Mit querer + Infinitiv wird ein Wunsch oder eine Absicht ausgedrückt:
La semana que viene **quiero ir** a la piscina. *Nächste Woche* ***will*** *ich ins Schwimmbad* ***gehen.***

romper a + Infinitiv → Beginn der Handlung
Ähnlich wie echar(se) a drückt die Konstruktion mit romper in der gehobenen Sprache aus, dass eine Handlung plötzlich anfängt. Meist wird sie in Verbindung mit Verben wie llorar *weinen*, hablar *sprechen*, gritar *schreien*, aplaudir *klatschen*, reír *lachen*, cantar *singen* und hervir *kochen* gebraucht:
Añada la pasta cuando el agua **rompa a hervir**. *Geben Sie die Nudeln ins Wasser, wenn es* ***anfängt zu kochen.***

tener que + Infinitiv → Notwendigkeit, Zwang A1

Mit tener que + Infinitiv wird ein äußerer Zwang oder eine Notwendigkeit ausgedrückt:

Me llamaron y **tuve que marcharme**. *Ich wurde angerufen und* ***musste weg.***
Perdimos el autobús y **tuvimos que ir** a pie. *Wir verpassten den Bus und* ***mussten*** *zu Fuß* ***gehen.***

venir a + Infinitiv → Ungenauigkeit C1

Die verbale Umschreibung mit venir a + Infinitiv gibt an, dass ein Sachverhalt nur annähernd besteht oder für ungenau gehalten wird:

Vinieron a decir que no nos querían volver a ver. *Sie* ***sagten mehr oder weniger,*** *dass sie uns nicht wiedersehen wollten.*
El ordenador **viene a costar** mil euros. *Der Computer* ***kostet circa*** *tausend Euro.*

volver a + Infinitiv → Wiederholung der Handlung A2

Die Konstruktion drückt die ein- bzw. mehrmalige Wiederholung einer Handlung aus:

Me **volvieron a llamar** ayer. *Sie haben mich gestern* ***wieder angerufen.***
Nos **hemos vuelto a ver** otras dos veces. *Wir haben uns* ***noch*** *zwei Mal* ***gesehen.***

Verbale Umschreibungen mit Gerund

Mit dieser Art der Konstruktion werden üblicherweise in Gang befindliche Handlungen geäußert, und zwar sowohl in der Gegenwart als auch in der Vergangenheit oder der Zukunft.

acabar/terminar + Gerund → Ende der Handlung

Die Umschreibung mit acabar/terminar + Gerund drückt das Ende eines Verlaufs aus:

Acabaron diciéndonos la verdad. ***Am Ende haben*** *sie uns die Wahrheit* ***gesagt.***
Acabé estudiando Medicina. ***Am Ende habe*** *ich Medizin* ***studiert.***

andar + Gerund → Verlauf der Handlung

Damit wird die repetitive Ausübung einer Handlung angegeben und auch, dass man eine andauernde Handlung für unklug hält:

Andaban criticando siempre a sus amigos. *Sie* ***kritisierten ständig*** *ihre Freunde.*
Anda trabajando de camarero en lugar de estudiar. *Er* ***arbeitet*** *als Kellner anstatt zu studieren.*

A2

estar + Gerund → Verlauf der Handlung

estar + Gerund drückt aus, dass eine Handlung gerade stattfindet:
Estoy escuchando música. ***Ich höre gerade*** *Musik.*
Cuando llamó Alberto, yo me **estaba duchando.** *Als Alberto angerufen hat,* ***duschte*** *ich* ***gerade.***

ir(se) + Gerund → Verlauf der Handlung

Mit ir(se) + Gerund kennzeichnet man das allmähliche Stattfinden einer Handlung:
El niño **va creciendo.** *Das Kind* ***wird allmählich größer.***
Me voy acostumbrando a la ciudad. *Ich* ***gewöhne mich nach und nach*** *an die Stadt.*

llevar + Gerund → Verlauf der Handlung

Die Konstruktion mit llevar + Gerund drückt die Dauer einer Handlung aus:
Llevo dos años **estudiando** español. ***Ich lerne seit*** *zwei Jahren Spanisch.*
¿Cuánto tiempo **llevas trabajando**? ***Seit wann arbeitest*** *du?*

quedarse + Gerund → Fortdauer der Handlung

Mit quedarse + Gerund wird das Andauern einer Handlung betont:
Se quedaron bailando toda la noche. *Sie haben die ganze Nacht* ***weitergetanzt.***
Cuando se lo dijimos **se quedaron pensando**. *Als wir ihnen es sagten,* ***wurden sie ganz nachdenklich.***

C2

salir + Gerund → Beginn der Handlung

Die Konstruktion mit salir + Gerund drückt den plötzlichen Beginn einer Handlung aus. Sie wird meist mit correr *rennen*, ganar *gewinnen* und perder *verlieren* benutzt:
Cuando me enteré **salí corriendo** para vuestra casa. *Als ich es erfahren habe,* ***bin ich sofort*** *zu euch* ***geeilt.***

seguir + Gerund → Fortdauer der Handlung

Mit seguir + Gerund deutet man an, dass eine Handlung weiter besteht:
Seguimos viviendo en la misma casa. ***Wir wohnen weiter*** *in derselben Wohnung.*
El próximo año **seguirán trabajando** en Cuba. *Nächstes Jahr* ***werden sie immer noch*** *in Kuba* ***arbeiten.***

venir + Gerund → Fortdauer der Handlung

Diese verbale Umschreibung besagt, dass eine Handlung (ununterbrochen) bis zum Sprechzeitpunkt besteht:
Vengo diciéndotelo desde hace tiempo. *Ich* ***sage*** *es dir* ***schon*** *seit langem.*
Viene trabajando como abogado desde hace dos años. *Er* ***arbeitet*** *seit zwei Jahren als Rechtsanwalt.*

Verbale Umschreibungen mit Partizip

Bei dieser Form der verbalen Umschreibung stimmt das Partizip immer mit dem Subjekt bzw. dem Akkusativobjekt des Satzes in Genus und Numerus überein.

andar + Partizip → Fortdauer der Handlung

Damit wird ein bis zum Sprechzeitpunkt dauernder Zustand angegeben, in dem sich das Subjekt befindet:

Anda enamorada de un argentino. ***Sie ist*** *in einen Argentinier* ***verliebt.***

Anda muy **preocupado** por ella. ***Er ist*** *sehr* ***besorgt*** *um sie.*

dar por + Partizip → Ende der Handlung

Die Konstruktion bezeichnet das Ende einer Handlung zu einem gegebenen Zeitpunkt:

Ayer les **dieron por muertos.** *Gestern* ***wurden*** *sie für* ***tot erklärt.***

A las 3 el director **dio** la reunión **por terminada.** *Um drei Uhr* ***erklärte*** *der Direktor die Sitzung für* ***beendet.***

dejar + Partizip → Resultat der Handlung

Dejar + Partizip drückt einen Zustand als Ergebnis einer vorherigen Handlung aus:

La noticia la **dejó abatida.** *Die Nachricht* ***entmutigte*** *sie.*

Te **dejo escrito** lo que tienes que hacer. *Ich* ***habe dir aufgeschrieben,*** *was du zu tun hast.*

ir + Partizip → Resultat der Handlung C1

Mit der Konstruktion ir + Partizip wird das (Zwischen-)Ergebnis einer in der Vergangenheit begonnenen Handlung unpersönlich angegeben.

Van vendidas cien revistas. ***Bis jetzt sind*** *hundert Zeitschriften* ***verkauft worden.***

Hasta ayer **iban matriculados** cincuenta estudiantes. ***Bis gestern waren*** *fünfzig Studenten* ***eingeschrieben worden.***

llevar + Partizip → Resultat der Handlung C1

Die verbale Umschreibung mit llevar + Partizip ist bedeutungsgleich mit der vorigen verbalen Umschreibung, wird aber nicht unpersönlich verwendet:

Llevan vendidas cien revistas. ***Bis jetzt haben*** *sie hundert Zeitschriften* ***verkauft.***

tener + Partizip → Verlauf der Handlung C1

Damit wird eine bis zum Sprechzeitpunkt mehrmals wiederholte Handlung ausgedrückt:

Te **tengo dicho** que no grites. *Ich* ***habe dir öfter*** *gesagt, du sollst nicht schreien.*

Die Konstruktion kann auch das Ergebnis einer Handlung wiedergeben:

Eso ya lo **tengo decidido.** *Ich* ***habe das schon entschieden.***

Zwischentest 20

B2 **1. Mit welchen Formen werden verbale Umschreibungen gebildet?**

a. Vollverb + finite Verbform ☐
b. unpersönliches Verb + infinite Verbform ☐
c. reflexives Verb + finite Verbform ☐
d. Vollverb + infinite Verbform ☐

A1 **2. Was drückt die im Satz enthaltene verbale Umschreibung aus?**

Tengo que llamar a mi hermano por teléfono.

a. Wahrscheinlichkeit ☐ c. Wunsch ☐
b. Ungenauigkeit ☐ d. Notwendigkeit ☐

C1 **3. Mit welcher verbalen Umschreibung wird keine Modalität ausgedrückt?**

a. Debes respetar las leyes. ☐
b. Hay que llamarlo cuanto antes. ☐
c. Hemos de decírselo ya. ☐
d. Tengo hechos cinco ejercicios. ☐

A1 **4. Mit welcher verbalen Umschreibung kann der Satz ergänzt werden?**

.... llamarnos por teléfono.

a. Ha dejado de ☐ c. Ha seguido ☐
b. Ha vuelto de ☐ d. Ha acabado ☐

B1 **5. Wie übersetzen Sie den Satz ins Spanische?**

Ich habe gerade geduscht.

a. Acabo de ducharme. ☐ c. Voy a ducharme. ☐
b. Tengo que ducharme. ☐ d. Me estoy duchando. ☐

B2 **6. Welche verbale Umschreibung drückt nicht den Beginn der Handlung aus?**

a. ir a + Infinitiv ☐ c. romper a + Infinitiv ☐
b. deber de + Infinitiv ☐ d. echar(se) a + Infinitiv ☐

C1 **7. In welchem Satz ist die verbale Umschreibung falsch verwendet?**

a. Llevo dos días sin dormir. ☐
b. He vuelto a ver a mis compañeros de colegio. ☐
c. El traje viene de costar trescientos euros. ☐
d. Debe de tener 30 años. ☐

8. Welcher Satz ist bedeutungsgleich mit dem Beispiel? B2

Cuando se lo contamos se echó a llorar.
a. Cuando se lo contamos dejó de llorar.
b. Cuando se lo contamos volvió a llorar.
c. Cuando se lo contamos rompió a llorar.
d. Cuando se lo contamos debió de llorar.

9. In welchem Satz drückt die verbale Umschreibung nicht die Dauer der Handlung aus? B2

a. ¿Qué andas pensando?
b. Estaba comiendo cuando me llamó.
c. Acabará aceptando tu propuesta.
d. Sigue viviendo en Buenos Aires.

10. Wie lautet die Übersetzung des Satzes? B2

Ich lebe seit 5 Jahren in Panama.
a. Seguiré viviendo en Panamá 5 años.
b. Llevo viviendo en Panamá 5 años.
c. Salgo viviendo en Panamá 5 años.
d. Acabo viviendo en Panamá 5 años.

11. Wie verhält sich das Partizip in verbalen Umschreibungen? B2

a. Es wird nach Numerus und Genus flektiert.
b. Es wird nur nach Numerus flektiert.
c. Es wird nur nach Genus flektiert.
d. Es ist unveränderlich.

12. Welcher Satz passt nicht zu den anderen? C1

a. Llevo escritas 5 cartas.
b. Hasta ahora van entregados cinco certificados.
c. Su visita nos dejó muy preocupados.
d. Nos tiene prohibido llamarla por la noche.

Lösungen

1d. 2d. 3d. 4a. 5a. 6b. 7c.
8c. 9c. 10b. 11a. 12d.

A1

21 Die Präposition

*Un grano **de** poesía sazona un siglo.*

José Martí (1853–1895), político y poeta cubano

Ein Korn Poesie würzt ein (ganzes) Jahrhundert.

*José Martí (1853–1895),
kubanischer Politiker und Dichter*

G Präpositionen sind Partikeln, die Substantive und Pronomen begleiten. Sie geben ein lokales, temporales, kausales oder logisches Verhältnis des Wortes bzw. der Wortgruppe, mit der sie in Verbindung stehen, an. Sie sind unveränderlich.
Die häufigsten Präpositionen (**a**, **con**, **de**, **en**, **desde**, **por** und **para**) können vielfältig verwendet werden und sind meist nicht ausschließlich einer einzigen Funktionsrichtung wie etwa temporal oder lokal zuzuordnen.

Man unterscheidet zwischen einfachen und zusammengesetzten Präpositionen aus einem oder mehreren Wörtern, den präpositionalen Ausdrücken:
Esta es la casa **de** mi hermano. *Das ist das Haus meines Bruders.*
El vaso está **encima de** la mesa. *Das Glas steht **auf** dem Tisch.*

Die Präpositionen a und de verschmelzen im Maskulinum Singular mit dem bestimmten Artikel zu al bzw. del. In allen anderen Fällen werden Präposition und Artikel getrennt geschrieben:
Voy **al** cine. *Ich gehe **ins** Kino.*
Venimos **del** teatro. *Wir kommen **aus dem** Theater.*
La vi cuando ella salía **de la** farmacia. *Ich habe sie gesehen, als sie **aus der** Apotheke kam.*

Die Präposition a

Das indirekte Objekt wird im Spanischen immer mit der Präposition a eingeführt:
Hemos dado el dinero **a** mis padres. *Wir haben meinen Eltern das Geld gegeben.*
He regalado rosas **a** mi mujer. *Ich habe meiner Frau Rosen geschenkt.*

Auch das direkte Objekt wird in bestimmten Fällen (▷ 23.2) mit der Präposition a eingeleitet: B1
He visto **a** tu hermana. *Ich habe deine Schwester gesehen.*
He conocido **a** tus amigos. *Ich habe deine Freunde kennengelernt.*

In lokaler Verwendung tritt die Präposition a zusammen mit Verben der Bewegung auf, um ein Ziel auszudrücken. Daher werden Ortsangaben, die auf die Frage *wohin?* antworten, immer mit der Präposition a eingeleitet:
Esta mañana he ido **a** casa de Paco. *Heute Vormittag bin ich **zu** Paco gegangen.*
Llegamos **a** casa pronto. *Wir sind früh **nach** Hause gekommen.*

Bei Ortsangaben auf die Frage *wo?* steht die Präposition a nur in wenigen, nachfolgend angeführten Fällen:

- in Zusammenhang mit der Entfernung:
  El lago está **a** veinte kilómetros. *Der See liegt zwanzig Kilometer entfernt.*
  Viven **a** cinco kilómetros del pueblo. *Sie wohnen fünf Kilometer vom Dorf entfernt.*
- bei festen Wendungen wie a la derecha *rechts*, a la izquierda *links*, a la entrada *am Eingang*, a la salida *am Ausgang*, al lado *nebenan* u. a.:
  Nos encontramos **a la entrada**. *Wir haben uns **am Eingang** getroffen.*
  Mi casa está aquí **al lado**. *Meine Wohnung befindet sich hier **nebenan**.*

In temporaler Verwendung steht die Präposition a in folgendem Kontext:

- Zeitablauf:
  Se jubilaron **a** los 65 años. ***Mit** 65 (Jahren) sind sie in den Ruhestand gegangen.*
  Al año de conocerse, se casaron. *Sie haben ein Jahr, nachdem sie sich kennengelernt hatten, geheiratet.*

- Häufigkeit:
  Quedamos una vez **al** mes. *Wir treffen uns einmal **im** Monat.*
  Como fruta dos veces **al** día. *Ich esse zweimal **am** Tag Obst.*
- Angabe der Uhrzeit:
  Como **a** las dos. *Ich esse **um** zwei Uhr.*
  El tren llega **a** las ocho. *Der Zug kommt **um** acht Uhr an.*

C1
- feste Wendungen wie al amanecer *bei Tagesanbruch*, al anochecer *bei Einbruch der Nacht*, al atardecer *gegen Abend*, a media mañana/tarde *spät am Vormittag/am Nachmittag*, a(l) mediodía *mittags*, a medianoche *um Mitternacht*:
  Me desperté **al amanecer**. *Ich bin **bei Tagesanbruch** aufgewacht.*
  En esta época del año empieza a hacer frío **al atardecer**. *In dieser Jahreszeit wird es **gegen Abend** kalt.*

B1 ⚡ Kausal zum Ausdruck des Zwecks oder einer Absicht wird die Präposition a anstelle von para in Verbindung mit Verben der Bewegung verwendet:
Voy al supermercado **a** comprar. *Ich gehe **zum** Einkaufen zum Supermarkt.*
Bajo **a** tirar la basura. *Ich gehe runter, **um** den Müll weg**zu**werfen.*

Des Weiteren steht die Präposition a auch:
- modal, zur Angabe der Art und Weise:
  Hemos venido **a** pie. *Wir sind **zu** Fuß gekommen.*
  Lo celebraron **a** la grande. *Sie haben groß gefeiert.*
- zur Angabe von Mengen:
  Los turistas llegaron **a** cientos. *Es sind Hunderte von Touristen gekommen.*
- zur Angabe des Preises:
  El kilo de manzanas está **a** dos euros. *Ein Kilo Äpfel kostet zwei Euro.*
  Hemos comprado 100 unidades **a** un euro cada una. *Wir haben 100 Stücke **zu** je ein Euro gekauft.*
- zusammen mit bestimmten Verben wie empezar a *anfangen zu*, B1 acostumbrarse a *sich gewöhnen an*, B2 saber a *schmecken nach*, jugar a *spielen*, B1 atreverse a *es wagen zu* u. a.:
  Me gusta jugar **al** fútbol. *Ich spiele gerne Fußball.*
  El pastel sabe **a** canela. *Der Kuchen schmeckt **nach** Zimt.*

Die Präposition con

Die Präposition con wird gebraucht:
- zur Angabe einer Verbindung oder eines Zusammenhangs:
  Hemos salido **con** unos amigos. *Wir sind **mit** ein paar Freunden ausgegangen.*
  He comido carne **con** verduras. *Ich habe Fleisch **mit** Gemüse gegessen.*
- zum Ausdruck des Mittels oder Instruments, mit dem etwas gemacht wird:
  No escribas **con** lápiz. *Schreib nicht **mit** dem Bleistift.*
  ¿Por qué comes **con** la mano? *Warum isst du **mit** der Hand?*

- zur Angabe der Art und Weise, wie etwas geschieht:
  Te ayudaré **con** mucho gusto. *Ich werde dir **mit** Vergnügen helfen.*
  Actuasteis **con** seguridad. *Ihr habt sehr sicher gehandelt.*
- mit bestimmten Verben wie A2 casarse con *jdn. heiraten*, C1 contar con *zählen auf*, B1 enfadarse con *böse werden auf*, A2 soñar con *träumen von*, vivir con *wohnen mit/bei*:
  He **soñado con** mi abuelo. *Ich **habe von** meinem Großvater **geträumt**.*
  Se ha casado **con** un mexicano. *Sie hat einen Mexikaner geheiratet.*

⚡ Die Präposition con verbindet sich mit den Personalpronomen mi und ti zu conmigo bzw. contigo (▷ 7.2):
¿Te has enfadado **conmigo**? *Bist du böse **auf mich**?*
Cuento **contigo**. *Ich zähle **auf dich**.*

Die Präposition de

Örtlich wird die Präposition de gebraucht:
- um die Herkunft anzugeben:
  Soy **de** Honduras. *Ich komme **aus** Honduras.*
  Ayer volvimos **de** Barcelona. *Gestern sind wir **von** Barcelona zurückgekommen.*
- in der Wendung de ... a ...: A2
  He viajado **de** Madrid **a** Burgos en autobús. *Ich bin von Madrid bis Burgos mit dem Bus gefahren.*
  Diese Wendung kann auch zeitlich benutzt werden:
  De doce **a** una hago una pausa para comer. ***Von** zwölf **bis** ein Uhr mache ich Mittagspause.*

⚡ Genitivattribute werden im Spanischen anders als im Deutschen immer mit der Präposition de gebildet: A2
La hermana de mi novio es muy maja. *Die **Schwester meines Freunds** ist sehr nett.*
Mañana es el **cumpleaños de María**. *Morgen ist **Marias Geburtstag**.*

Besitzverhältnisse drückt man immer mit der Präposition de aus:
Esta es la **casa de mi hermana**. *Das ist das **Haus meiner Schwester**.*
Este **libro** es **de la profesora**. *Dieses **Buch** gehört **der Lehrerin**.*

Viele Komposita, die im Deutschen aus zwei Substantiven bestehen, werden im Spanischen mit de wiedergegeben:
Hoy vamos a nuestra **casa de verano**. *Heute fahren wir zu unserem **Sommerhaus**.*
He estado en el **centro de la ciudad**. *Ich bin im **Stadtzentrum** gewesen.*

Eine Reihe häufiger präpositionaler Ausdrücke wird ebenfalls mithilfe der Präposition de gebildet: A2

B1 a causa de *wegen*
C1 a favor de *zugunsten/für*
B1 alrededor de *um … herum*
cerca de *in der Nähe von*
delante de *vor*
después de *nach*
encima de *auf/über*
B2 en lugar de *anstelle von*
junto a *neben*
además de *außer*
al lado de *neben*
antes de *vor*
debajo de *unter*
dentro de *in*
detrás de *hinter*
enfrente de *gegenüber*
B2 fuera de *außer(halb) (von)*
lejos de *weit von*

Terminaremos **antes de** la una. *Wir werden **vor** ein Uhr fertig sein.*
Mételo **dentro de** la bolsa. *Steck es **in** die Tüte.*

B1 Dentro de kann auch temporal gebraucht werden, um einen kommenden, von der Gegenwart ab gerechneten Zeitpunkt anzugeben.
Te llamo **dentro de una semana**. *Ich rufe dich **in einer Woche** an.*
Vuelven **dentro de media hora**. *Sie kommen **in einer halben Stunde** zurück.*

Darüber hinaus steht die Präposition de:

- zur Angabe des Materials:
  Me han regalado una pulsera **de** oro. *Ich habe ein Armband **aus** Gold geschenkt bekommen.*
  Esta mesa es **de** madera. *Dieser Tisch ist **aus** Holz.*
- zum Ausdruck des Grundes:
  Estoy llorando **de** alegría. *Ich weine **aus** Freude.*
  Estaban temblando **de** frío. *Sie zitterten **vor** Kälte.*
- zusammen mit bestimmten Verben wie B1 enamorarse de *sich verlieben in*, B2 despedirse de *sich verabschieden von*, A2 reírse de *lachen über*, A2 tratar de *versuchen zu*:
  ¿De qué te ríes? *Wor**über** lachst du?*
  Trataré **de** llegar pronto. *Ich werde versuchen, früh an**zu**kommen.*
- C1 in bestimmten Ausdrücken aus Substantiv + de + Substantiv:
  Es una **preciosidad de niña**. *Sie ist ein **wunderschönes Mädchen**.*
  Es un **asco de comida**. *Dieses **Essen ist abscheulich**.*

Die Präposition desde

Mit desde wird lokal ein Ausgangspunkt angegeben:
Desde aquí se tarda 5 minutos a pie. ***Von** hier **ab** braucht man 5 Minuten zu Fuß.*
Desde esta ventana se ve el mar. ***Von** diesem Fenster **aus** sieht man das Meer.*

Temporal bezeichnet die Präposition desde einen Zeitpunkt, von dem aus ein Sachverhalt besteht:
No nos hemos visto **desde** el lunes. *Wir haben uns **seit** Montag nicht gesehen.*

⚡ Soll die Zeitdauer ausgedrückt werden, wird desde hace benutzt:

desde → Zeitpunkt	desde hace → Zeitdauer
Te espero **desde** la una. *Ich warte **seit** ein Uhr auf dich.* No la he visto **desde** enero. *Ich habe sie **seit** Januar nicht (mehr) gesehen.*	Te espero **desde hace** una hora. *Ich warte **seit** einer Stunde auf dich.* No la he visto **desde hace** dos meses. *Ich habe sie **seit** zwei Monaten nicht (mehr) gesehen.*

Desde ... hasta ... hat dieselbe Bedeutung wie de ... a ... und kann genauso als Orts- bzw. Zeitangabe verwendet werden: A2
Desde (De) Madrid **hasta (a)** Berlín hay más de mil quinientos kilómetros. *Von* Madrid *bis* Berlin sind es mehr als tausendfünfhundert Kilometer.*
Estoy de vacaciones **desde** el lunes **hasta** el jueves. *Ich bin **von** Montag **bis** Donnerstag in Urlaub.*

Die Präposition en

Auf die Frage *wo?* wird im Spanischen in der Regel mit en geantwortet:
¿Vas a estar **en** casa esta tarde? *Wirst du heute Nachmittag **zu** Hause sein?*
Trabajo **en** un restaurante. *Ich arbeite **in** einem Restaurant.*

⚡ En kann anstelle von dentro de *in*, sobre/encima de *auf* verwendet werden:
He puesto los periódicos **en** (= encima de) la mesa. *Ich habe die Zeitungen **auf** den Tisch gelegt.*
Las llaves están **en** el (= dentro del) cajón. *Die Schlüssel liegen **in** der Schublade.*
Mit B1 suelo *Boden*, B2 techo *Decke* und B1 pared *Wand* wird immer en benutzt:
No te sientes **en** el suelo. *Setz dich nicht **auf** den Boden.*
En la pared hay un cuadro muy bonito. ***An** der Wand hängt ein sehr schönes Bild.*

Temporal können mit der Präposition en ausgedrückt werden:

- Jahres- oder Monatsangaben:
  Nos conocimos **en** enero. *Wir haben uns **im** Januar kennengelernt.*
  Visitamos Cuzco **en** 1982. *Wir haben Cuzco 1982 besucht.*
  ⚡ Zeitspannen zwischen dem Beginn eines Geschehens und dem Sprechzeitpunkt gibt man mit hace an, einer unpersönlichen Form von hacer *machen*: B1
  La conocí **hace** un mes. *Ich habe sie **vor** einem Monat kennengelernt.*
  Visitamos Cuzco **hace** 5 años. *Wir haben Cuzco **vor** 5 Jahren besucht.*
- Zeitspannen, innerhalb deren etwas gemacht wird bzw. etwas geschieht:
  Tengo que acabarlo **en** una hora. *Ich muss es **in** einer Stunde schaffen.*

Außerdem wird die Präposition en verwendet:

- zur Angabe des Verkehrsmittels:
  Siempre viajo **en** tren. *Ich reise immer **mit** dem Zug.*
  No saben montar **en** bicicleta. Sie können nicht Fahrrad fahren.

- modal zur Angabe der Art und Weise, wie etwas gemacht wird:
  ¿Por qué hablas **en** voz baja? *Warum sprichst du leise?*
- bei festen Wendungen wie C1 en broma *im Scherz*, B1 en general *im Allgemeinen*, B2 en realidad *eigentlich*, C1 en este sentido *in dieser Hinsicht*:
  En realidad no me apetece ir. *Eigentlich habe ich keine Lust, hinzugehen.*
- zusammen mit bestimmten Verben wie B1 confiar en *jdm. vertrauen*, pensar en *denken an*, C2 empeñarse en *beharren auf*, B2 esforzarse en *sich bemühen um*:
  Estoy pensando **en** las vacaciones. *Ich denke* ***an*** *den Urlaub.*

Die Präposition para

Mit para wird die Richtung angegeben:
¿A qué hora sale el tren **para** Cádiz? *Um wie viel Uhr fährt der Zug* ***nach*** *Cádiz ab?*
Salgo **para** tu casa ahora mismo. *Ich fahre gleich* ***zu*** *dir.*

B1 Temporal drückt para den Zeitpunkt aus, bis zu dem etwas geschieht:
El trabajo estará listo **para** el martes. *Die Arbeit wird* ***bis*** *Dienstag fertig sein.*
Volveré a casa **para** Navidades. *Ich werde* ***zu*** *Weihnachten nach Hause zurückkommen.*

Mit para wird der Zweck bzw. die Absicht ausgedrückt:
¿Tienes un pañuelo **para** limpiar las gafas? *Hast du einen Taschentuch,* ***um*** *die Brille* ***zu*** *putzen?*
He comprado un ordenador **para** trabajar en casa. *Ich habe einen Computer gekauft,* ***um*** *zu Hause* ***zu*** *arbeiten.*

Des Weiteren wird para gebraucht:
- zur Angabe des Empfängers:
  He comprado un coche **para** ti. *Ich habe einen Wagen* ***für*** *dich gekauft.*
- zur Meinungsäußerung:
  Para mí eso es verdad. ***Meiner Meinung nach*** *ist das wahr.*
- C2 in festen Wendungen wie de aquí para allá *hin und her*, de un día para otro *von heute auf morgen*, para más inri *um den Schaden voll zu machen* usw.:
  Me he pasado todo el día corriendo **de aquí para allá**. *Ich bin den ganzen Tag* ***hin und her*** *gerannt.*

Die Präposition por

Mit por wird der Grund oder die Ursache angegeben:
Lo hice **por** ti. *Ich habe es* ***wegen*** *dir getan.*
Viajamos mucho **por** motivos familiares. *Wir reisen viel* ***aus*** *familiären Gründen.*

Die Präposition por steht ebenfalls bei:
- unbestimmten Ortsangaben oder Orten, die auf einer Strecke liegen:
  He estado paseando **por** la ciudad. *Ich bin* ***durch*** *die Stadt spaziert.*
  Volveremos **por** Cuenca. *Wir werden* ***über*** *Cuenca zurückfahren.*

- ungefähren Zeitangaben: B2
  Por esas fechas estábamos en París. ***Um*** *diese Zeit waren wir in Paris.*
- Tageszeiten:
  Por la mañana me levanto pronto. *Morgens stehe ich früh auf.*
- Preisangaben: B1
  He vendido la moto **por** cinco mil euros. *Ich habe das Motorrad* ***für*** *fünftausend Euro verkauft.*
- der Angabe von Mitteln/Instrumenten/Werkzeugen: B1
  Te he mandado el paquete **por** correo. *Ich habe dir das Paket* ***per*** *Post geschickt.*
- Angaben zur Auf- und Verteilung:
  Cuesta 5 euros **por** persona. *Es kostet fünf Euro* ***pro*** *Person.*
- Angaben, die jemanden oder etwas ersetzen: B1
  Ya lo haré yo **por** ti. *Ich werde es* ***an deiner Stelle*** *tun.*
- Angabe des Urhebers im Passiv: B2
  Ese cuadro fue pintado **por** Frida Kahlo. *Dieses Bild wurde* ***von*** *Frida Kahlo gemalt.*
- festen Wendungen wie por supuesto *selbstverständlich*, por escrito *schriftlich*, por desgracia *leider*, por cierto *übrigens*: B1
  Por supuesto que voy a ir. ***Selbstverständlich*** *werde ich gehen.*
- Kombinationen mit bestimmten Verben wie luchar por *kämpfen um*, decidirse por *sich entscheiden für*, votar por *wählen*: B1
  Ellos luchan **por** la libertad. *Sie kämpfen* ***um/für*** *die Freiheit.*

Weitere Präpositionen

- A2 contra *gegen*:
  No luches **contra** todos. *Kämpf nicht* ***gegen*** *alle.*
- A2 entre *zwischen*:
  La mesa está **entre** la cama y el armario. *Der Tisch liegt* ***zwischen*** *dem Bett und dem Schrank.*
  Te llamo **entre** las dos y las tres. Ich rufe dich ***zwischen*** zwei und drei Uhr an.
  Lo hemos hablado **entre** nosotros. *Wir haben es* ***unter*** *uns besprochen.*
- B1 hacia *auf ... zu, gegen*:
  Vinieron **hacia** mí sonriendo. *Sie sind lächelnd* ***auf*** *mich* ***zu*** *gekommen.*
  Llegaré **hacia** las dos. *Ich werde* ***gegen*** *zwei Uhr ankommen.*
- hasta *bis*:
  Esperamos **hasta** las cinco. *Wir haben* ***bis*** *fünf Uhr gewartet.*
- C1 según *nach, laut*:
  Según tú, no pasó nada. ***Laut*** *dir ist nichts geschehen.*
- sin *ohne*:
  Prefiero el agua **sin** gas. *Ich bevorzuge Wasser* ***ohne*** *Kohlensäure.*
- sobre *auf, über*:
  El jarrón está **sobre** la mesa. *Die Vase steht* ***auf*** *dem Tisch.*

Zwischentest 21

A1 **1. In welchem Satz ist die Präposition a falsch verwendet?**

a. Todavía no he empezado a comer. ☐
b. He estado a la oficina toda la mañana. ☐
c. Llegaron a la una. ☐
d. Le he dicho todo a tu madre. ☐

A1 **2. Welche Präposition muss den Satz ergänzen?**

Hoy he comido .... tu hermano.

a. a ☐ c. por ☐
b. en ☐ d. con ☐

A2 **3. Mit welcher Präposition wird das Genitivattribut im Spanischen gebildet?**

a. a ☐ c. con ☐
b. de ☐ d. desde ☐

B1 **4. In welchem Satz ist dentro de richtig verwendet?**

a. Nos vimos dentro de enero. ☐
b. Nos vemos dentro del 15 de julio. ☐
c. Nos vemos dentro de una semana. ☐
d. Nos vimos dentro de una semana. ☐

A1 **5. Welcher Satz ist korrekt?**

a. Nos conocemos desde tres meses. ☐
b. Nos conocemos desde hace enero. ☐
c. Nos conocemos desde una hora. ☐
d. Nos conocemos desde hace dos años. ☐

A2 **6. Welcher Satz hat die gleiche Bedeutung wie das Beispiel?**

De tu casa a la mía no hay mucha distancia.
a. Desde tu casa hasta la mía no hay mucha distancia. ☐
b. Desde tu casa hasta la mía está muy lejos. ☐
c. Desde tu casa está muy lejos. ☐
d. Desde tu casa no hay mucha distancia. ☐

A1 **7. Mit welcher Präposition wird meistens auf die Frage *wo?* geantwortet?**

a. a ☐ c. en ☐
b. de ☐ d. por ☐

8. Wie lautet die korrekte Übersetzung? B1

Wir haben vor einer Woche geheiratet.

a. Nos casamos desde hace una semana.
b. Nos casamos hace una semana.
c. Nos casamos desde una semana.
d. Nos casamos en una semana.

9. In welchem Satz ist die Präposition para richtig verwendet? A1

a. Toma, esto es para ti.
b. Estoy para la cocina.
c. Nos conocimos para enero.
d. Te lo regalo para haber aprobado.

10. In welchem Satz drückt para den Zweck aus? A1

a. Salgo para Barcelona mañana.
b. He comprado un billete para ir a Barcelona.
c. He comprado un billete para ti.
d. Para mí es mejor ir a Barcelona.

11. Was wird mit der Präposition por nicht ausgedrückt? B1

a. der Zweck
b. der Preis
c. der Grund
d. das Mittel

12. Welches Verb gehört in die Lücke? B1

Al final .... la carrera de Medicina.

a. se ha acostumbrado por
b. se ha decidido por
c. he contado por
d. se ha despedido por

13. In welchem Satz wird die Präposition falsch verwendet? A1

a. El cuaderno está encima de la mesa.
b. El cuaderno está debajo de la mesa.
c. El cuaderno está al lado de la mesa.
d. El cuaderno está sobre de la mesa.

Lösungen

1b. 2d. 3b. 4c. 5d. 6a. 7c.
8b. 9a. 10b. 11a. 12b. 13d.

B1

22 Die Konjunktion

*No es filósofo el que sabe dónde está el tesoro, **sino** el que trabaja **y** lo saca.*

Francisco de Quevedo (1580–1645), aristócrata, político y escritor español

*Weise ist nicht, wer weiß, wo der Schatz ist, **sondern** derjenige, der arbeitet **und** ihn herausholt.*

Francisco de Quevedo (1580–1645), spanischer Aristokrat, Politiker und Schriftsteller

G Konjunktionen sind Partikeln, die Satzglieder oder Sätze miteinander verbinden. Das Spanische unterscheidet wie das Deutsche nebenordnende und unterordnende Konjunktionen. Innerhalb der einzelnen Gruppen wiederum lassen sich die Konjunktionen bedeutungs- bzw. funktionsabhängig weiter unterteilen.

22.1 Die nebenordnende Konjunktion

A1

Nebenordnende Konjunktionen verbinden zwei oder mehrere gleichrangige Sätze oder Satzglieder miteinander:
¿Vienes conmigo o te quedas aquí? *Kommst du mit mir **oder** bleibst du hier?*
Tamara y Alberto son sevillanos. *Tamara **und** Alberto kommen aus Sevilla.*

Häufige nebenordnende Konjunktionen:

y *und*	ni *weder, noch*	o (bien) *oder*
C2 mas *aber*	pero *aber*	sino *sondern*

- Y dient zur Verbindung gleichrangiger Satzteile oder Sätze:
  La mesa y la silla son mías. *Der Tisch **und** der Stuhl gehören mir.*
  Está casado y tiene dos hijos. *Er ist verheiratet **und** hat zwei Kinder.*
  Anstelle der Konjunktion y wird die Form e verwendet, wenn das darauffolgende Wort mit i oder hi anfängt:
  Saben hablar francés e inglés muy bien. *Sie können sehr gut Französisch **und** Englisch sprechen.*
  He comprado cerezas e higos. *Ich habe Kirschen **und** Feigen gekauft.*

- Ni verbindet Satzteile oder Sätze, die verneint sind:
  Miriam no tiene (ni) primos ni primas. *Miriam hat **weder** Cousins **noch** Cousinen.*
  Ni han viajado mucho ni les gusta viajar. ***Weder** sind sie viel gereist **noch** reisen sie gerne.*

- Mit o werden zwei oder mehrere Möglichkeiten zur Auswahl gestellt:
  Volveré hoy o mañana. *Ich werde heute **oder** morgen zurückkommen.*
  ¿Quieres tomar té o café o zumo? *Möchtest du Tee **oder** Kaffee **oder** Saft trinken?*
  Anstelle der Konjunktion o wird u benutzt, wenn das darauffolgende Wort mit o bzw. ho anfängt:
  Tienen siete u ocho años. *Sie sind sieben **oder** acht Jahre alt.*
  Dormiremos en un hostal u hotel. *Wir werden in einem Gasthaus **oder** Hotel übernachten.*
  Steht o zwischen Zahlen, wird ó geschrieben, um die Konjunktion besser von der geschriebenen Zahl *Null* zu unterscheiden:
  He estado en Lima 4 ó 5 veces. *Ich bin 4- oder 5-mal in Lima gewesen.*

- Mit pero wird eine Einschränkung oder ein Gegensatz eingeführt:
  Mi marido va al cine, pero yo no voy con él. *Mein Mann geht ins Kino, **aber** ich gehe nicht mit.*
  Te lo agradezco, pero no necesito nada de nada. *Ich danke dir, **aber** ich brauche überhaupt nichts.*

C2

- Mas hat dieselbe Bedeutung wie pero, wird aber fast ausschließlich in der gehobenen Schriftsprache benutzt:
  La situación era grave, **mas** no tanto como se pensó inicialmente. *Die Lage war ernst,* ***dennoch*** *nicht so sehr, wie am Anfang vermutet.*

- Sino stellt eine vorausgehende verneinte Aussage richtig:
  No soy española **sino** cubana. *Ich komme nicht aus Spanien,* ***sondern*** *aus Kuba.*
  No viven en Madrid **sino** en Toledo. *Sie wohnen nicht in Madrid,* ***sondern*** *in Toledo.*
  Folgt sino auf ein Verb, wird que hinzugefügt:
  No es chilena **sino que** trabaja en Santiago. *Sie kommt nicht aus Chile,* ***sondern*** *sie arbeitet in Santiago.*

  ⚡ No sólo ... sino también *nicht nur … sondern auch* dient zur Aneinanderreihung:
  No sólo he comido jamón, **sino también** queso. *Ich habe* ***nicht nur*** *Schinken gegessen,* ***sondern auch*** *Käse.*
  No sólo he nacido en esta ciudad, **sino que también** vivo aquí. *Ich bin* ***nicht nur*** *in dieser Stadt geboren,* ***sondern*** *ich wohne* ***auch*** *hier.*

B1

22.2 Die unterordnende Konjunktion

Unterordnende Konjunktionen verbinden Haupt- und Nebensätze miteinander:
Me dieron un beso **cuando** me vieron. *Sie haben mich geküsst,* ***als*** *sie mich gesehen haben.*
Organizaremos una fiesta de cumpleaños **aunque** no quieras. *Wir werden eine Geburtstagsparty organisieren,* ***selbst wenn*** *du es nicht willst.*

Die Konjunktion que

Mit der Konjunktion que werden Nebensätze eingeleitet, die als Subjekt oder Objekt des Hauptsatzes fungieren:
Es importante **que** se lo digas a ellos. *Es ist wichtig,* ***dass*** *du es ihnen sagst.*
Pienso **que** ya lo saben. *Ich glaube,* ***dass*** *sie es schon wissen.*

⚡ Treten Verben oder Adjektive im Hauptsatz in Verbindung mit bestimmten Präpositionen auf, stehen diese vor que:

soñar con:	Sueño **con que** vengas a visitarnos pronto. *Ich träume* ***davon, dass*** *du uns bald besuchen kommst.*
estar contento de:	Estoy contenta **de que** me acompañes. *Ich freue mich* ***darüber, dass*** *du mich begleitest.*

Que wird auch zur Bildung vieler zusammengesetzter Konjunktionen herangezogen:
Vete **antes de que** sea demasiado tarde. *Geh,* ***bevor*** *es zu spät wird.*

Te regalo una entrada **para que** vayas al concierto. *Ich schenke dir eine Eintrittskarte,* ***damit*** *du ins Konzert gehen kannst.*

Temporale Konjunktionen

B2 antes de que *bevor*	A1 cuando *wenn, als*
desde que *seit(dem)*	después (de) que *nachdem*
hasta que *bis*	mientras *während*
siempre que *immer wenn*	a que *bis*
B2 así/apenas/en cuanto/no bien/tan pronto como *sobald*	
B2 conforme/a medida que *in dem Maße wie*	

Te llamo **siempre que** tengo tiempo. *Ich rufe dich* ***immer, wenn*** *ich Zeit habe, an.*
Quédate aquí **hasta que** deje de llover. *Bleib hier,* ***bis*** *es aufgehört hat zu regnen.*

Temporale Konjunktionen drücken zeitliche Bezüge aus. Die meisten temporalen Konjunktionen können sowohl mit dem Indikativ als auch mit dem Subjuntivo (▷ 16.2) gebraucht werden:
Vino **cuando** la **llamamos**. *Sie ist gekommen,* ***als*** *wir sie* ***angerufen haben.***
Vendrá **cuando** la **llamemos**. *Sie wird kommen,* ***wenn*** *wir sie* ***anrufen.***

Desde que wird jedoch ausschließlich mit dem Indikativ verwendet:
Vivo en Teruel **desde que** me **casé**. *Ich wohne in Teruel,* ***seit*** *ich* ***geheiratet habe.***

Mit así/apenas/en cuanto/no bien/tan pronto como wird das unmittelbare Aufeinanderfolgen der Handlungen im Haupt- und Nebensatz ausgedrückt:
Te avisaré **en cuanto** termine. ***Sobald*** *ich fertig bin, werde ich dir Bescheid sagen.*

A medida que und conforme drücken den allmählichen Verlauf von Handlungen aus, die parallel im Haupt- und Nebensatz verlaufen:
A medida que se hacían mayores, se volvían más exigentes. ***In der Maße, wie*** *sie größer wurden, wurden sie anspruchsvoller.*

Modale Konjunktionen

como *wie*	B2 como si *als ob*

Modale Konjunktionen drücken die Art und Weise eines Geschehens aus:
Lo haré **como** lo hemos planeado. *Ich werde so vorgehen,* ***wie*** *wir geplant haben.*

Como si wird immer mit Subjuntivo Imperfekt oder Plusquamperfekt gebraucht. Damit wird der Hauptsatz mit einem hypothetischen Sachverhalt verglichen:
Me miraban **como si** quisieran decirme algo. *Sie schauten mich an,* ***als wenn*** *sie mir etwas sagen wollten.*
Me regañaron **como si** yo hubiera tenido la culpa. *Sie schimpften auf mich,* ***als ob*** *ich schuld gewesen sei.*

Kausale Konjunktionen

como *da, weil*
A1 porque *da, weil, denn*
B2 puesto que *da, weil, denn*
A2 es que *nämlich*
pues *denn*
B2 ya que *da ja, da (nämlich), weil*

Mit kausalen Konjunktionen wird der Grund einer Handlung oder eines Zustands eingeführt. Sie werden immer mit dem Indikativ benutzt:
La ayudo **porque** me lo ha pedido. *Ich helfe ihr, **weil** sie mich darum gebeten hat.*
No pude pagar **ya que** no llevaba dinero. *Ich konnte nicht bezahlen, **da** ich kein Geld bei mir hatte.*
Tuve que ir solo, **pues** no me acompañaron. *Ich musste allein gehen, **denn** sie begleiteten mich nicht.*
Te lo digo **puesto que** me lo preguntas. *Ich sage es dir, **da** du es mich fragst.*

Como wird in der Regel benutzt, wenn der Grund an erster Stelle genannt wird:
Como no tengo hambre, comeré más tarde. ***Da** ich kein Hunger habe, werde ich später essen.*

A2 Es que wird in der gesprochenen Sprache benutzt, um einen Grund einzuleiten, der gleichzeitig Rechtfertigung oder auch Entschuldigung ist:
No pude acompañarte, **es que** tenía que trabajar. *Ich konnte dich nicht begleiten, **weil** ich leider arbeiten musste.*

B2 Finale Konjunktionen

para que *damit*
a fin/con el fin de que *damit*
C2 porque *damit*
con (el)objeto/con el propósito/con la finalidad de que *in der Absicht, dass*

Mit finalen Konjunktionen wird der Zweck oder die Absicht ausgedrückt:
Te ayudo **para que** acabes antes. *Ich helfe dir, **damit** du früher fertig bist.*
No dice nada **porque** no te enfades con él. *Er sagt nichts, **damit** du ihm nicht böse bist.*

A fin/con el fin de que sowie con (el) objeto/con el propósito/con la finalidad de que finden in eher formellen Sprachsituationen Anwendung:
Los ministros de Economía se reunirán mañana **con el fin** de debatir sobre la situación económica actual. *Die Wirtschaftsminister werden morgen zusammentreten, **um** über die aktuelle Wirtschaftslage **zu** debattieren.*

Finale Konjunktionen werden immer mit dem Subjuntivo verwendet, es sei denn, dass das Subjekt im Haupt- und Nebensatz identisch ist (▶ 16.3):
Te he comprado una entrada **para que vayas** al concierto. *Ich habe dir eine Eintrittskarte gekauft, **damit** du ins Konzert **gehen kannst**.*
He comprado una entrada **para ir** al concierto. *Ich habe eine Eintrittskarte gekauft, **um** ins Konzert **zu gehen**.*

Konsekutive Konjunktionen

B2

así que *daher, sodass*
de modo/de manera que *sodass*
tan + Adjektiv/Adverb + que *so* + Adjektiv/Adverb + *dass*
tal/tales + Substantiv + que *solche/r/s, so ein/e* + Substantiv + *dass*
tanto/-a/-os/-as + Substantiv + que *so viel/e* + Substantiv + *dass*
C1 conque *folglich, also*
Verb + tanto que Verb + *so viel/sehr, dass*

Mit konsekutiven Konjunktionen wird die Folge der Haupthandlung eingeführt. Sie werden in der Regel mit dem Indikativ gebraucht:
Estoy cansado, **así que** me voy a dormir. *Ich bin müde und gehe **daher** schlafen.*
Está enferma, **de modo que** no puede ir. *Sie ist krank, **sodass** sie nicht gehen kann.*

Conque wird überwiegend in der gesprochenen Sprache gebraucht:
Tú no estabas, **conque** no hables. *Du warst nicht da, rede **also** nicht.*

Tan ... que wird zusammen mit Adjektiven oder Adverbien verwendet und ist unveränderlich:
Los paquetes eran **tan grandes que** no cabían por la puerta. *Die Pakete waren **so groß, dass** sie nicht durch die Tür passten.*
Dibuja **tan bien que** llegará a ser un gran artista. *Er kann **so gut** zeichnen, **dass** er ein großer Künstler werden wird.*

Tal ... que tritt in Verbindung mit Substantiven auf und gleicht im Numerus an diese an:
Dijeron **tales bobadas que** todos se echaron a reír. *Sie haben **solchen Blödsinn** geredet, **dass** alle gelacht haben.*
Tengo **tal hambre que** me comería diez hamburguesas. *Ich habe **so einen Hunger, dass** ich zehn Hamburger essen könnte.*

Tanto ... que wird mit Substantiven gebraucht und gleicht im Numerus und im Genus an diese an:
Tenemos **tantos amigos que** no tenemos tiempo de visitarlos a todos. *Wir haben **so viele Freunde, dass** wir keine Zeit haben, sie alle zu besuchen.*
Tenían **tanta prisa que** no me esperaron. *Sie waren **so in Eile, dass** sie nicht auf mich gewartet haben.*

Konditionale Konjunktionen

B2

a condición de que *unter der Bedingung, dass*
a no ser que/a menos que *es sei denn, dass*
con tal (de) que *vorausgesetzt, dass*
siempre que/siempre y cuando *vorausgesetzt, dass*
C1 como *wenn*
A1 si *wenn*
en caso de que *falls*

Konditionale Konjunktionen leiten Bedingungen ein. Alle konditionalen Konjunktionen außer si verlangen immer den Subjuntivo:
No tendrás dinero suficiente **a no ser que** hayas ahorrado un poco. *Das Geld wird dir nicht reichen,* ***es sei denn,*** *du hast ein bisschen gespart.*
No podremos hacer nada **a menos que** tú nos ayudes. *Wir werden nichts tun können,* ***es sei denn,*** *du hilfst uns.*

Je nach dem Wahrscheinlichkeitsgrad der Bedingung können der Subjuntivo Imperfekt und Plusquamperfekt (▶ 16.5) nach si stehen:
Me alegraría mucho **si vinieran**. *Ich würde mich sehr freuen, wenn* ***sie kommen würden****.*
Me habría alegrado mucho **si hubieran venido**. *Ich hätte mich sehr gefreut,* ***wenn sie gekommen wären.***

Der Subjuntivo Präsens und das Futur können hingegen nie nach si verwendet werden:
Si no vienes mañana, no hace falta que llames. ***Wenn*** *du morgen nicht kommst, brauchst du nicht anzurufen.*

A condición de que, con tal de que und siempre y cuando drücken aus, dass die Erfüllung einer Bedingung zwingend und unabdingbar ist, damit der im Hauptsatz genannte Sachverhalt eintritt:
Te presto el libro **a condición de que** me lo devuelvas mañana. *Ich leihe dir das Buch,* ***unter der Bedingung, dass*** *du es mir morgen zurückgibst.*
Te presto el coche **siempre y cuando** vuelvas antes de las cinco. *Ich leihe dir das Auto,* ***vorausgesetzt,*** *du kommst vor fünf Uhr zurück.*
Vendrán a la reunión **con tal de que** no sea por la tarde. *Sie werden zur Besprechung kommen,* ***vorausgesetzt,*** *sie findet nicht am Nachmittag statt.*

Como kann eine Warnung enthalten:
Como no seas puntual, me voy. ***Wenn*** *du nicht pünktlich bist, werde ich gehen.*

B2 Konzessive Konjunktionen

así *und wenn*
a pesar de que *obwohl*
aunque *obwohl, selbst/auch wenn*
aun cuando *wenn auch, obwohl, selbst wenn*
aun a riesgo de que *auf die Gefahr hin, dass*
(aun) a sabiendas de que *selbst wenn, auch wenn*
bien que *obgleich, wenn auch*
por más/mucho que *wie sehr (auch), so viel (auch)*
por muy + Adjektiv + que sea *so* + Adjektiv + *es sein mag*
si bien *wenn auch*

Mit konzessiven Konjunktionen wird eine Einräumung oder einen Gegengrund eingeführt:
Te lo diré **aun a riesgo de que** te enfades conmigo. *Ich werde es dir sagen, **auf die Gefahr hin, dass** du dich über mich ärgerst.*
No aprenderán nada **así** vivan doscientos años. *Sie werden nichts lernen, **und wenn** sie zweihundert Jahre leben.*

Aunque, por más/mucho que, aun cuando und a pesar de que werden abhängig vom Kontext mit dem Indikativ oder dem Subjuntivo (▷ 16.4) verwendet:
Por más que insistieron no les presté el dinero. ***Wie sehr** sie auch darauf bestanden haben, ich habe ihnen kein Geld geliehen.*
Lo conseguiré **aunque** me cueste mucho. *Ich werde das schaffen, **selbst/auch wenn** es mich viel Mühe kostet.*
No nos llamaron, **a pesar de que** estaban en la ciudad. *Sie meldeten sich nicht bei uns, **obwohl** sie in der Stadt waren.*

Mit por más/mucho que wird in der Regel kein Futur und Konditional benutzt, sondern der Subjuntivo: C2

aunque, aun cuando, a pesar de que	por más/mucho que
Aunque este verano **trabajaremos** mucho, no ahorraremos lo suficiente. ***Selbst wenn** wir diesen Sommer viel **arbeiten werden**, werden wir nicht genügend Geld sparen*	**Por mucho que trabajemos** este verano, no ahorraremos lo suficiente. ***Wie sehr** wir diesen Sommer **auch arbeiten**, wir werden nicht genügend Geld sparen.*
Ya te dije que **aun cuando** este verano **trabajaríamos** mucho, no podríamos ahorrar lo suficiente. *Ich hatte dir schon gesagt, dass **selbst wenn** wir diesen Sommer viel **arbeiten würden**, wir nicht genügend Geld sparen würden.*	Ya te dije que **por mucho que trabajáramos** este verano, no podríamos ahorrar lo suficiente. *Ich hatte dir schon gesagt, dass **so viel** wir diesen Sommer **auch arbeiten würden**, wir nicht genügend Geld sparen würden.*

(Aun) a sabiendas de que und si bien werden immer mit dem Indikativ gebildet:
Lo hiciste **(aun) a sabiendas de que** me **molesta**. *Du hast es gemacht, **obwohl** (du wusstest, dass) es mich stört.*

Aun cuando, si bien und bien que werden überwiegend in der gehobenen Sprache verwendet:
La manifestación se ha desarrollado pacíficamente, **si bien** se han producido algunos incidentes con la policía. *Die Demonstration ist friedlich verlaufen, **selbst wenn** es zu Zwischenfällen mit der Polizei gekommen ist.*

Zwischentest 22

A1 **1. Was verbinden nebenordnende Konjunktionen?**

a. gleichwertige Sätze ☐
b. Haupt- und Nebensatz ☐
c. einzelne Satzteile ☐
d. Subjekt und Verb ☐

A1 **2. Welche Konjunktion ist keine nebenordnende Konjunktion?**

a. sino ☐
b. ni ☐
c. cuando ☐
d. o ☐

A1 **3. Mit welchem Satzteil muss der Satz ergänzt werden?**

No trabajo en ese restaurante, ...
a. sino voy a comer allí a menudo ☐
b. sino que voy a comer allí a menudo ☐
c. sino también voy a comer allí a menudo ☐
d. sino que también voy a comer allí a menudo ☐

B1 **4. Welche Funktion hat der mit que eingeleitete Nebensatz?**

a. modale Bestimmung des Hauptsatzes ☐
b. temporale Bestimmung des Hauptsatzes ☐
c. lokale Bestimmung des Hauptsatzes ☐
d. Subjekt oder Objekt des Hauptsatzes ☐

B1 **5. Welche Konjunktion passt nicht zu den anderen?**

a. cuando ☐
b. aun cuando ☐
c. en cuanto ☐
d. mientras ☐

B2 **6. Wie lautet die richtige Übersetzung ins Spanische?**

Er fragte mich, als ob er von nichts wusste.
a. Me preguntó como si no supiera nada. ☐
b. Me preguntó como si no sabía nada. ☐
c. Me preguntó como si no sabría nada. ☐
d. Me preguntó como si no supo nada. ☐

A2 **7. Welche Konjunktion verbindet Haupt- und Nebensatz?**

No pude ir a la fiesta, ... tenía que trabajar.
a. es que ☐
b. conque ☐
c. así ☐
d. como ☐

8. Welcher der folgenden finalen Sätze ist richtig? B2

a. No te lo he contado para que te enfadas. ☐
b. No te lo he contado para que enfadarte. ☐
c. No te lo he contado para enfadar. ☐
d. No te lo he contado para que te enfades. ☐

9. Welche Funktion hat porque im folgenden Satz? C2

Reza porque no te haya oído.

a. kausal ☐ c. final ☐
b. modal ☐ d. temporal ☐

10. Welcher Satz ist richtig? B2

a. Tengo tan sed que me bebería un litro de agua. ☐
b. Tengo tanto sed que me bebería un litro de agua. ☐
c. Tengo tanta sed que me bebería un litro de agua. ☐
d. Tengo tantos sed que me bebería un litro de agua. ☐

11. Welche Bedeutung hat como im folgenden Satz? C1

Como no te des prisa, perderemos el tren.

a. modale Bedeutung ☐ c. kausale Bedeutung ☐
b. finale Bedeutung ☐ d. konditionale Bedeutung ☐

12. Welcher Satzteil gehört in die Lücke? B2

Tienes que decírselo, ...

a. si bien se enfade ☐
b. aunque se enfade ☐
c. aun a sabiendas de que se enfade ☐
d. por mucho que se enfadará ☐

13. In welchem Bedingungssatz stimmen die verwendeten Zeiten? B2

a. Si tendría dinero, me lo compraría. ☐
b. Si tuviera dinero, me lo compraría. ☐
c. Si tenga dinero, me lo compraría. ☐
d. Si tendré dinero, me lo compraría. ☐

Lösungen

1 a. 2 c. 3 b. 4 d. 5 b. 6 a. 7 a.
8 d. 9 c. 10 c. 11 d. 12 b. 13 b.

A1

23 Die Satzglieder

La libertad no hace felices a los hombres, los hace sencillamente hombres.

Manuel Azaña (1880–1940), político y escritor español

Die Freiheit macht den Menschen nicht glücklich, sie lässt sie einfach Menschen werden.

Manuel Azaña (1880–1940), spanischer Politiker und Schriftsteller

G Der spanische Satz besteht aus Subjekt, Prädikat und Objekt, zu denen adverbiale Bestimmungen und Attribute hinzutreten können.
Anders als im Deutschen wird das Subjekt im Spanischen häufig ausgelassen.
Das indirekte Objekt wird immer mit der Präposition a eingeleitet, das direkte Objekt hingegen nur in bestimmten Fällen.

23.1 Das Subjekt

A1

Das Subjekt bezeichnet den Handelnden im Satz. Es stimmt immer in Numerus und Person mit dem Verb überein:
El niño se llama Rodrigo. ***Das Kind heißt*** *Rodrigo.*
Esos coches son muy caros. ***Diese Wagen sind*** *sehr teuer.*

Als Subjekt können Personalpronomen, Eigennamen, Substantive oder Nebensätze benutzt werden:
Carlos es mi novio. ***Carlos*** *ist mein Freund.*
La **casa** está en el centro de la ciudad. *Das* ***Haus*** *liegt im Stadtzentrum.*
Los que se matriculen hoy, tendrán un descuento. ***Wer sich heute einschreibt****, bekommt eine Ermäßigung.*
Gente *Leute*, la mayoría de *die Mehrheit von*, la mitad de *die Hälfte von*, el ... por ciento de ... *Prozent von* gehören zu einer Reihe von Ausdrücken, die das Prädikat immer im Singular anschließen:
El 25 por ciento de la población **tiene** más de 50 años. ***25 Prozent*** *der Bevölkerung* ***sind*** *älter als 50.*
La gente no **ha** dicho nada. ***Die Leute haben*** *nichts gesagt.*

Personalpronomen fallen häufig weg, wenn sie als Subjekt fungieren, die meisten verbalen Endungen drücken die Person unmissverständlich aus:
Siempre com**emos** a las dos. ***Wir*** *essen immer um zwei Uhr.*
¿Est**áis** de vacaciones? *Seid* ***ihr*** *im Urlaub?*

Das Subjekt wird in der Regel auch weggelassen, wenn es schon erwähnt wurde:
Mis padres se casaron cuando todavía eran muy jóvenes y se fueron a vivir al extranjero. ***Meine Eltern*** *haben geheiratet, als* ***sie*** *noch sehr jung* ***waren*** *und* ***(sie)*** *sind ins Ausland ausgewandert.*

23.2 Das Dativ- und das Akkusativobjekt

A1

Da das Spanische keine Kasusendungen wie das Deutsche (des *Kindes*, den *Männern*) kennt, werden das Dativ- und das Akkusativobjekt in der Regel durch Hinzufügen der Präposition a unterschieden: Dativobjekte werden durch a eingeleitet, Akkusativobjekte werden meist ohne Präposition gebildet:
Dativobjekt: Se lo he regalado **a mi hermano.** *Ich habe es* ***meinem Bruder*** *geschenkt.*
Akkusativobjekt: He comprado **un libro.** *Ich habe* ***ein Buch*** *gekauft.*
He regalado **un libro a mi hermano.** *Ich habe* ***meinem Bruder ein Buch*** *geschenkt.*

Ausnahme: Ist das Dativobjekt ein unbetontes Personalpronomen (▶ 7.2), steht es ohne Präposition:

unbetont: **Les** he contado todo. *Ich habe **ihnen** alles erzählt.*
betont: **A ellos** les he contado todo. ***Ihnen** habe ich alles erzählt (den anderen nicht).*

B1 ⚡ Eine Reihe von Verben, die im Deutschen den Dativ erfordern, stehen im Spanischen mit dem Akkusativ: amenazar *drohen*, ayudar *helfen*, contradecir *widersprechen*, creer *glauben*, despedir *kündigen*, encontrar *begegnen*, felicitar *gratulieren*, obedecer *gehorchen*, perdonar *verzeihen*, seguir *folgen* u. a.:
¿**La** puedes ayudar, por favor? *Kannst du **ihr** bitte helfen?*
No **los** voy a perdonar nunca. *Ich werde **ihnen** nie verzeihen.*

B1

Das Akkusativobjekt mit der Präposition a

Ist das direkte Objekt eine bestimmte Person, wird es mit a angeführt:
¿Habéis visto **al portero**? *Habt ihr **den Hausmeister** gesehen?*
Aber: Buscamos **un portero** cualificado. *Wir suchen **einen qualifizierten** Hausmeister.*
Buscamos **porteros** para este barrio. *Wir suchen **Hausmeister** für dieses Stadtviertel.*

Auch betonte Personalpronomen als Akkusativobjekt werden mit der Präposition a angeschlossen, sowie Indefinitpronomen, die sich auf Personen beziehen und das Fragepronomen quién:
La he visto **a ella**. *Ich habe **sie** gesehen.*
No conozco **a nadie** aquí. *Ich kenne **niemanden** hier.*
¿**A quién** buscas? ***Wen** suchst du?*

C1 Des Weiteren werden folgende Formen des Akkusativobjekts mit der Präposition a eingeleitet:

- als Kollektiva verstandene öffentliche Einrichtungen wie escuela *Schule*, empresa *Unternehmen* usw., wenn sich der berichtete Sachverhalt auf die damit in Verbindung stehenden Personen bezieht:
  Multaron **a la empresa**. *Das Unternehmen wurde mit einer Geldstrafe belegt.*
- Eigennamen von Tieren:
  He visto **a Blanca**, tu perra. *Ich habe **Blanca,** deine Hündin, gesehen.*
- Tiere oder Sachen, wenn das Prädikat üblicherweise im Zusammenhang mit Personen verwendet wird:
  Mi marido **quiere a su moto** más que a mí. *Mein Mann **liebt sein Motorrad** mehr als mich.*
  Tratan al perro como a una persona. *Sie **behandeln den Hund** wie einen Menschen.*
  Bei Haustieren wird als Zeichen des Gefühlsbezugs die Präposition a üblicherweise immer benutzt:
  ¿Ya has sacado a pasear **al perro**? *Hast du den Hund schon Gassi geführt?*

- unbestimmte Personen in Verbindung mit Verben der Wahrnehmung wie mirar *schauen*, observar *beobachten, betrachten*, oír *hören*, ver *sehen*:
  Cuando estaba en el parque **he oído a una señora** gritar. *Als ich im Park war, **habe ich eine Frau** schreien gehört.*
- unbestimmte Personen mit Verben wie acompañar *begleiten*, admirar *bewundern*, amar *lieben*, engañar *betrügen*, golpear *schlagen*, maltratar *misshandeln*, matar *töten*, odiar *hassen*, saludar *grüßen*:
  Voy a **saludar a unos amigos** y ahora vuelvo. *Ich gehe **ein paar Freunde** begrüßen und komme gleich zurück.*

Ist ein Akkusativobjekt, das von der Präposition a begleitet wird, nicht von einem Dativobjekt zu unterscheiden, gilt entweder die Annahme, dass das Objekt in erster Position das Akkusativobjekt ist oder die Präposition a vor dem Akkusativobjekt entfällt in diesen Fällen:
Presenté **(a) mis amigos** al jefe. *Ich habe dem Chef **meine Freunde** vorgestellt.*
Eine weitere Möglichkeit zu differenzieren besteht darin, Personalpronomen hinzuzufügen:
Le presenté (a) mis amigos al jefe. *Ich habe dem Chef **meine Freunde** vorgestellt.*

23.3 Die Adverbialbestimmung A1

Adverbialbestimmungen geben Umstände wie die Zeit, den Raum, die Art und Weise, usw. eines Geschehens an. Sie antworten u. a. auf die Fragen *wann?*, *wo?*, *wohin?*, *wie?*, *mit wem?*:
He ido **al cine con** Pepe. *Ich bin **mit** Pepe **ins Kino** gegangen.*
Lo has hecho **muy bien**. *Du hast es **sehr gut** gemacht.*

Sie bestehen meist aus Adverbien (▷ 6) oder werden durch Präpositionen (▷ 21) eingeführt, denen ein Substantiv folgt:
Me he levantado **muy pronto**. *Ich bin **sehr früh** aufgestanden.*
He salido **de casa a las ocho**. *Ich bin **um acht Uhr aus dem Haus** gegangen.*

L! Viele Präpositional- bzw. Adverbialausdrücke unterstehen keiner Regel und müssen einfach gelernt werden: B2

A2 a menudo *oft*	A2 a la vez *gleichzeitig*
de buen/mal humor *guter/schlechter Laune*	de buen/mal grado *gerne/ungern*
de espaldas a *mit dem Rücken zu etw.*	por adelantado *im Voraus*
A2 de vez en cuando/a veces *manchmal*	por supuesto *selbstverständlich*
hoy en día/hoy por hoy *heutzutage*	por el/de momento *zurzeit*

Quedamos **a menudo**. *Wir treffen uns **oft**.*
De momento no sabemos nada. ***Zurzeit** wissen wir nichts.*

Zwischentest 23

A1 **1. Worin stimmt das Subjekt mit dem Verb überein?**

a. im Genus ☐
b. in der Person ☐
c. in Genus und Numerus ☐
d. in der Person und im Numerus ☐

A1 **2. Welches Subjekt hat der Satz?**

Empezamos a trabajar a las ocho.

a. nosotros ☐
b. ellos ☐
c. vosotros ☐
d. ustedes ☐

A1 **3. Was kann nicht als Subjekt stehen?**

a. Eigennamen ☐
b. Substantive ☐
c. Adverbien ☐
d. Personalpronomen ☐

A1 **4. In welchem Satz kann das Subjekt weggelassen werden?**

a. A las cinco de la tarde se marchó mi madre. ☐
b. A las dos de la tarde nosotros empezamos a comer. ☐
c. A las ocho de la tarde llegaron los invitados. ☐
d. A las seis de la mañana mi hijo volvió a casa. ☐

A1 **5. Mit welcher Präposition wird das Dativobjekt eingeleitet?**

a. a ☐
b. con ☐
c. por ☐
d. de ☐

B1 **6. Welcher Satz ist nicht richtig?**

a. La han despedido. ☐
b. A tu amiga no sé por qué le sigues a todas partes. ☐
c. Los hemos felicitado por su nuevo trabajo. ☐
d. A tu madre me la he encontrado esta mañana. ☐

B1 **7. Wann wird das Akkusativobjekt mit der Präposition a gebildet?**

a. immer ☐
b. wenn es sich um eine unbestimmte Person handelt ☐
c. nie ☐
d. wenn es sich um eine bestimmte Person handelt ☐

8. In welchem Satz ist das Akkusativobjekt richtig gebildet? B1

a. He visto a tu coche.
b. Estoy buscando una nueva recepcionista.
c. Me ha saludado mí.
d. He leído a un libro.

9. Wie lautet die Übersetzung des Satzes? C1

Nimm die Katze nicht in den Arm!

a. ¡No cojas el gato en brazos!
b. ¡El gato no cojas en brazos!
c. ¡A el gato en brazos no cojas!
d. ¡No cojas en brazos al gato!

10. Mit welchem Satzteil muss der Satz ergänzt werden? B1

¿Conocéis .... ?

a. alguien que sepa hablar japonés
b. a alguien que sepa hablar japonés
c. alguien que sepa hablar a japonés
d. a alguien que sepa hablar a japonés

11. Auf welche Frage antworten Adverbialbestimmungen nicht? A1

a. Wer?
b. Wann?
c. Wie?
d. Wohin?

12. Wie ist der Satz richtig zu vervollständigen? B2

Mi hermana es la que está ....

a. de espaldas con el mar
b. con las espaldas al mar
c. de espaldas al mar
d. a espaldas al mar

13. Welcher Satz enthält die passende Übersetzung ins Spanische? B2

Ich werde dir sehr gerne helfen.

a. Te ayudaré buen grado.
b. Te ayudaré por buen grado.
c. Te ayudaré de buen grado.
d. Te ayudaré a buen grado.

Lösungen

1 d. 2 a. 3 c. 4 b. 5 a. 6 b. 7 d.
8 b. 9 d. 10 b. 11 a. 12 c. 13 c.

A1

24 Die Wortstellung im Satz

Quien habla de cosas que no le atañen,
escucha cosas que no le gustan.

Averroes (1126–1198), filósofo y médico hispano-árabe

Wer von Sachen spricht, die ihn nichts angehen,
hört Sachen, die ihm nicht gefallen.

Averroes (1126–1198),
spanisch-arabischer Philosoph und Arzt

G Die Wortfolge im spanischen Satz ist relativ frei. Sowohl im Aussage- als auch im Fragesatz belegen unbetonte Personalpronomen immer eine feste Stelle. Betonte Satzteile stehen in der Regel am Satzanfang.

24.1 Der Aussagesatz

A1

In Aussagesätzen werden Sachverhalte als tatsächlich, möglich oder hypothetisch dargestellt. Aussagesätze enden in der Regel mit einem Punkt.

Die übliche Reihenfolge der Satzglieder im spanischen Aussagesatz ist:

Subjekt + Verb + direktes Objekt + indirektes Objekt + Adverbialbestimmungen

Mi hermana ha regalado un collar de perlas a mi madre esta mañana. *Meine Schwester hat meiner Mutter heute Vormittag eine Perlenkette geschenkt.*

Anders als im Deutschen steht das Akkusativobjekt in der Regel vor dem Dativobjekt:
Mi hermano ha comprado **un coche a su hijo**. *Mein Bruder hat* ***seinem Sohn einen Wagen*** *gekauft.*

Zur Hervorhebung können alle Satzglieder vorangestellt werden:
Un collar de perlas le ha regalado mi hermana a mi madre esta mañana. ***Eine Perlenkette*** *hat meine Schwester meiner Mutter heute Vormittag geschenkt.*
A mi madre mi hermana le ha regalado un collar de perlas esta mañana. ***Meiner Mutter*** *hat meine Schwester heute Vormittag eine Perlenkette geschenkt.*
Esta mañana mi hermana le ha regalado un collar de perlas a mi madre. ***Heute Vormittag*** *hat meine Schwester meiner Mutter eine Perlenkette geschenkt.*

Besteht der Satz nur aus Subjekt + Verb, wird das Subjekt dem Verb in der Regel nachgestellt:
Ha llegado **Carmen.** ***Carmen*** *ist angekommen.*
Ha llamado **tu madre.** ***Deine Mutter*** *hat angerufen.*

Im Gegensatz zum Deutschen muss das Verb im spanischen Satz nicht die zweite Stelle besetzen:
Este año mis amigos han visitado la República Dominicana. ***Dieses Jahr haben*** *meine Freunde die Dominikanische Republik* ***besucht.***
Es importante que madrugues. ***Es ist*** *wichtig, dass du früh aufstehst.*

Unbetonte Objekt- und Reflexivpronomen stehen unmittelbar vor dem Verb:
Tu tío no **nos** ha saludado. *Dein Onkel hat* ***uns*** *nicht begrüßt.*
Me ducho todos los días por la mañana. *Ich dusche* ***mich*** *jeden Tag vormittags.*

Ausnahme: Tritt ein Infinitiv oder ein Gerund als infinite Verbform im Satz auf, können unbetonte Personalpronomen bzw. Reflexivpronomen vor der finiten Verbform stehen oder an die infinite Verbform angehängt werden:
El plato se rompió cuando **lo** estaba lavando./El plato se rompió cuando estaba lavándo**lo**. *Der Teller ist kaputtgegangen, als ich* ***ihn*** *abwusch.*
Me voy a lavar las manos./Voy a lavar**me** las manos. *Ich gehe* ***mir*** *die Hände waschen.*

Unbetonte Objekt- und Reflexivpronomen werden an den bejahten Imperativ angeschlossen:
¡Dá**melo**! *Gib **es mir**!*
¡Levánta**te**! *Steh auf!*

Treffen betonte und unbetonte Personalpronomen vor dem Verb zusammen, steht das betonte vor dem unbetonten Personalpronomen:
A mí me gusta más el vestido azul. ***Mir** gefällt das blaue Kleid besser.*
A nosotros nos han informado ya. ***Wir** wurden schon informiert.*

⚡ Anders als im Deutschen steht das Dativpronomen beim Zusammentreffen von zwei unbetonten Personalpronomen vor dem Akkusativpronomen:
Te lo cuento mañana. *Ich erzähle **es dir** morgen.*
Nos lo han dado ahora mismo. *Sie haben **es uns** gerade gegeben.*

ℹ Im Spanischen wird das indirekte unbetonte Objektpronomen in der Regel auch dann vor das Verb gestellt, wenn das indirekte Objekt nach dem Verb auftritt (▷ 7.2):
Mi hermana **le** ha regalado un collar de perlas **a mi madre** esta mañana.
*Meine Schwester hat **meiner Mutter** heute Vormittag eine Perlenkette geschenkt.*
Le he dicho **a Carolina** que no venga mañana. *Ich habe Carolina gesagt, sie soll morgen nicht kommen.*

Die Negationspartikel (▷ 25.1) no wird direkt vor die finite Verbform gesetzt:
Los niños **no están** en el jardín. *Die Kinder **sind nicht** im Garten.*
Agustín **no ha comido** en casa. *Agustín **hat nicht** zu Hause **gegessen**.*

B1 ⚡ Im Unterschied zum Deutschen steht das Verb im Spanischen nicht zwingend am Ende des Nebensatzes:
Comeremos **cuando llegue** tu hermano (= **cuando** tu hermano **llegue**) del trabajo. *Wir werden essen, **wenn** dein Bruder von der Arbeit **kommt**.*
Tengo un amigo **que vive** en Santo Domingo. *Ich habe einen Freund, **der** in Santo Domingo **lebt**.*

Zusammengesetzte Zeitformen werden niemals getrennt, sie müssen immer zusammenstehen:
Hoy **hemos desayunado** a las nueve. *Heute **haben** wir um neun Uhr **gefrühstückt**.*
Cuando yo llegué, ya te **habías marchado**. *Als ich gekommen bin, **warst** du schon **gegangen**.*

Das Vollverb folgt direkt auf das Modalverb:
No **quiero estar** solo hoy. *Ich **möchte** heute nicht allein **sein**.*
No **puedes aparcar** el coche aquí. *Du **darfst** den Wagen hier nicht **parken**.*

24.2 Der Fragesatz

A1

Spanische Fragesätze werden von zwei Fragezeichen eingerahmt, sie beginnen immer mit einem umgekehrten Fragezeichen:
¿Dónde has comprado esa chaqueta? *Wo hast du diese Jacke gekauft?*
¿Ya has hablado con tus padres? *Hast du schon mit deinen Eltern gesprochen?*

24.2.1 Die Gesamtfrage

A1

Gesamtfragen beziehen sich auf den gesamten Satz, nicht auf einen einzelnen Teil eines Satzes. Sie werden ohne Fragewort gestellt, jedoch muss im Unterschied zum Deutschen keine Inversion erfolgen:
¿(Tú) Has estado alguna vez en La Paz o en Cuzco? *Bist du schon einmal in La Paz oder in Cuzco gewesen?*
¿Vas a ir mañana a trabajar? *Wirst du morgen zur Arbeit gehen?*

Auf Gesamtfragen wird immer mit no *nein* oder sí *ja* geantwortet:
¿Tú eres Maribel? – **Sí**, soy yo. *Bist du Maribel? –* ***Ja****, das bin ich.*
¿Tienes coche? – **No**, no tengo coche. *Hast du einen Wagen? –* ***Nein****, ich habe keinen Wagen.*

Auch die positive Antwort auf eine verneinte Frage wird mit sí eingeführt, das häufig verdoppelt wird, um die bejahte Antwort zu unterstreichen:
¿Tú no sabes hablar francés? – **Sí**, sí sé hablar francés. *Du kannst nicht Französisch sprechen? –* ***Doch****, ich kann Französisch sprechen.*
¿No vas a estar en casa esta tarde? – **Sí**, sí que voy a estar en casa.
Wirst du heute Nachmittag nicht zu Hause sein? – ***Doch****, ich werde zu Hause sein.*

Anders als im Deutschen muss das Verb in Gesamtfragen nicht die erste Stelle besetzen:
¿Tu hermana se **ha comprado** una bicicleta? ***Hat*** *sich deine Schwester ein Fahrrad* ***gekauft****?*
¿**Están** de vacaciones tus vecinos? ***Sind*** *deine Nachbarn im Urlaub?*

Steht das Subjekt an erster Stelle, unterscheidet sich die Gesamtfrage in der gesprochenen Sprache nicht vom Aussagesatz. Daher ist in diesem Fall die Frageintonation, die am Satzende steigend ist, ausschlaggebend.

24.2.2 Die Teilfrage

A1

Teilfragen werden durch ein Fragewort eingeleitet und fragen nach einem Teil des Satzes:
¿**Dónde** vives con tu familia? ***Wo*** *wohnst du mit deiner Familie?*
¿**Cuánta** fruta has comprado en el supermercado? ***Wie viel*** *Obst hast du im Supermarkt gekauft?*

Die Satzstellung ist bei Teilfragen meist wie im Deutschen:

Fragewort + Verb + Subjekt + Ergänzungen

¿Qué tiene el niño en la mano? ***Was hat das Kind** in der Hand?*
¿Cómo han venido tus amigos hasta aquí? ***Wie sind deine Freunde** bis hierher gekommen?*

Das Subjekt kann jedoch auch am Satzende stehen:
¿Qué tiene en la mano **el niño**? *Was hat **das Kind** in der Hand?*
¿Cómo han venido hasta aquí **tus amigos**? *Wie sind **deine Freunde** bis hierher gekommen?*

In einigen Ländern Lateinamerikas steht das Subjekt vor dem Verb:
¿Qué **tu** quieres? *Was willst **du**?*
¿Cómo **tú** te llamas? *Wie heißt **du**?*

Einleitende Fragewörter können Interrogativadverbien bzw. -pronomen (▷ 6, 9.2) sein, die immer am Frageanfang stehen:
¿Cuándo vais a terminar? ***Wann** werdet ihr fertig sein?*
¿Cómo vais a desarrollar el proyecto? ***Wie** werdet ihr das Projekt entwickeln?*
¿Cuántas horas trabajas al día? ***Wie viele** Stunden arbeitest du pro Tag?*
De todas estas películas, **¿cuál** te ha gustado más? ***Welcher** von all diesen Filmen hat dir am besten gefallen?*

Treten Fragewörter mit Präpositionen auf, stehen diese sowohl bei Personen als auch bei Sachen oder Zuständen dem Fragewort voran:
¿Con quién van a ir a la fiesta de cumpleaños? ***Mit wem** werden sie auf die Geburtstagsparty gehen?*
¿Con qué ingredientes vas a hacer el pastel? ***Mit welchen Zutaten** wirst du den Kuchen backen?*

B1

24.2.3 Die indirekte Frage

Indirekte Fragen geben Fragen anderer Sprecher in indirekter Rede (▷ 26) wieder. Sie stehen ohne Fragezeichen:
Me preguntaron **cuándo iba a ir a visitarlos**. *Sie haben mich gefragt, **wann ich sie besuchen würde**.*
Le preguntaron **si él podía escribir el artículo**. *Er wurde gefragt, **ob er den Artikel schreiben könne**.*

Die Fragepartikel – si *ob* bzw. Fragewörter – steht unmittelbar nach dem einleitenden Verb:
Me preguntó **si** quería ir con ella al teatro. *Sie fragte mich, **ob** ich mit ihr ins Theater gehen wolle.*
Me preguntaron **cuántos** años tenía yo. *Sie haben mich gefragt, **wie** alt ich sei.*

Die Wortfolge ist in beiden Fällen wie bei den direkten Gesamt- bzw. Teilfragen:

Direkte Gesamtfrage:	¿Han escrito tus amigos?/¿Tus amigos han escrito? *Haben deine Freunde geschrieben?*
Indirekte Gesamtfrage:	Ya me habéis preguntado si han escrito mis amigos/si mis amigos han escrito. *Ihr habt mich schon gefragt, ob meine Freunde geschrieben haben.*
Direkte Teilfrage:	¿Cuándo van a escribir tus amigos? *Wann werden deine Freunde schreiben?*
Indirekte Teilfrage:	Ya me habéis preguntado cuándo van a escribir mis amigos. *Ihr habt mich schon gefragt, wann meine Freunde schreiben werden.*

24.3 Der Ausrufesatz

A1

Ausrufesätze beginnen mit einem umgekehrten Ausrufezeichen:
¡Qué grande es esta casa! *Wie groß ist diese Wohnung!*
¡Cuánto te he echado de menos! *Wie sehr ich dich vermisst habe!*

Alle Interrogativpronomen (▷ 9.2) bis auf cuál *welcher* können Ausrufesätze einleiten. Sie stehen immer am Satzanfang:
¡**Qué** cara es esta falda! ***Wie*** *teuer ist dieser Rock!/Dieser Rock ist vielleicht teuer!*
¡**Cuántos** periódicos has comprado! ***Wie viele*** *Zeitungen du gekauft hast!/Du hast aber viele Zeitungen gekauft!*

Unmittelbar nach der einleitenden Partikel befindet sicht immer das hervorzuhebende Satzglied, das Subjekt steht am Ende des Satzes:
¡**Qué puntuales** han sido **tus amigos**! ***Wie pünktlich deine Freunde*** *gewesen sind!*
¡**Cuánto** te quiero **(yo)**! ***Wie sehr ich*** *dich liebe!*

Die fallende Intonation am Satzende, die Ausrufesätze im Spanischen kennzeichnet, ist in der gesprochenen Sprache wichtig, da sie ansonsten mit Fragesätzen verwechselt werden könnten, die eine steigende Intonation am Satzende haben.

Zwischentest 24

A1 **1. Welche Aussage ist richtig?**

a. Das Akkusativobjekt steht am Satzanfang. ☐
b. Das Akkusativobjekt steht vor dem Verb. ☐
c. Das Akkusativobjekt steht nach dem Subjekt. ☐
d. Das Akkusativobjekt steht vor dem Dativobjekt. ☐

A1 **2. In welchem Satz steht das Personalpronomen an der richtigen Stelle?**

a. Mis amigos no me han llamado hoy. ☐
b. Mis amigos me no han llamado hoy. ☐
c. Mis amigos no han me llamado hoy. ☐
d. Mis amigos no han llamado me hoy. ☐

A1 **3. An welcher Position steht das Akkusativpronomen beim Zusammentreffen von mehreren unbetonten Personalpronomen?**

a. am Satzende ☐
b. nach dem unbetonten Dativpronomen ☐
c. vor dem unbetonten Dativpronomen ☐
d. vor dem Subjekt ☐

A1 **4. Wählen Sie den richtigen Satz.**

a. No puedo mañana ir a trabajar. ☐
b. No puedo a trabajar mañana ir. ☐
c. No puedo ir a trabajar mañana. ☐
d. No puedo trabajar mañana ir a. ☐

B1 **5. Wie lautet die Übersetzung?**

Ich möchte nicht, dass du heute allein hingehst.
a. Quiero no que vayas solo hoy. ☐
b. No quiero que vayas solo hoy. ☐
c. Quiero no que solo hoy vayas. ☐
d. No quiero que solo hoy vayas. ☐

A1 **6. Welche Antwort beantwortet die Frage?**

¿Tú no quieres café?
a. No, sí quiero. ☐
b. Sí, sí quiero. ☐
c. Sí, no quiero. ☐
d. Sí, tampoco quiero. ☐

7. Wie lautet die richtige Frage zur Antwort? A1

Tengo dos días de vacaciones.

a. ¿Cuántos días de vacaciones tienes? ☐
b. ¿Tienes días de vacaciones? ☐
c. ¿No tienes días de vacaciones? ☐
d. ¿Qué días de vacaciones tienes? ☐

8. Wie ist der Satz richtig übersetzt? A1

Worüber habt ihr den ganzen Tag gesprochen?

a. ¿De cuál habéis todo el día hablado? ☐
b. ¿Habéis hablado todo el día qué? ☐
c. ¿De qué habéis hablado todo el día? ☐
d. ¿Todo el día cuál habéis hablado? ☐

9. Wie ist die Aussage sinnvoll zu ergänzen? B1

Si wird gebraucht ....

a. zur Wiedergabe von Gesamtfragen ☐
b. zur Wiedergabe von Teilfragen ☐
c. zur Wiedergabe von Gesamt- und Teilfragen ☐
d. zur Wiedergabe von Ausrufesätzen ☐

10. Welche indirekte Frage ist korrekt? B1

a. No sé días estaré fuera. ☐
b. No sé si días estaré fuera. ☐
c. No sé cuántos días estaré fuera. ☐
d. No sé cuantos días estaré fuera. ☐

11. Wie lautet die passende indirekte Frage? B1

¿Cuántas veces has estado en España?

a. Me preguntó si había estado en España. ☐
b. Me preguntó si había estado muchas veces en España. ☐
c. Me preguntó si cuántas veces había estado en España. ☐
d. Me preguntó cuántas veces había estado en España. ☐

Lösungen

1 d. 2 a. 3 b. 4 c. 5 b. 6 b.
7 a. 8 c. 9 a. 10 c. 11 d.

A1

25 Die Verneinung

*Caminante, **no** hay camino,*
se hace camino al andar.

Antonio Machado (1875–1939), poeta español

*Wanderer, es gibt **keinen** Weg,*
der Weg entsteht beim Gehen.

Antonio Machado (1875–1939),
spanischer Dichter

G Aussagen werden im Spanischen mit no verneint. No steht in der Regel vor dem Verb. Mit no wird auch auf Gesamtfragen negativ geantwortet.
Stehen Negationswörter wie nadie *niemand*, nunca *nie* nach dem Verb, muss ein zusätzliches no vor das Verb gestellt werden.

25.1 Die einfache Verneinung

A1

Zur Verneinung von Aussagen wird im Allgemeinen die Negationspartikel no verwendet:
No hemos comido en casa. *Wir haben **nicht** zu Hause gegessen.*
No me apellido Santamaría. *Mein Nachname ist **nicht** Santamaría.*

⚡ Auf Gesamtfragen wird mit no geantwortet:
¿Has terminado de leer el periódico? – **No.** *Hast du die Zeitung zu Ende gelesen? – **Nein.***
¿Habéis ido a la farmacia? – **No, no** hemos ido a la farmacia. *Seid ihr in die Apotheke gegangen? – **Nein,** wir sind **nicht** in die Apotheke gegangen.*

⚡ Bis auf wenige Ausnahmen kann im Spanischen kein Satzglied außer dem Prädikat (d. h. dem finiten Verb) direkt verneint werden:
No he ido al cine, he estado en el parque. *Ich bin **nicht ins Kino** gegangen, ich bin im Park gewesen.*
Hoy **no hemos hablado** con nuestro jefe. *Heute haben wir **nicht** mit unserem Chef **gesprochen**.*

Stellung

Anders als im Deutschen steht no in der Regel unmittelbar vor dem finiten Verb:
Mi compañero **no viene** esta mañana. *Mein Arbeitskollege **kommt** heute Vormittag **nicht**.*
Los turistas **no** han visitado el museo hoy. *Die Touristen haben das Museum heute **nicht** besucht.*

◐ Ausnahme: In Verbindung mit unbetonten Personalpronomen steht no vor diesen:
No te he visto en todo el día. *Ich habe **dich** den ganzen Tag **nicht** gesehen.*
No me habíais informado de la hora de llegada. *Ihr hattet **mir** die Ankunftszeit **nicht** mitgeteilt.*

A2

Tritt auch ein betontes Personalpronomen vor dem Verb auf, steht no zwischen dem betonten und dem unbetonten Personalpronomen:
A mí no me parece bien. ***Ich** finde das **nicht** gut.*
A nosotros no nos gusta. ***Uns** gefällt das **nicht**.*

Auch bei Modalverben steht no vor der finiten Verbform:
No quiero marcharme. *Ich will **nicht** gehen.*
No tienes que decirme nada. *Du musst mir **nichts** sagen.*

B2

Bei poder bestimmt die Stellung von no die Bedeutung des Satzes:
No puedo ir. *Ich kann nicht gehen.*
Puedo **no** ir. *Vielleicht gehe ich nicht (d. h. ich kann [auch] dableiben).*

C2 No kann in folgenden Fällen auch an anderer Position stehen:

- lo + no + Adjektiv – dabei handelt es sich eigentlich um einen verkürzten Relativsatz:
  Tache **lo no pertinente** (= lo que no sea pertinente). *Streichen Sie das **nicht Zutreffende**.*
  Le recriminaron **lo no adecuado** (= lo que no era adecuado) en su conducta. *Ihm wurde sein unpassendes Verhalten (= „**das nicht Passende** an seinem Verhalten") vorgeworfen.*

- No menos de + Zahlwort *nicht weniger als* + Zahlwort, no poco + Adjektiv *nicht wenig* + Adjektiv, no sin + Substantiv *nicht ohne* + Substantiv.
  Hoy he escrito **no menos de 20** emails. *Heute habe ich **nicht weniger als 20** E-Mails geschrieben.*
  Ese tema es **no poco** interesante. *Dieses Thema ist **nicht wenig** interessant.*
  Entraron en la casa **no sin miedo**. *Sie haben das Haus **nicht ohne Angst** betreten.*

Folgende Negationswörter werden anstelle von no verwendet:

tampoco *auch nicht*	en absoluto *überhaupt nicht, gar nicht*

Tampoco wird benutzt, wenn ein zweiter Satz mit gleichem oder sinnverbundenem Inhalt wie der erste verneint werden soll:
Lucas no va a salir y yo **tampoco** (voy a salir). *Lucas wird nicht ausgehen und ich (werde) **auch nicht** (ausgehen).*
No quiero beber y **tampoco** (quiero) comer. *Ich möchte nicht trinken und (ich möchte) **auch nicht** essen.*

B1 En absoluto wird benutzt, um negativ auf eine Frage zu antworten oder um eine Verneinung zu verstärken:
¿Estás enfadado conmigo? – **En absoluto**. *Bist du mir böse? – **Überhaupt nicht**.*
No estoy **en absoluto** cansada. *Ich bin **überhaupt nicht** müde.*

Die gleiche Bedeutung wie en absoluto haben auch de ningún modo, de ninguna manera und para nada:
¿Te molesta que fume? – **Para nada**. *Stört es dich, wenn ich rauche? – **Gar nicht**.*

ya no *nicht mehr*	todavía/aún no *noch nicht*

Ya no drückt aus, dass ein Sachverhalt nicht mehr besteht:
Ya no trabajo en esa empresa. *Ich arbeite **nicht mehr** bei dieser Firma.*
¿Llevas aún el pelo corto? – No, **ya no**. *Hast du noch kurze Haare? – Nein, **nicht mehr**.*

Mit todavía/aún no wird hingegen angegeben, dass ein Sachverhalt noch nicht eingetreten ist:
Todavía no he leído ese libro. *Ich habe dieses Buch **noch nicht** gelesen.*
Aún no he visto a mis amigos. *Ich habe meine Freunde **noch nicht** gesehen.*

Todavía und aún können auch nach dem Verb bzw. nach dem Objekt stehen:
No he leído **todavía** ese libro./**No** he leído ese libro **todavía**. *Ich habe dieses Buch **noch nicht** gelesen.*
No he visto **aún** a mis amigos./**No** he visto a mis amigos **aún**. *Ich habe meine Freunde **noch nicht** gesehen.*

No ohne negative Bedeutung

Mit no können auch Vorschläge oder Einladungen geäußert werden:
¿**No** te apetece tomar algo? *Möchtest du **nichts** trinken?*
¿**Por qué no** vienes conmigo y así podemos hablar los dos con él? ***Warum** kommst du **nicht** mit mir und wir können so beide mit ihm sprechen?*

No kann auch zur Bestätigung oder Bekräftigung einer Aussage benutzt werden:
Eso es rarísimo, **¿no?** *Das ist äußerst seltsam, **nicht wahr**?*
¿**No** es increíble? *Ist das **nicht** unglaublich?*

In folgenden Fällen kann no fakultativ ohne negative Bedeutung hinzugefügt werden: B2

- in Nebensätzen mit hasta que:
  No nos iremos **hasta que no** llegues (= hasta que llegues). *Wir werden nicht gehen, bis du kommst.*

- nach der Konjunktion que in Komparativsätzen:
  Es más aconsejable decírselo a él **que no** callarse (= que callarse). *Es ist ratsamer, es ihm zu sagen als zu schweigen.*
  Dieser Fall kommt besonders häufig vor, wenn durch Weglassen von no zweimal que aufeinander folgen würde:
  Es mejor que vengas **que no que** te quedes en casa solo (= que que te quedes en casa solo). *Es ist besser, du kommst, als allein zu Hause zu bleiben.*

- in Verbindung mit Verben, die eine Befürchtung ausdrücken:
  Temo no vayan a llegar hoy (=Temo (que) vayan a llegar hoy). *Ich fürchte, sie werden heute kommen.*

- zur Bekräftigung von Ausrufesätzen:
  ¡**Cuánto no daría** por volver a verla! (= ¡Cuánto daría por volver a verla!) *Wie gerne würde ich sie wiedersehen!*

- nach por poco *fast, beinahe*:
  Por poco **no** me caigo (= Por poco me caigo). *Fast bin ich heruntergefallen.*

A2

25.2 Die doppelte Verneinung

Im Gegensatz zum Deutschen können im Spanischen zwei Negationswörter in einem Satz verwendet werden.

Die doppelte Verneinung tritt in Verbindung mit den folgenden Negationsadverbien (▶ 6) und Indefinitpronomen (▶ 8.2) auf:

nada *nichts*	nadie *niemand*	ninguno/-a *kein/e/r*
ni siquiera *nicht einmal*	nunca/jamás *nie*	tampoco *auch nicht*

Negationsadverbien und Indefinitpronomen können dem Verb vor- oder nachgestellt werden. Stehen sie vor dem Verb, ist keine zusätzliche Negationspartikel nötig:
Nadie me ha avisado. ***Niemand*** *hat mir Bescheid gesagt.*
Tampoco yo quiero verte. *Ich will dich* ***auch nicht*** *sehen.*
Nunca he estado en El Salvador. *Ich bin* ***nie*** *in El Salvador gewesen.*
Ni siquiera a mí me han llamado. *Sie haben* ***nicht einmal*** *mich angerufen.*
Nada he sabido de ellos. ***Nichts*** *habe ich von ihnen gehört.*
Ninguno de mis amigos ha venido. ***Keiner*** *von meinen Freunden ist gekommen.*

Stehen sie hingegen nach dem Verb, muss zusätzlich no vor das Verb treten:
No me ha avisado **nadie**. ***Niemand*** *hat mir Bescheid gesagt.*
Yo **no** quiero verte **tampoco**. *Ich will dich* ***auch nicht*** *sehen.*
No he estado **nunca** en El Salvador. *Ich bin* ***nie*** *in El Salvador gewesen.*
No me han llamado **ni siquiera** a mí. *Sie haben* ***nicht einmal*** *mich angerufen.*
No he sabido **nada** de ellos. *Ich habe* ***nichts*** *von ihnen gehört.*
No ha venido **ninguno** de mis amigos. ***Keiner*** *von meinen Freunden ist gekommen.*

B2

Nada, nadie und ninguno können in Vergleichsätzen auch ohne negative Bedeutung verwendet werden:
La quiero más que a **nadie** (= cualquier otra persona) en el mundo. *Ich liebe sie mehr als sonst jemand auf der Welt.*
Este abrigo me gusta más que **ningún** (= cualquier) otro. *Dieser Mantel gefällt mir besser als jeder andere.*

B2

Anstelle von ninguno kann in negativen Sätzen auch alguno verwendet werden. Alguno steht in diesem Fall immer hinter dem zugehörenden Substantiv:
No he oído comentario **alguno**. *Ich habe* ***keinen*** *Kommentar gehört.*
No hay duda **alguna**. *Es besteht* ***kein*** *Zweifel.*

Die doppelte Verneinung bedeutet im Spanischen keine Bejahung. Es kommt häufig vor, dass mehrere Negationswörter in einem Satz zusammentreffen:

Nadie me ha contado **nada.** ***Niemand*** *hat mir* ***etwas*** *erzählt.*
No he tenido **nunca ningún** novio argentino. *Ich habe* ***niemals*** *einen argentinischen Freund gehabt.*

No **versus** ninguno

A2

Wie erläutert, wird im Spanischen das Verb – und damit generell der ganze Satz – verneint und nicht die einzelnen Satzglieder. Das hat zur Folge, dass anders als im Deutschen, zur Verneinung eines Substantivs nicht immer ninguno (▶ 8.2) verwendet werden kann:
No tengo hambre. *Ich habe* ***keinen*** *Hunger.*
No tenemos dinero. *Wir haben* ***kein*** *Geld.*

Ninguno kann nur in Verbindung mit zählbaren Substantiven genommen werden:
¿**No** habéis visto **ningún** taxi? *Habt ihr* ***kein*** *Taxi gesehen.*
No me han regalado **ningún** jersey marrón. *Ich habe* ***keinen*** *braunen Pulli geschenkt bekommen.*

In Verbindung mit dem Verb tener *haben* werden zählbare Substantive häufig ohne Artikel gebraucht. In diesen Fällen wird immer mit no verneint. Die Substantive werden hierbei nicht als einzelne Gegenstände oder Personen betrachtet, sondern eher als eine allgemeine Kategorie:
No tengo papel. *Ich habe* ***kein*** *Papier.*
No tengo bolígrafo. *Ich habe* ***keinen*** *Kugelschreiber.*

Ninguno kann nicht benutzt werden:

- in Verbindung mit unzählbaren Substantiven:
  No he comprado fruta. *Ich habe* ***kein*** *Obst gekauft.*
  No tengo tiempo. *Ich habe* ***keine*** *Zeit.*
  ◐ Ausnahme: Mit einigen unzählbaren Substantiven wie prisa *Eile*, gana *Lust*, interés *Interesse* wird es aber zur Bekräftigung der Verneinung oft benutzt:
  No tengo **ninguna prisa**. *Ich habe* ***überhaupt keine*** *Eile.*
  No tengo **ninguna gana**. *Ich habe* ***gar keine*** *Lust.*

- im Plural:
  No hemos traído zapatillas de deporte. *Wir haben* ***keine*** *Turnschuhe mitgebracht.*
  No me regales más novelas de amor, por favor. *Schenk mir bitte* ***keine*** *Liebesromane mehr.*

Zwischentest 25

A1 **1. Mit welchem Negationswort wird im Spanischen im Allgemeinen verneint?**

a. no ☐
b. nunca ☐
c. ninguno ☐
d. alguno ☐

A1 **2. Welcher Satz ist richtig?**

a. Yo quiero no ir al pueblo. ☐
b. No yo quiero ir al pueblo. ☐
c. Yo no quiero ir al pueblo. ☐
d. Yo quiero ir no al pueblo. ☐

A2 **3. Wie muss der Satz ergänzt werden?**

.... ir al cine.
a. A vosotros os no gusta ☐
b. A vosotros no os gusta ☐
c. No a vosotros os gusta ☐
d. A no vosotros os gusta ☐

C2 **4. Welcher Satzteil gehört in die Lücke?**

Su respuesta fue ....
a. no poco desagradable ☐
b. no menos de desagradable ☐
c. no sin desagradable ☐
d. poco no desagradable ☐

A1 **5. Wie können die zwei Sätze zu einem einzigen Satz verbunden werden.**

Yo no tengo dinero. Tú no tienes dinero.
a. Yo no tengo dinero pero tú no tienes dinero. ☐
b. Yo no tengo dinero y tú todavía no. ☐
c. Yo no tengo dinero y tú tampoco. ☐
d. Yo no tengo tanto dinero como tú. ☐

A1 **6. Mit welchem Satz wird eine Einladung geäußert?**

a. ¿Por qué te tomas un café conmigo? ☐
b. ¿Por qué no te tomaste un café conmigo? ☐
c. ¿Por qué te tomaste un café conmigo? ☐
d. ¿Por qué no te tomas un café conmigo? ☐

A2 **7. In welchem Satz ist die doppelte Verneinung richtig verwendet?**

a. No nunca he comido paella. ☐
b. No he nunca comido paella. ☐
c. He comido no nunca paella. ☐
d. No he comido nunca paella. ☐

8. In welchem Satz kann no ohne Bedeutungsveränderung weggelassen werden? B2

a. Me conformo con la nota mientras no suspenda el examen.
b. Podré descansar si no suspendo el examen.
c. Me encantaría no suspender el examen.
d. Por poco no suspendo el examen.

9. In welchem Satz hat nadie keine negative Bedeutung? B2

a. No quiero ver a nadie en este momento.
b. Ese chico es más listo que nadie.
c. Nadie sabe con seguridad qué ha pasado.
d. Nadie me ha preguntado por ti esta mañana.

10. Welcher Satz hat die gleiche Bedeutung wie das Beispiel? B2

No he tenido ninguna noticia.
a. No he tenido noticia alguna.
b. He tenido alguna noticia.
c. He tenido pocas noticias.
d. No he tenido más noticias.

11. In welchem Zusammenhang wird ninguno benutzt? A2

a. in Verbindung mit zählbaren Substantiven
b. in Verbindung mit unzählbaren Substantiven
c. in Verbindung mit dem unbestimmten Artikel
d. in Verbindung mit dem bestimmten Artikel

12. Wie lautet die richtige Übersetzung? A2

Es tut mir leid, heute habe ich keine Zeit für dich.
a. Lo siento, hoy tengo no tiempo para ti.
b. Lo siento, hoy tengo ningún tiempo para ti.
c. Lo siento, hoy no tengo tiempo para ti.
d. Lo siento, hoy no tengo ningún tiempo para ti.

13. Welcher Satz ist richtig? A2

a. No tengo sueño.
b. No tengo ningún tiempo.
c. Tengo ningún amigo.
d. Tengo ningunas ganas.

Lösungen
1 a. 2 c. 3 b. 4 a. 5 c. 6 d. 7 d.
8 d. 9 b. 10 a. 11 a. 12 c. 13 a.

B1

26 Die indirekte Rede

Quien te ha dicho que los sueños
son sólo meras fantasías, te ha mentido.
Porque la vida es un sueño continuo.

Anónimo

Wer dir gesagt hat, dass Träume nichts anderes
als eine Einbildung seien, hat dich belogen.
Denn das Leben ist ein fortwährender Traum.

Anonymus

G Die Zeitenfolge hängt in der indirekten Rede des Spanischen von der Zeitform des einleitenden Verbs ab. Außer bei der Wiedergabe des Imperativs findet keine Modusänderung statt. Beim Übergang von der direkten in die indirekte Rede ist unter Umständen der Wandel von Personal- und Possessivpronomen sowie einiger Orts- und Zeitangaben zu beachten.

Mit der indirekten Rede wird bereits Gesagtes wiedergegeben:

direkte Rede:	**"Estamos casados."** *„Wir sind verheiratet."*
indirekte Rede:	**Han dicho que están casados.** *Sie haben gesagt, dass sie verheiratet seien.*
direkte Rede:	**"No iremos."** *„Wir werden nicht gehen."*
indirekte Rede:	**Dijimos que no iríamos.** *Wir sagten, wir würden nicht gehen.*

26.1 Die einleitenden Verben

B1

Die indirekte Aussage

Neben dem zumeist verwendeten Verb decir *sagen* gibt es eine Reihe weiterer Verben, die die Wiedergabe von bereits Geäußertem in der indirekten Rede einleiten können:

afirmar *behaupten*	añadir *hinzufügen*	comunicar *mitteilen*
contar *erzählen*	explicar *erklären*	repetir *wiederholen*

El ministro **ha comunicado** que ya se ha aprobado la ley. *Der Minister **hat mitgeteilt**, dass das Gesetzt schon verabschiedet worden sei.*
Repitió que ella no había salido de casa. *Sie **hat wiederholt**, dass sie nicht aus dem Haus gegangen sei.*

Soll etwas als nicht zutreffend gekennzeichnet oder ein Einwand erhoben werden, können folgende Verben die indirekte Rede anführen:

C1 objetar *einwenden*	negar *leugnen*	rechazar *ablehnen*

Negó que su marido la hubiera acompañado. ***Sie leugnete,*** *dass ihr Mann sie begleitet habe.*
Objetaron que ellos no sabían nada. *Sie **wandten ein**, sie wissen nichts.*

Soll hingegen angezeigt werden, dass etwas doch zutrifft, können folgende Verben zum Einsatz kommen:

admitir *bekennen*	confirmar *bestätigen*	reconocer *zugeben*

Admitió que él había tenido la culpa. *Er **bekannte**, dass es seine Schuld gewesen sei.*
Reconocieron que se habían equivocado. *Sie **gaben zu**, dass sie sich geirrt haben.*

Antworten können mithilfe folgender Verben wiedergegeben werden:

contestar *antworten*	C1 replicar *erwidern*	responder *antworten*

Replicaron que todo había sido un C1 lamentable error. ***Sie erwiderten**, dass alles ein bedauerlicher Irrtum gewesen sei.*
Respondimos que nos ocuparíamos personalmente. ***Wir antworteten**, wir würden uns persönlich darum kümmern.*

B2 Um Vorschläge oder Befehle wiederzugeben, können u. a. folgende einleitende Verben benutzt werden:

aconsejar *empfehlen, raten*	exigir *fordern, verlangen*	mandar *anordnen*
ordenar *befehlen*	pedir *bitten*	proponer *vorschlagen*

El médico me **aconsejó** que descansara. *Der Arzt **hat** mir **empfohlen**, ich solle mich ausruhen.*
El director **me ordenó** que me quedara. *Der Leiter **hat angeordnet**, dass ich bleiben solle.*

⚡ Auf das einleitende Verb folgt im Unterschied zum Deutschen im Spanischen immer die Konjunktion que:
Exigieron **que** dijéramos la verdad. *Sie forderten, **dass** wir die Wahrheit erzählten.*
Me dijo **que** era el hijo de Alejandra. *Er sagte zu mir, er sei der Sohn von Alejandra.*

Die indirekte Frage

Indirekte Fragen werden mit preguntar *fragen* eingeleitet:
Me **preguntaron** cuántos años tenía. *Sie **haben** mich **gefragt**, wie alt ich sei.*

Dem einleitenden Verb folgt **si** *ob* bzw. ein Fragewort, je nachdem, ob es sich um eine Gesamt- oder Teilfrage (▶ 24.2) handelt:
Me preguntaron **si** me gustaría quedarme. *Sie fragten mich, **ob** ich gerne bleiben würde.*
Bei der Wiedergabe von Teilfragen kann fakultativ zusätzlich auch que benutzt werden:
Me preguntaron **(que) cuándo** iba a volver. *Sie fragten mich, **wann** ich zurückkommen würde.*

C1 Sätze mit den Verben saber *wissen*, preguntarse *sich fragen*, entender *verstehen*, explicar *erklären*, informarse *sich erkundigen* usw., die zwar keine Frage wiedergeben, aber doch implizit als Frage verstanden werden können, gelten auch als indirekte Fragen. Sie werden daher ebenfalls durch ein Fragewort bzw. mit si *ob* eingeleitet:
No sé cuándo voy a invitar a mis amigos a comer. *Ich **weiß nicht, wann** ich meine Freunde zum Essen einladen werde.*
Explícame por qué lo has hecho. ***Erkläre mir, warum** du das getan hast.*

26.2 Die Zeitenfolge

B2

In der indirekten Rede des Spanischen findet in der Regel kein Wechsel des Verbmodus statt:
Me dijeron que **estarían** en casa antes de las 5. *Sie sagten mir, sie* ***werden*** *vor 5 Uhr zu Hause* ***sein.***
Ya me habéis preguntado si **voy a ir** mañana al concierto. *Ihr habt mich schon gefragt, ob ich morgen ins Konzert* ***gehen werde.***

Eine Zeit des Subjuntivo wird nur benutzt, wenn sie in der direkten Rede auch erforderlich ist:

direkte Rede: "**Quiero** que **seas** feliz." *„Ich* ***will,*** *dass du glücklich* ***bist.***"

indirekte Rede: Me has dicho que **quieres** que **sea** feliz. *Du hast mir gesagt, du* ***wollest,*** *dass ich glücklich* ***sei.***

Ausnahme: Mit negar *leugnen* oder rechazar *ablehnen*, d. h. mit Verben, die eine verneinende Bedeutung haben, wird der Subjuntivo gebraucht.

direkte Rede: "Nuestra familia no sabe nada." *„Unsere Familie weiß nichts (davon)."*

indirekte Rede: **Rechazaron** que su familia **supiera** algo. *Sie* ***leugneten,*** *dass ihre Familie etwas (davon)* ***wisse.***

Ob die in der direkten Rede verwendeten Zeiten beim Übergang von der direkten in die indirekte Rede geändert werden müssen, hängt von der Zeit des einleitenden Verbs ab.

Einleitendes Verb im Präsens, Perfekt oder Futur

B1

Die Zeit der direkten Rede bleibt in der indirekten Rede erhalten, wenn das einleitende Verb im Präsens, Perfekt oder Futur steht:

direkte Rede	indirekte Rede
	Ella dice/ha dicho/dirá que *Sie sagt/hat gesagt/wird sagen, dass*
"Juan **va** al cine." *„Juan geht ins Kino."*	... Juan **va** al cine. ... *Juan ins Kino* ***gehe.***
"Juan **fue** al cine." *„Juan* ***ist*** *ins Kino* ***gegangen.***"	... Juan **fue** al cine. ... *Juan ins Kino* ***gegangen sei.***
"Juan **irá** al cine." *„Juan* ***wird*** *ins Kino* ***gehen.***"	... Juan **irá** al cine. ... *Juan ins Kino* ***gehen werde.***
"Juan **habría ido** al cine." *„Juan* ***war*** *wahrscheinlich ins Kino* ***gegangen.***"	... Juan **habría ido** al cine. ... *Juan wahrscheinlich ins Kino* ***gegangen sei.***
"Juan irá al cine cuando **salga** de trabajar." *„Juan wird ins Kino gehen, wenn er Feierabend* ***macht.***"	... Juan irá al cine cuando **salga** de trabajar. ... *Juan ins Kino gehen werde, wenn er Feierabend* ***mache.***

Einleitendes Verb im Indefinido, Imperfekt oder Plusquamperfekt

Die Zeit der direkten Rede ändern sich in der indirekten Rede, wenn das einleitende Verb im Indefinido, Imperfekt oder Plusquamperfekt steht:

direkte Rede	indirekte Rede
	Él dijo/decía/había dicho que *Er sagte/hatte gesagt, dass*
Präsens →	**Imperfekt**
"Nuria no **tiene** tiempo." *„Nuria **hat** keine Zeit."*	… Nuria no **tenía** tiempo. *… Nuria keine Zeit **habe**.*
Perfekt →	**Plusquamperfekt**
"Nuria no **ha tenido** tiempo." *„Nuria **hat** keine Zeit **gehabt**."*	… Nuria no **había tenido** tiempo. *… Nuria keine Zeit **gehabt habe**.*
Indefinido →	**Plusquamperfekt**
"Nuria no **tuvo** tiempo." *„Nuria **hatte** keine Zeit."*	… Nuria no **había tenido** tiempo. *… Nuria keine Zeit **gehabt habe**.*
Futur I →	**Konditional I**
"Nuria no **tendrá** tiempo." *„Nuria **wird** keine Zeit **haben**."*	… Nuria no **tendría** tiempo. *… Nuria keine Zeit **haben werde**.*
Futur II →	**Konditional II**
"Nuria no **habrá tenido** tiempo." *„Nuria **wird** wohl keine Zeit **gehabt haben**."*	… Nuria no **habría tenido** tiempo. *… Nuria wohl keine Zeit **gehabt haben werde**.*
Subjuntivo Präsens →	**Subjuntivo Imperfekt**
"Nuria irá al cine cuando **salga** de trabajar." *„Nuria wird ins Kino gehen, wenn sie Feierabend macht."*	... Nuria iría al cine cuando **saliera** de trabajar. *... Nuria ins Kino gehen werde, wenn sie Feierabend mache.*

Folgende Zeiten in der direkten Rede bleiben jedoch in der indirekten Rede unverändert erhalten:

direkte Rede	indirekte Rede
	Él dijo/decía/había dicho que *Er sagte/hatte gesagt, dass*
Imperfekt →	**Imperfekt**
"Nuria no **tenía** tiempo." *„Nuria **hatte** keine Zeit."*	… Nuria no **tenía** tiempo. *… Nuria keine Zeit **gehabt habe**.*
Plusquamperfekt →	**Plusquamperfekt**
"Nuria no **había tenido** tiempo." *„Nuria **hatte** keine Zeit **gehabt**."*	… Nuria no **había tenido** tiempo. *… Nuria keine Zeit **gehabt habe**.*
Konditional I →	**Konditional I**
"Nuria no **tendría** tiempo." *„Nuria **hatte** wahrscheinlich keine Zeit."*	… Nuria no **tendría** tiempo. *… Nuria wahrscheinlich keine Zeit **gehabt habe**.*

direkte Rede	indirekte Rede
Konditional II →	**Konditional II**
"Nuria no **habría tenido** tiempo."	… Nuria no **habría tenido** tiempo.
*„Nuria **hatte** wahrscheinlich keine Zeit **gehabt**."*	*… Nuria wahrscheinlich keine Zeit **gehabt habe**.*
Subjuntivo Imperfekt →	**Subjuntivo Imperfekt**
"Nuria iría al cine si **saliera** de trabajar pronto."	…. Nuria iría al cine si **saliera** de trabajar pronto.
*„Nuria würde ins Kino gehen, wenn sie früh Feierabend **machen würde**."*	*… Nuria ins Kino gehen würde, wenn sie früh Feierabend **machen würde**.*
Subjuntivo Plusquamperfekt →	**Subjuntivo Plusquamperfekt**
"Nuria habría ido al cine si **hubiera salido** de trabajar pronto." *„Nuria wäre ins Kino gegangen, wenn sie früh Feierabend **gemacht hätte**."*	… Nuria habría ido al cine si **hubiera salido** de trabajar pronto. *… Nuria ins Kino gegangen wäre, wenn sie früh Feierabend **gemacht hätte**.*

Die Wiedergabe des Imperativs

Der Imperativ wird in der indirekten Rede immer mit Subjuntivo wiedergegeben:

direkte Rede	indirekte Rede
	Él dice/ha dicho/dirá que
	Er sagt/hat gesagt/wird sagen, dass
"¡**Entra**!" *„Komm herein!"*	... que **entres**. *... du hereinkommen **sollest**.*
"¡**Ten** cuidado!" *„Pass auf!"*	... **tengas** cuidado. *... **aufpassen sollest**.*

direkte Rede	indirekte Rede
	Él dijo/decía/había dicho que
	Er sagte/hatte gesagt, dass
"¡**Entra**!" *„Komm herein!"*	... **entraras**. *... du hereinkommen **sollest**.*
"¡**Ten** cuidado!" *„Pass auf!"*	... **tuvieras** cuidado. *... du aufpassen **sollest**.*

Die Wiedergabe von ir a + Infinitiv und tener que + Infinitiv

Beide verbalen Umschreibungen können wie folgt wiedergegeben werden, wobei der Wechsel der Zeiten nach den beschriebenen Gesetzmäßigkeiten erfolgt:

direkte Rede:	"**Voy a ir** a Santiago." *„Ich **werde** nach Santiago **fliegen**."*
indirekte Rede:	Él dice que **va a ir** a Santiago. *Er sagt, dass er nach Santiago **fliegen werde**.*
direkte Rede:	"**Tienes que acabar** ese trabajo rápido." *„Du **musst** diese Arbeit schnell **erledigen**."*
indirekte Rede:	Él dijo que **tenía que acabar** ese trabajo rápido. *Er sagte, dass ich diese Arbeit schnell **erledigen solle**.*

Diese verbalen Umschreibungen können jedoch auch durch andere Zeiten oder Modi, die das Gleiche ausdrücken, wiedergegeben werden:

Ir a → Futur
direkte Rede: **"Voy a ir** a Santiago." *„Ich* ***werde*** *nach Santiago* ***fliegen.***"
indirekte Rede: Él dice que **irá** a Santiago. *Er sagt, dass er nach Santiago* ***fliegen werde.***

Tener que → Subjuntivo (Wiedergabe eines Befehls)
direkte Rede: **"Tienes que acabar** ese trabajo rápido." *„Du* ***musst*** *diese Arbeit schnell* ***erledigen.***"
indirekte Rede: Él dijo que **acabara** ese trabajo rápido. *Er sagte, dass ich diese Arbeit schnell* ***erledigen solle.***

B1 26.3 Die deiktischen Ausdrücke

Bei der Umwandlung der direkten in die indirekte Rede müssen das Subjekt und die Personal- bzw. Possessivpronomen gegebenenfalls angepasst werden, wenn sich der Sprecher bzw. der Blickwinkel des Äußernden ändern:

direkte Rede:	indirekte Rede:
"**Nosotros** nos quedamos en la ciudad." *„**Wir** bleiben in der Stadt."*	**Ellos/Ustedes** dijeron que se quedaban en la ciudad. *__Sie__ sagten, dass __sie/Sie__ in der Stadt blieben.* Oder: **Vosotros** dijisteis que os quedabais en la ciudad. *__Ihr__ sagtet, dass __ihr__ in der Stadt bliebet.*
„¿**Nos** mandarás una postal a nosotras?" *„Wirst **du** uns eine Postkarte schicken?"*	Ellas me preguntaron si **les** mandaría una postal. *Sie haben mich gefragt, ob ich __ihnen__ eine Postkarte schicken werde.* Oder: Vosotras me preguntasteis si **os** mandaría una postal. *Ihr hat mich gefragt, ob ich __euch__ eine Postkarte schicken werde.*
"**Mis** padres se han ido de vacaciones." *„**Meine** Eltern sind in Urlaub gefahren."*	Ella/Usted dijo que **sus** padres se habían ido de vacaciones. *Sie sagte/n, dass __ihre/Ihre__ Eltern in Urlaub gefahren seien.* Oder: Tú dijiste que **tus** padres se habían ido de vacaciones. *Du sagtest, dass __deine__ Eltern in Urlaub gefahren seien.*

Folgende Änderungen von Orts- und Zeitangaben sind in der indirekten Rede möglich:

direkte Rede:		indirekte Rede:
aquí/acá *hier*	→	allí *dort*
allí/allá *dort*	→	aquí *hier*
ahora *jetzt*	→	entonces *damals* en aquel/ese momento *in jenem/diesem Moment*
hoy *heute*	→	ayer *gestern* aquel/ese día *an jenem/diesem Tag*
ayer *gestern*	→	anteayer *vorgestern* el día anterior *am Tag zuvor*
mañana *morgen*	→	hoy *heute* al día siguiente *am Tag darauf*
esta mañana usw. *heute Vormittag*	→	ayer por la mañana *gestern Vormittag* aquella/esa mañana *an jenem/diesem Vormittag*
la próxima semana usw. *nächste Woche*	→	esta semana *diese Woche* a la semana siguiente *in der Woche darauf*
la semana pasada usw. *letzte Woche*	→	la semana anterior *in der Woche zuvor*

direkte Rede: "Hablaremos **mañana.**" *„Wir werden **morgen** sprechen."*
indirekte Rede: Ella dijo que hablaríamos **hoy/al día siguiente.** *Sie sagte, dass wir **heute/am Tag darauf** sprechen würden.*

Die Verben ir/venir *gehen/kommen* und traer/llevar *herbringen/hinbringen* müssen in der Regel auch ausgetauscht werden:
direkte Rede: "Yo te **llevaré** el postre." *„Ich werde dir das Dessert **bringen.**"*
indirekte Rede: Dijo que me **traería** el postre. *Er sagte, dass er mir das Dessert **bringen** würde.*

Zwischentest 26

B1 **1. Welcher Satz drückt keine indirekte Rede aus?**

a. Me ha alegrado que vuelva cuanto antes. ☐
b. Me ha propuesto que vuelva cuanto antes. ☐
c. Me ha pedido que vuelva cuanto antes. ☐
d. Me ha mandado que vuelva cuanto antes. ☐

B1 **2. Welcher Satz passt als Einleitung der direkten Rede?**

"No fui porque estaba cansado."
a. Manda que él no fue porque estaba cansado. ☐
b. Aconseja que él no fue porque estaba cansado. ☐
c. Pregunta si él no fue porque estaba cansado. ☐
d. Explica que él no fue porque estaba cansado. ☐

B1 **3. Wovon hängt die Zeitenfolge in der indirekten Rede ab?**

a. von der chronologischen Zeit ☐
b. von der Zeit des einleitenden Verbs ☐
c. von der Sprechzeit ☐
d. von der Zeit in der direkten Rede ☐

B1 **4. Wie muss die Ergänzung der indirekten Rede lauten?**

"Terminaré a las cinco de la tarde." Ha dicho que ....
a. terminó a las cinco de la tarde ☐
b. termine a las cinco de la tarde ☐
c. terminará a las cinco de la tarde ☐
d. terminaré a las cinco de la tarde ☐

B2 **5. Welches Verb gehört in die Lücke?**

"A las ocho habré llegado." Me dijo que a las ocho ....
a. había llegado ☐ c. habría llegado ☐
b. llegará ☐ d. llegaría ☐

B2 **6. Wie wird der Imperativ wiedergegeben?**

a. mit dem Imperativ ☐ c. mit dem Konditional ☐
b. mit dem Subjuntivo ☐ d. mit dem Indikativ ☐

7. Wie lautet die passende Umwandlung in die indirekte Rede? B2

"Voy a empezar a trabajar en cuanto llegue."

a. Me dijo que va a empezar a trabajar en cuanto llegara.
b. Me dijo que iba a empezar a trabajar en cuanto llega.
c. Me dijo que empezaría a trabajar en cuanto llegara.
d. Me dijo que va a empezar a trabajar en cuanto llegaría.

8. Wie lautet der Satz in der indirekten Rede? B2

"Mañana te devolveré el libro."

a. Me dijo que pasado mañana me devolvía el libro.
b. Me dijo que el día anterior me devolvería el libro.
c. Me dijo que esta mañana me devolvía el libro.
d. Me dijo que al día siguiente me devolvería el libro.

9. Mit welcher Zeitangabe muss die indirekte Rede ergänzt werden? B1

"La próxima semana volveré a Perú."
Me dijo que .... volvería a Perú.

a. a la semana siguiente
b. a la semana anterior
c. la semana siguiente
d. la semana anterior

10. Welches Verb gehört in die Lücke? B1

"Te llevaré los apuntes a tu casa."
Me prometió que me .... los apuntes aquí, a mi casa.

a. llevaría
b. traería
c. entregaría
d. vendría

11. Wie wird der Satz in der indirekten Rede wiedergegeben? B2

Mañana iré a tu casa en cuanto termine de trabajar.

a. Me dijo que hoy venga a tu casa en cuanto termina de trabajar.
b. Me dijo que hoy iría a mi casa en cuanto hubiera terminado de trabajar.
c. Me dijo que hoy vaya a tu casa en cuanto termine de trabajar.
d. Me dijo que hoy vendría a mi casa en cuanto terminara de trabajar.

Lösungen

1 a. 2 d. 3 b. 4 c. 5 c. 6 b. 7 c.
8 d. 9 a. 10 b. 11 d.

Lösungen der Niveaustufentests

Auf den folgenden Seiten finden Sie die Lösungen der Niveaustufentests von Seite 20–31. In den Empfehlungen am Ende der jeweiligen Lösungsangaben erhalten Sie die Auswertung Ihrer Ergebnisse entsprechend der erreichten Punktezahl sowie Empfehlungen zur Verbesserung Ihrer Sprachkenntnisse.

Lösungen A1

1. Der Artikel

a. ✓
b. ✗ richtig: Voy a México en marzo.
c. ✗ richtig: ¿Has estado alguna vez en Suiza?
d. ✓

2. Das Substantiv

a. cafés
b. naranjas
c. papeles
d. flores

3. Das Adjektiv

a. Hay muchas turistas italianas.
b. Este es mi hijo menor.
c. Me regalaron una camisa y un pantalón azules.
d. Esas revistas son muy caras.

4. Das Personalpronomen

a. A mí me han dicho eso.
b. Nos ha llamado esta mañana para contárnoslo.
c. Os lo regalaré por vuestro cumpleaños.

5. Das Demonstrativ- und das Possessivpronomen

a. Esto es un libro.
b. Mi amigo se llama Ovidio.
c. Esta mesa es de madera.
d. Señora, ¿ese coche es suyo?

6. Die Verben ser/estar/hay

a. Las hojas están encima de la mesa.
b. En el frigorífico no hay fruta.
c. Esos coches son alemanes.
d. La puerta es de cristal.

7. Das Präsens

a. ¿Cómo se llama tu padre?
b. Mi hija tiene veintiún años.
c. La película empieza a las ocho.

Empfehlung

1–9 Punkte: Ihre Kenntnisse stehen leider noch auf schwachen Beinen. Am besten nehmen Sie sich die Themen der Niveaustufe A1 gleich noch einmal vor.

10–18 Punkte: Prima! Sie haben bereits gute A1-Kenntnisse, allerdings punktuell noch Schwächen. Wiederholen Sie die Themen, mit denen Sie noch nicht vertraut sind.

19–26 Punkte: Ausgezeichnet! Sie haben solide A1-Kenntnisse und können sich nun den Grammatikthemen der Niveaustufe A2 zuwenden.

Lösungen A2

1. Das Substantiv

a. ✗ richtig: ¿Has apagado las luces?
b. ✗ richtig: Los viernes voy a la piscina.
c. ✓

2. Der Vergleich

a. Él habla menos idiomas que su mujer.
b. La revista cuesta más que el periódico./ La revista es más cara que el periódico.
c. Yo soy menor que mi hermano.
d. Yo tengo tantos días de vacaciones como tú.

3. Das Personalpronomen

a. Sí, ella ha venido conmigo.
b. Sí, se los he llevado.
c. Si, se la he dado.
d. Sí, se lo he preguntado.

4. Das Adverb

a. Ese viaje es muy caro.
b. Estoy cansado porque he trabajado mucho.
c. Pon los libros aquí, a mi lado.
d. No he estado nunca en América Latina.

5. Das Indefinido

a. Anoche tú no cenaste en casa.
b. ¿A qué hora volvisteis vosotras del cine?
c. El año pasado nosotros estuvimos en Perú.
d. Ellos me pidieron el coche prestado.

6. Perfekt, Indefinido oder Imperfekt?

a. De pequeña iba a menudo al campo.
b. Ayer me quedé en casa todo el día.
c. Este año hemos visitado dos veces a nuestra familia.
d. En el apartamento no había nada para comer.

7. Das Futur

a. ✗ richtig: ¿Tendrás tiempo mañana por la mañana?
b. ✓
c. ✓
d. ✗ richtig: (Ellos) Me dirán algo el mes que viene.

Empfehlung

1–9 Punkte: Sie befinden sich noch am Anfang des Niveaus A2 und sollten alle Themen dieser Niveaustufe nochmals gründlich durcharbeiten.

10–18 Punkte: Gut so! Ihre A2-Kenntnisse sind schon weit gediehen. Bevor Sie sich den B1-Themen zuwenden, sollten Sie jedoch die Themen, die Ihnen Schwierigkeiten bereiten, nochmals anschauen.

19–27 Punkte: Ausgezeichnet. Sie kennen sich mit den Grammatikthemen der Niveaustufe A2 sicher aus und können die Niveaustufe B1 angehen.

Lösungen B1

1. Das Relativpronomen

a. Estos son los señores con quienes he hablado.
b. Los que quieran, pueden entrar ya.
c. La casa cuyo salón me gusta es muy cara.

2. Das Indefinido

a. ¿Oíste algo de lo que decían?
b. No trajimos los CD porque se nos olvidaron.
c. Ayer almorcé en el bar.
d. No creyeron nada de lo que les dijimos.

3. Der Konditional I

a. ✗
b. ✓ Vermutungen in der Vergangenheit
c. ✓ Höfliche Bitten
d. ✓ Ratschläge und Vorschläge

4. Der Subjuntivo Präsens

a. No, no creo que esté en casa.
b. No, no creo que mañana hablemos con el jefe.
c. No, no creo que venga a la fiesta.

5. Der Imperativ

a. ✓
b. ✗ richtig: No se lo preguntes a él.
c. ✓
d. ✗ richtig: Dígaselo hoy mismo.

6. Das Akkusativobjekt

a. ¿Has visto a la secretaria?
b. Estamos buscando una secretaria.
c. ¿Has encontrado algo interesante?
d. No vi a ningún conocido.

7. Die Konjunktion que

a. Creo que se llama Manolo.
b. No creo que (ella) sea española.
c. Sueño con que vuelvas a casa.

8. Die kausale bzw. die temporale Konjunktion

a. Llama a la puerta antes de entrar.
b. Me la compraré cuando esté en rebajas.
c. No he salido pues hace frío.
d. Esperé hasta que me avisaron.

Empfehlung

1–10 Punkte: Sie beherrschen zwar bereits die Niveaus A1 und A2, für die Niveaustufe B1 sollten Sie jedoch nochmals alle relevanten Themen wiederholen.

11–20 Punkte: Prima! Sie haben schon einige B1-Kenntnisse, sollten aber die Themen überarbeiten, die Sie noch nicht sicher beherrschen, ehe Sie die Niveaustufe B2 in Angriff nehmen.

21–29 Punkte: Ausgezeichnet! Sie haben das Niveau B1 im Griff und können nun mit dieser Basis die Niveaustufe B2 angehen.

Lösungen B2

1. Das Adjektiv
a. No ha estudiado y ahora es un triste empleado.
b. Esa es una gran noticia. Me alegro mucho.
c. No había casi nadie y al final no quedó más que un solo oyente.
d. Se trata de una pieza única, no hay otra igual.

2. Der Subjuntivo
a. Te deseo que tengas suerte en tu próximo viaje.
b. Me extraña que ella no pusiera/pusiese la calefacción con el frío que hacía anoche.
c. Es raro que el tren no haya llegado aún, ya tenía que estar aquí.
d. No creo que Mateo en 2009 ya se hubiera/hubiese graduado.

3. Der Subjuntivo im Que-Satz
a. ✗ richtig: Creo que habla 5 idiomas.
b. ✗ richtig: Nos encanta ir al cine.
c. ✗ richtig: Es evidente que no sabe qué hacer.
d. ✓

4. Der Subjuntivo im Temporalsatz
a. Me acostaré en cuanto termine de cenar.
b. Te lo conté cuando me enteré.
c. Pasé a saludarlos antes de que se fueran.
d. Comíamos juntos cada vez que venía a la ciudad.

5. Der Subjuntivo im Konditionalsatz
a. Os lo cuento con tal de que no digáis nada.
b. Habría hecho un viaje si no hubiera/hubiese tenido que trabajar.
c. Llámame en caso de que necesites algo.

6. Der Subjuntivo im Relativsatz
a. ¿Conozco un dentista que es muy bueno?
b. No hay nadie que sepa más de música.
c. Estoy buscando un hotel que sea muy barato.

7. Das Passiv
a. La noticia fue publicada por el periódico "El País".
b. Los ladrones fueron vistos por los vecinos.
c. Los atletas premiados fueron recibidós por el alcalde.

8. Die indirekte Rede
a. Omar dijo el otro día que este año no iba a poder ir/no podría ir a su país.
b. El jefe nos ha pedido esta mañana que le llevemos los documentos esta tarde.
c. Ayer dijimos que mañana iríamos/íbamos a ir a ver la exposición.

Empfehlung

1–9 Punkte: Ihre Kenntnisse der Niveaus A1 bis B1 haben Sie bereits bewiesen. Für die Niveaustufe B2 reicht es jedoch leider noch nicht. Überarbeiten Sie die wichtigen Themen dieses Niveaus gründlich.

10–19 Punkte: Gut so! Das Niveau B2 haben Sie fast in der Tasche. Lediglich einige Themen sollten Sie nochmals anschauen, bevor Sie in die Niveaustufe C1 starten.

20–28 Punkte: Ausgezeichnet! Mit Ihren Kenntnissen der Niveaustufe B2 können Sie sich nun mit den Themen des Niveaus C1 befassen.

Lösungen C1

1. Das Substantiv
a. El coronel ha dado una orden.
b. La capital de Perú es Lima.
c. Le he regalado una cometa a mi hijo.
d. Tiene muchas arrugas en la frente.

2. Die Veränderungsverben
a. Cuando nos vieron se pusieron nerviosos.
b. ¿Vosotros os habéis vuelto locos?
c. Si estudias mucho, llegarás a ser un gran ingeniero.
d. Tras el accidente se quedó cojo.

3. Der Subjuntivo im Konzessivsatz
a. ¿Dices que está lloviendo? Pues aunque esté lloviendo, voy a salir.
b. Tienes que hacerlo quieras o no quieras.
c. No te dirá la verdad así lo tortures.
d. Por muy simpática que sea, a mí no me cae bien.

4. Das Se-Passiv
a. ✗ richtig: Se habla mucho de esos asuntos.
b. ✓
c. ✗ richtig: Se espera a los actores mañana.
d. ✓

5. Die verbale Umschreibung
a. Ya tengo pensado lo que voy a decir.
b. No han parado/pararon de discutir en todo el día.
c. El tren viene a tardar una hora.

6. Die Konjunktion
a. Como no te des prisa, vas a llegar tarde.
b. Estoy muy preocupado, conque avísame si sabes algo.
c. Subí a la montaña aun a sabiendas de que era peligroso.
d. Les asignaron un puesto conforme iban entrando.

7. Die indirekte Frage
a. Dinos por qué estás enfadado.
b. No sé cómo lo voy a hacer.
c. No entiendo qué ha pasado.
d. Dice que está nervioso.

8. Das Akkusativobjekt
a. ✓
b. ✓
c. ✗ richtig: Derribaron el edificio.

Empfehlung

1–10 Punkte: Sie sind zwar weit fortgeschritten, doch die Niveaustufe C1 beherrschen Sie noch nicht ausreichend. Wiederholen Sie alle relevanten Themen.

11–20 Punkte: Gut gemacht! Sie beherrschen die Niveaustufe C1 bis auf wenige Themen, die Sie sich am besten gleich noch einmal anschauen.

21–30 Punkte: Ausgezeichnet! Mit Ihren Kenntnissen der Niveaustufe C1 sind Sie bestens gerüstet, sich die Niveaustufe C2 vorzunehmen.

Lösungen C2

1. Der Elativ

a. Es un manuscrito antiquísimo.
b. El celebérrimo jurisconsulto dará una conferencia mañana.
c. El 5% de la población vive en condiciones paupérrimas.
d. En la Edad Media había condenas a muerte crudelísimas.

2. Der irreale Vergleichssatz

a. ¿Por qué te comportas como si no supieras/supieses de qué te estoy hablando?
b. Cada vez que se encuentran se saludan como si hiciera/hiciese años que no saben nada el uno del otro.
c. Hizo como si no me hubiera/hubiese visto y pasó de largo.

3. Das Relativpronomen

a. ✗ richtig: Ayer vi a tu tía, que/la cual me dijo que se va a Honduras.
b. ✗ richtig: Éste es Arturo, con quien yo compartía piso en la época de estudiante.
c. ✓
d. ✓

4. Die infiniten Verbformen

a. Con llamar, hubiera sido suficiente.
b. Se cayó al entrar.
c. Leída la lección atentamente, no la entendió.
d. Siendo tan suspicaz, no sospechó nada.

5. Die verbale Umschreibung

a. Nada más enterarse se puso/se pusieron a escribir un email a sus allegados.
b. Si no te esfuerzas un poco, acabarás tirándolo todo por la borda.
c. El público rompió a aplaudir antes de que concluyera su actuación.
d. Nos costó mucho pero al final llegamos a ponernos de acuerdo.

6. Die Präposition

a. No te empeñes en cosas absurdas.
b. Se me pinchó una rueda para más inri.
c. No podemos contar con ellos.
d. Es un trasto de niño.

7. Die Konjunktion

a. ✓
b. ✗
c. ✗
d. ✓

8. Die Negation

a. Llegaron no sin retraso.
b. He leído no menos de veinte páginas.
c. Borra lo no correcto.

Empfehlung

1–10 Punkte: Nicht aufgeben, Sie haben bereits fünf Niveaustufen gemeistert. Arbeiten Sie nochmals an den C2-Themen, dann schaffen Sie auch dieses Niveau.

11–20 Punkte: Ausgezeichnet! Sie haben die Niveaustufe C2 fast gemeistert. Widmen Sie sich noch einigen letzten schwachen Themen, dann sind Sie am Ziel.

21–30 Punkte: Gratulation! Mit Ihren Kenntnissen der Niveaustufe C2 sind Sie in der Meisterklasse angelangt.

Unregelmäßige Verben

Bei der folgenden Übersicht werden die unregelmäßigen Personen der jeweiligen Zeitform angegeben. Bildet das Verb die Zeitform regelmäßig, wird nur die erste Person Singular gezeigt.

Infinitiv	Indikativ Präsens	Futur I	Imperfekt	Indefinido
andar *gehen*	yo ando	yo andaré	yo andaba	yo anduve, tú anduviste, él anduvo, nosotros anduvimos, vosotros anduvisteis, ellos anduvieron
caber *hineingehen, passen*	yo quepo, weitere Personen regelmäßig	yo cabré, tú cabrás, él cabrá, nosotros cabremos, vosotros cabréis, ellos cabrán	yo cabía	yo cupe, tu cupiste, él cupo, nosotros cupimos, vosotros cupisteis, ellos cupieron
caer *fallen*	yo caigo, weitere Personen regelmäßig	yo caeré	yo caía	yo caí, tú caíste, él cayó, nosotros caímos, vosotros caísteis, ellos cayeron
conocer *kennen*	yo conozco, weitere Personen regelmäßig	yo conoceré	yo conocía	yo conocí
construir *bauen*	yo construyo, tú construyes, él construye, nosotros construimos, vosotros construís, ellos construyen	yo construiré	yo construía	él construyó, ellos construyeron
dar *geben*	yo doy, tú das, weitere Personen regelmäßig	yo daré, tú darás, él dará, nosotros daremos, vosotros daréis, ellos darán	yo daba	yo di, tú diste, él dio, nosotros dimos, vosotros disteis, ellos dieron
decir *sagen*	yo digo, tú dices, él dice, nosotros decimos, vosotros decís, ellos dicen	yo diré, tú dirás, él dirá, nosotros diremos, vosotros diréis, ellos dirán	yo decía	yo dije, tú dijiste, él dijo, nosotros dijimos, vosotros dijisteis, ellos dijeron

Konditional I	Subjuntivo Präsens	Subjuntivo Imperfekt	Partizip	Gerund
yo andaría	yo ande	yo anduviera yo anduviese	andado	andando
yo cabría, tú cabrías, él cabría, nosotros cabríamos, vosotros cabríais, ellos cabrían	yo quepa, tú quepas, él quepa, nosotros quepamos, vosotros quepáis, ellos quepan	yo cupiera yo cupiese	cabido	cabiendo
yo caería	yo caiga, tú caigas, él caiga, nosotros caigamos, vosotros caigáis, ellos caigan	yo cayera yo cayese	caído	cayendo
yo conocería	yo conozca, tú conozcas, él conozca, nosotros conozcamos, vosotros conozcáis, ellos conozcan	yo conociera yo conociese	conocido	conociendo
yo construiría	yo construya, tú construyas, él construya, nosotros construyamos, vosotros construyáis, ellos construyan	yo construyera yo construyese	construido	construyendo
yo daría	yo dé, él dé	yo diera yo diese	dado	dando
yo diría, tú dirías, él diría, nosotros diríamos, vosotros diríais, ellos dirían	yo diga, tú digas, él diga, nosotros digamos, vosotros digáis, ellos digan	yo dijera yo dijese	dicho	diciendo

Infinitiv	Indikativ Präsens	Futur I	Imperfekt	Indefinido
dormir *schlafen*	yo duermo, tú duermes, él duerme, nosotros dormimos, vosotros dormís, ellos duermen	yo dormiré	yo dormía	él durmió, ellos durmieron
hacer *machen*	yo hago, weitere Personen regelmäßig	yo haré, tú harás, él hará, nosotros haremos, vosotros haréis, ellos harán	yo hacía	yo hice, tú hiciste, él hizo, nosotros hicimos, vosotros hicisteis, ellos hicieron
ir *gehen*	yo voy, tú vas, él va, nosotros vamos, vosotros vais, ellos van	yo iré	yo iba, tú ibas, él iba, nosotros íbamos, vosotros ibais, ellos iban	yo fui, tú fuiste, él fue, nosotros fuimos, vosotros fuisteis, ellos fueron
oír *hören*	yo oigo, tú oyes, él oye, nosotros oímos, vosotros oís, ellos oyen	yo oiré	yo oía	yo oí, tú oíste, él oyó, nosotros oímos, vosotros oísteis, ellos oyeron
oler *riechen*	yo huelo, tú hueles, él huele, nosotros olemos, vosotros oléis, ellos huelen	yo oleré	yo olía	yo olí
pedir *bitten*	yo pido, tú pides, él pide, nosotros pedimos, vosotros pedís, ellos piden	yo pediré	yo pedía	él pidió, ellos pidieron
poner *legen, stellen*	yo pongo, weitere Personen regelmäßig	yo pondré, tú pondrás, él pondrá, nosotros pondremos vosotros pondréis, ellos pondrán	yo ponía	yo puse, tú pusiste, él puso, nosotros pusimos, vosotros pusisteis, ellos pusieron
querer *wollen*	yo quiero, tú quieres, él quiere, nosotros queremos, vosotros queréis, ellos quieren	yo querré, tú querrás, él querrá, nosotros querremos, vosotros querréis, ellos querrán	yo quería	yo quise, tú quisiste, él quiso, nosotros quisimos, vosotros quisisteis, ellos quisieron

Konditional I	Subjuntivo Präsens	Subjuntivo Imperfekt	Partizip	Gerund
yo dormiría	yo duerma, tú duermas, él duerma, nosotros durmamos, vosotros durmáis, ellos duerman	yo durmiera yo durmiese	dormido	durmiendo
yo haría, tú harías, él haría, nosotros haríamos, vosotros haríais, ellos harían	yo haga, tú hagas, él haga, nosotros hagamos, vosotros hagáis, ellos hagan	yo hiciera yo hiciese	hecho	haciendo
yo iría	yo vaya, tú vayas, él vaya, nosotros vayamos, vosotros vayáis, ellos vayan	yo fuera yo fuese	ido	yendo
yo oiría	yo oiga, tú oigas, él oiga, nosotros oigamos, vosotros oigáis, ellos oigan	yo oyera yo oyese	oído	oyendo
yo olería	yo huela, tú huelas, él huela, nosotros olamos, vosotros oláis, ellos huelan	yo oliera yo oliese	olido	oliendo
yo pediría	yo pida, tú pidas, él pida, nosotros pidamos, vosotros pidáis, ellos pidan	yo pidiera yo pidiese	pedido	pidiendo
yo pondría, tú pondrías, él pondría, nosotros pondríamos, vosotros pondríais, ellos pondrían	yo ponga, tú pongas, él ponga, nosotros pongamos, vosotros pongáis, ellos pongan	yo pusiera yo pusiese	puesto	poniendo
yo querría, tú querrías, él querría, nosotros querríamos, vosotros querríais, ellos querrían	yo quiera, tú quieras, él quiera, nosotros queramos, vosotros queráis, ellos quieran	yo quisiera yo quisiese	querido	queriendo

Infinitiv	Indikativ Präsens	Futur I	Imperfekt	Indefinido
saber *wissen*	yo sé, weitere Personen regelmäßig	yo sabré, tú sabrás, él sabrá, nosotros sabremos, vosotros sabréis, ellos sabrán	yo sabía	yo supe, tú supiste, él supo, nosotros supimos, vosotros supisteis, ellos supieron
salir *ausgehen*	yo salgo, weitere Personen regelmäßig	yo saldré, tú saldrás, él saldrá, nosotros saldremos, vosotros saldréis, ellos saldrán	yo salía	yo salí
sentir *fühlen, spüren*	yo siento, tú sientes, él siente, nosotros sentimos, vosotros sentís, ellos sienten	yo sentiré	yo sentía	él sintió, ellos sintieron
tener *haben*	yo tengo, tú tienes, él tiene, nosotros tenemos, vosotros tenéis, ellos tienen	yo tendré, tú tendrás, él tendrá, nosotros tendremos, vosotros tendréis, ellos tendrán	yo tenía	yo tuve, tú tuviste, él tuvo, nosotros tuvimos, vosotros tuvisteis, ellos tuvieron
traer *bringen*	yo traigo, weitere Personen regelmäßig	yo traeré	yo traía	yo traje, tú trajiste, él trajo, nosotros trajimos, vosotros trajisteis, ellos trajeron
venir *kommen*	yo vengo, tú vienes, él viene, nosotros venimos, vosotros venís, ellos vienen	yo vendré, tú vendrás, él vendrá, nosotros vendremos, vosotros vendréis, ellos vendrán	yo venía	yo vine, tú viniste, él vino, nosotros vinimos, vosotros vinisteis, ellos vinieron
ver *sehen*	yo veo, weitere Personen regelmäßig	yo veré	yo veía, tú veías, él veía, nosotros veíamos, vosotros veíais, ellos veían	yo vi

Konditional I	Subjuntivo Präsens	Subjuntivo Imperfekt	Partizip	Gerund
yo sabría, tú sabrías, él sabría, nosotros sabríamos, vosotros sabríais, ellos sabrían	yo sepa, tú sepas, él sepa, nosotros sepamos, vosotros sepáis, ellos sepan	yo supiera yo supiese	sabido	sabiendo
yo saldría, tú saldrías, él saldría, nosotros saldríamos, vosotros saldríais, ellos saldrían	yo salga, tú salgas, él salga, nosotros salgamos, vosotros salgáis, ellos salgan	yo saliera yo saliese	salido	saliendo
yo sentiría	yo sienta, tú sientas, él sienta, nosotros sintamos, vosotros sintáis, ellos sientan	yo sintiera yo sintiese	sentido	sintiendo
yo tendría, tú tendrías, él tendría, nosotros tendríamos, vosotros tendríais, ellos tendrían	yo tenga, tú tengas, él tenga, nosotros tengamos, vosotros tengáis, ellos tengan	yo tuviera yo tuviese	tenido	teniendo
yo traería	yo traiga, tú traigas, él traiga, nosotros traigamos, vosotros traigáis, ellos traigan	yo trajera yo trajese	traído	trayendo
yo vendría, tú vendrías, él vendría, nosotros vendríamos, vosotros vendríais, ellos vendrían	yo venga, tú vengas, él venga, nosotros vengamos, vosotros vengáis, ellos vengan	yo viniera yo viniese	venido	viniendo
yo vería	yo vea, tú veas, él vea, nosotros veamos, vosotros veáis, ellos vean	yo viera yo viese	visto	viendo

Musterkonjugationen

1 ser *sein*

Hilfsverb

Indicativo

Presente	Perfecto	
soy	he	sido
eres	has	sido
es	ha	sido
somos	hemos	sido
sois	habéis	sido
son	han	sido

Imperfecto	Pluscuamperfecto	
era	había	sido
eras	habías	sido
era	había	sido
éramos	habíamos	sido
erais	habíais	sido
eran	habían	sido

Indefinido	Pretérito anterior	
fui	hube	sido
fuiste	hubiste	sido
fue	hubo	sido
fuimos	hubimos	sido
fuisteis	hubisteis	sido
fueron	hubieron	sido

Futuro simple	Futuro compuesto	
seré	habré	sido
serás	habrás	sido
será	habrá	sido
seremos	habremos	sido
seréis	habréis	sido
serán	habrán	sido

Subjuntivo

Presente
sea
seas
sea
seamos
seáis
sean

Imperfecto
fuera/fuese
fueras/fueses
fuera/fuese
fuéramos/fuésemos
fuerais/fueseis
fueran/fuesen

Perfecto	
haya	sido
hayas	sido
haya	sido
hayamos	sido
hayáis	sido
hayan	sido

Pluscuamperfecto	
hubiera/-se	sido
hubieras/-ses	sido
hubiera/-se	sido
hubiéramos/-semos	sido
hubierais/-seis	sido
hubieran/-sen	sido

Condicional

Simple
sería
serías
sería
seríamos
seríais
serían

Compuesto	
habría	sido
habrías	sido
habría	sido
habríamos	sido
habríais	sido
habrían	sido

Imperativo

(tú)	sé
(usted)	sea
(nosotros)	seamos
(vosotros)	sed
(ustedes)	sean

Infinitivo compuesto

haber sido

Gerundio

Simple	Compuesto	
siendo	habiendo	sido

Participio

sido

2 estar *sein, sich befinden*

Hilfsverb

Indicativo

Presente	Perfecto		Imperfecto	Pluscuamperfecto	
estoy	he	estado	estaba	había	estado
estás	has	estado	estabas	habías	estado
está	ha	estado	estaba	había	estado
estamos	hemos	estado	estábamos	habíamos	estado
estáis	habéis	estado	estabais	habíais	estado
están	han	estado	estaban	habían	estado

Indefinido	Pretérito anterior		Futuro simple	Futuro compuesto	
estuve	hube	estado	estaré	habré	estado
estuviste	hubiste	estado	estarás	habrás	estado
estuvo	hubo	estado	estará	habrá	estado
estuvimos	hubimos	estado	estaremos	habremos	estado
estuvisteis	hubisteis	estado	estaréis	habréis	estado
estuvieron	hubieron	estado	estarán	habrán	estado

Subjuntivo

Presente	Imperfecto
esté	estuviera/estuviese
estés	estuvieras/estuvieses
esté	estuviera/estuviese
estemos	estuviéramos/estuviésemos
estéis	estuvierais/estuvieseis
estén	estuvieran/estuviesen

Perfecto		Pluscuamperfecto	
haya	estado	hubiera/-se	estado
hayas	estado	hubieras/-ses	estado
haya	estado	hubiera/-se	estado
hayamos	estado	hubiéramos/-semos	estado
hayáis	estado	hubierais/-seis	estado
hayan	estado	hubieran/-sen	estado

Condicional

Simple	Compuesto	
estaría	habría	estado
estarías	habrías	estado
estaría	habría	estado
estaríamos	habríamos	estado
estaríais	habríais	estado
estarían	habrían	estado

Imperativo

(tú)	está
(usted)	esté
(nosotros)	estemos
(vosotros)	estad
(ustedes)	estén

Infinitivo compuesto

haber estado

Gerundio

Simple	Compuesto	
estando	habiendo	estado

Participio

estado

3 haber *haben*

Hilfsverb

Indicativo

Presente	Perfecto
he	–
has	–
ha	ha habido
hemos	–
habéis	–
han	–

Imperfecto	Pluscuamperfecto
había	–
habías	–
había	había habido
habíamos	–
habíais	–
habían	–

Indefinido	Pretérito anterior
hube	–
hubiste	–
hubo	hubo habido
hubimos	–
hubisteis	–
hubieron	–

Futuro simple	Futuro compuesto
habré	–
habrás	–
habrá	habrá habido
habremos	–
habréis	–
habrán	–

Gerundio

Simple	Compuesto
habiendo	habiendo habido

Subjuntivo

Presente
haya
hayas
haya
hayamos
hayáis
hayan

Imperfecto
hubiera/hubiese
hubieras/hubieses
hubiera/hubiese
hubiéramos/hubiésemos
hubierais/hubieseis
hubieran/hubiesen

Perfecto
–
–
haya habido
–
–
–

Pluscuamperfecto
–
–
hubiera/-se habido
–
–
–

Participio

habido

Condicional

Simple
habría
habrías
habría
habríamos
habríais
habrían

Compuesto
–
–
habría habido
–
–
–

Imperativo

–
–
–
–
–

Infinitivo compuesto

haber habido

4 lavarse *sich waschen*

Reflexives Verb

Indicativo

Presente		Perfecto		
me	lavo	me	he	lavado
te	lavas	te	has	lavado
se	lava	se	ha	lavado
nos	lavamos	nos	hemos	lavado
os	laváis	os	habéis	lavado
se	lavan	se	han	lavado

Imperfecto		Pluscuamperfecto		
me	lavaba	me	había	lavado
te	lavabas	te	habías	lavado
se	lavaba	se	había	lavado
nos	lavábamos	nos	habíamos	lavado
os	lavabais	os	habíais	lavado
se	lavaban	se	habían	lavado

Indefinido		Pretérito anterior		
me	lavé	me	hube	lavado
te	lavaste	te	hubiste	lavado
se	lavó	se	hubo	lavado
nos	lavamos	nos	hubimos	lavado
os	lavasteis	os	hubisteis	lavado
se	lavaron	se	hubieron	lavado

Futuro simple		Futuro compuesto		
me	lavaré	me	habré	lavado
te	lavarás	te	habrás	lavado
se	lavará	se	habrá	lavado
nos	lavaremos	nos	habremos	lavado
os	lavaréis	os	habréis	lavado
se	lavarán	se	habrán	lavado

Subjuntivo

Presente	
me	lave
te	laves
se	lave
nos	lavemos
os	lavéis
se	laven

Imperfecto	
me	lavara/lavase
te	lavaras/lavases
se	lavara/lavase
nos	laváramos/lavásemos
os	lavarais/lavaseis
se	lavaran/lavasen

Perfecto		
me	haya	lavado
te	hayas	lavado
se	haya	lavado
nos	hayamos	lavado
os	hayáis	lavado
se	hayan	lavado

Pluscuamperfecto*		
me	hubiera	lavado
te	hubieras	lavado
se	hubiera	lavado
nos	hubiéramos	lavado
os	hubierais	lavado
se	hubieran	lavado

Condicional

Simple	
me	lavaría
te	lavarías
se	lavaría
nos	lavaríamos
os	lavaríais
se	lavarían

Compuesto		
me	habría	lavado
te	habrías	lavado
se	habría	lavado
nos	habríamos	lavado
os	habríais	lavado
se	habrían	lavado

Imperativo

(tú)	lávate
(usted)	lávese
(nosotros)	lavémonos
(vosotros)	lavaos
(ustedes)	lávense

Infinitivo compuesto

haberse lavado

Gerundio

Simple	Compuesto
lavándose	habiéndose lavado

Participio

–

*(Alternativformen: me hubiese, te hubieses, se hubiese, nos hubiésemos, os hubieseis, se hubiesen lavado)

5 ser recibido *empfangen werden*

Passiv

Indicativo

Presente

soy	recibido
eres	recibido
es	recibido
somos	recibidos
sois	recibidos
son	recibidos

Perfecto

he	sido	recibido
has	sido	recibido
ha	sido	recibido
hemos	sido	recibidos
habéis	sido	recibidos
han	sido	recibidos

Imperfecto

era	recibido
eras	recibido
era	recibido
éramos	recibidos
erais	recibidos
eran	recibidos

Pluscuamperfecto

había	sido	recibido
habías	sido	recibido
había	sido	recibido
habíamos	sido	recibidos
habíais	sido	recibidos
habían	sido	recibidos

Indefinido

fui	recibido
fuiste	recibido
fue	recibido
fuimos	recibidos
fuisteis	recibidos
fueron	recibidos

Pretérito anterior

hube	sido	recibido
hubiste	sido	recibido
hubo	sido	recibido
hubimos	sido	recibidos
hubisteis	sido	recibidos
hubieron	sido	recibidos

Futuro simple

seré	recibido
serás	recibido
será	recibido
seremos	recibidos
seréis	recibidos
serán	recibidos

Futuro compuesto

habré	sido	recibido
habrás	sido	recibido
habrá	sido	recibido
habremos	sido	recibidos
habréis	sido	recibidos
habrán	sido	recibidos

Subjuntivo

Presente

sea	recibido
seas	recibido
sea	recibido
seamos	recibidos
seáis	recibidos
sean	recibidos

Imperfecto

fuera/-se	recibido
fueras/-ses	recibido
fuera/-se	recibido
fuéramos/-semos	recibidos
fuerais/-seis	recibidos
fueran/-sen	recibidos

Perfecto

haya	sido	recibido
hayas	sido	recibido
haya	sido	recibido
hayamos	sido	recibidos
hayáis	sido	recibidos
hayan	sido	recibidos

Pluscuamperfecto*

hubiera	sido	recibido
hubieras	sido	recibido
hubiera	sido	recibido
hubiéramos	sido	recibidos
hubierais	sido	recibidos
hubieran	sido	recibidos

Condicional

Simple

sería	recibido
serías	recibido
sería	recibido
seríamos	recibidos
seríais	recibidos
serían	recibidos

Compuesto

habría	sido	recibido
habrías	sido	recibido
habría	sido	recibido
habríamos	sido	recibidos
habríais	sido	recibidos
habrían	sido	recibidos

Imperativo

(tú)	sé	recibido
(usted)	sea	recibido
(nosotros)	seamos	recibidos
(vosotros)	sed	recibidos
(ustedes)	sean	recibidos

Infinitivo compuesto

haber sido recibido

Gerundio

Simple

siendo recibido

Compuesto

habiendo sido recibido

Participio

sido recibido

* (Alternativformen: hubiese, hubieses, hubiese, hubiésemos, hubieseis, hubiesen sido recibido(s))

6 cantar *singen*

Regelmäßiges Verb der 1. Konjugation auf -ar

Indicativo

Presente	Perfecto	
cant**o**	he	cantado
cant**as**	has	cantado
cant**a**	ha	cantado
cant**amos**	hemos	cantado
cant**áis**	habéis	cantado
cant**an**	han	cantado

Imperfecto	Pluscuamperfecto	
cant**aba**	había	cantado
cant**abas**	habías	cantado
cant**aba**	había	cantado
cant**ábamos**	habíamos	cantado
cant**abais**	habíais	cantado
cant**aban**	habían	cantado

Indefinido	Pretérito anterior	
cant**é**	hube	cantado
cant**aste**	hubiste	cantado
cant**ó**	hubo	cantado
cant**amos**	hubimos	cantado
cant**asteis**	hubisteis	cantado
cant**aron**	hubieron	cantado

Futuro simple	Futuro compuesto	
cantar**é**	habré	cantado
cantar**ás**	habrás	cantado
cantar**á**	habrá	cantado
cantar**emos**	habremos	cantado
cantar**éis**	habréis	cantado
cantar**án**	habrán	cantado

Subjuntivo

Presente
cant**e**
cant**es**
cant**e**
cant**emos**
cant**éis**
cant**en**

Imperfecto
cant**ara**/cant**ase**
cant**aras**/cant**ases**
cant**ara**/cant**ase**
cant**áramos**/cant**ásemos**
cant**arais**/cant**aseis**
cant**aran**/cant**asen**

Perfecto	
haya	cantado
hayas	cantado
haya	cantado
hayamos	cantado
hayáis	cantado
hayan	cantado

Pluscuamperfecto	
hubiera/-se	cantado
hubieras/-ses	cantado
hubiera/-se	cantado
hubiéramos/-semos	cantado
hubierais/-seis	cantado
hubieran/-sen	cantado

Condicional

Simple
cantar**ía**
cantar**ías**
cantar**ía**
cantar**íamos**
cantar**íais**
cantar**ían**

Compuesto	
habría	cantado
habrías	cantado
habría	cantado
habríamos	cantado
habríais	cantado
habrían	cantado

Imperativo

(tú)	cant**a**
(usted)	cant**e**
(nosotros)	cant**emos**
(vosotros)	cant**ad**
(ustedes)	cant**en**

Infinitivo compuesto

haber cantado

Gerundio

Simple	Compuesto
cant**ando**	habiendo cantado

Participio

cant**ado**

7 comer *essen*

Regelmäßiges Verb der 2. Konjugation auf **-er**

Indicativo

Presente	Perfecto	
com**o**	he	comido
com**es**	has	comido
com**e**	ha	comido
com**emos**	hemos	comido
com**éis**	habéis	comido
com**en**	han	comido

Imperfecto	Pluscuamperfecto	
com**ía**	había	comido
com**ías**	habías	comido
com**ía**	había	comido
com**íamos**	habíamos	comido
com**íais**	habíais	comido
com**ían**	habían	comido

Indefinido	Pretérito anterior	
com**í**	hube	comido
com**iste**	hubiste	comido
com**ió**	hubo	comido
com**imos**	hubimos	comido
com**isteis**	hubisteis	comido
com**ieron**	hubieron	comido

Futuro simple	Futuro compuesto	
comer**é**	habré	comido
comer**ás**	habrás	comido
comer**á**	habrá	comido
comer**emos**	habremos	comido
comer**éis**	habréis	comido
comer**án**	habrán	comido

Gerundio

Simple	Compuesto
com**iendo**	habiendo comido

Subjuntivo

Presente

com**a**
com**as**
com**a**
com**amos**
com**áis**
com**an**

Imperfecto

comie**ra**/comie**se**
comie**ras**/comie**ses**
comie**ra**/comie**se**
comié**ramos**/comié**semos**
comie**rais**/comie**seis**
comie**ran**/comie**sen**

Perfecto	
haya	comido
hayas	comido
haya	comido
hayamos	comido
hayáis	comido
hayan	comido

Pluscuamperfecto	
hubiera/-se	comido
hubieras/-ses	comido
hubiera/-se	comido
hubiéramos/-semos	comido
hubierais/-seis	comido
hubieran/-sen	comido

Participio

com**ido**

Condicional

Simple

comer**ía**
comer**ías**
comer**ía**
comer**íamos**
comer**íais**
comer**ían**

Compuesto	
habría	comido
habrías	comido
habría	comido
habríamos	comido
habríais	comido
habrían	comido

Imperativo

(tú)	com**e**
(usted)	com**a**
(nosotros)	com**amos**
(vosotros)	com**ed**
(ustedes)	com**an**

Infinitivo compuesto

haber comido

8 partir *teilen, brechen, abreisen*

Regelmäßiges Verb der 3. Konjugation auf -ir

Indicativo

Presente	Perfecto	
part**o**	he	partido
part**es**	has	partido
part**e**	ha	partido
part**imos**	hemos	partido
part**ís**	habéis	partido
part**en**	han	partido

Imperfecto	Pluscuamperfecto	
part**ía**	había	partido
part**ías**	habías	partido
part**ía**	había	partido
part**íamos**	habíamos	partido
part**íais**	habíais	partido
part**ían**	habían	partido

Indefinido	Pretérito anterior	
part**í**	hube	partido
part**iste**	hubiste	partido
part**ió**	hubo	partido
part**imos**	hubimos	partido
part**isteis**	hubisteis	partido
part**ieron**	hubieron	partido

Futuro simple	Futuro compuesto	
partir**é**	habré	partido
partir**ás**	habrás	partido
partir**á**	habrá	partido
partir**emos**	habremos	partido
partir**éis**	habréis	partido
partir**án**	habrán	partido

Subjuntivo

Presente

part**a**
part**as**
part**a**
part**amos**
part**áis**
part**an**

Imperfecto

partie**ra**/partie**se**
partie**ras**/partie**ses**
partie**ra**/partie**se**
partié**ramos**/partié**semos**
partie**rais**/partie**seis**
partie**ran**/partie**sen**

Perfecto	
haya	partido
hayas	partido
haya	partido
hayamos	partido
hayáis	partido
hayan	partido

Pluscuamperfecto	
hubiera/-se	partido
hubieras/-ses	partido
hubiera/-se	partido
hubiéramos/-semos	partido
hubierais/-seis	partido
hubieran/-sen	partido

Condicional

Simple

partir**ía**
partir**ías**
partir**ía**
partir**íamos**
partir**íais**
partir**ían**

Compuesto	
habría	partido
habrías	partido
habría	partido
habríamos	partido
habríais	partido
habrían	partido

Imperativo

(tú)	part**e**
(usted)	part**a**
(nosotros)	part**amos**
(vosotros)	parti**d**
(ustedes)	part**an**

Infinitivo compuesto

haber partido

Gerundio

Simple

part**iendo**

Compuesto

habiendo partido

Participio

part**ido**

9 empezar *beginnen*

1. Konjugation
-e → -ie, -z → -c

Indicativo

Presente	Perfecto	
empiezo	he	empezado
empiezas	has	empezado
empieza	ha	empezado
empezamos	hemos	empezado
empezáis	habéis	empezado
empiezan	han	empezado

Imperfecto	Pluscuamperfecto	
empezaba	había	empezado
empezabas	habías	empezado
empezaba	había	empezado
empezábamos	habíamos	empezado
empezabais	habíais	empezado
empezaban	habían	empezado

Indefinido	Pretérito anterior	
empecé	hube	empezado
empezaste	hubiste	empezado
empezó	hubo	empezado
empezamos	hubimos	empezado
empezasteis	hubisteis	empezado
empezaron	hubieron	empezado

Futuro simple	Futuro compuesto	
empezaré	habré	empezado
empezarás	habrás	empezado
empezará	habrá	empezado
empezaremos	habremos	empezado
empezaréis	habréis	empezado
empezarán	habrán	empezado

Subjuntivo

Presente
empiece
empieces
empiece
empecemos
empecéis
empiecen

Imperfecto
empezara/empezase
empezaras/empezases
empezara/empezase
empezáramos/empezásemos
empezarais/empezaseis
empezaran/empezasen

Perfecto	
haya	empezado
hayas	empezado
haya	empezado
hayamos	empezado
hayáis	empezado
hayan	empezado

Pluscuamperfecto	
hubiera/-se	empezado
hubieras/-ses	empezado
hubiera/-se	empezado
hubiéramos/-semos	empezado
hubierais/-seis	empezado
hubieran/-sen	empezado

Condicional

Simple
empezaría
empezarías
empezaría
empezaríamos
empezaríais
empezarían

Compuesto	
habría	empezado
habrías	empezado
habría	empezado
habríamos	empezado
habríais	empezado
habrían	empezado

Imperativo

(tú)	empieza
(usted)	empiece
(nosotros)	empecemos
(vosotros)	empezad
(ustedes)	empiecen

Infinitivo compuesto

haber empezado

Gerundio

Simple
empezando

Compuesto
habiendo empezado

Participio

empezado

(10) poder *können*

2. Konjugation
o → ue

Indicativo

Presente	Perfecto	
puedo	he	podido
puedes	has	podido
puede	ha	podido
podemos	hemos	podido
podéis	habéis	podido
pueden	han	podido

Imperfecto	Pluscuamperfecto	
podía	había	podido
podías	habías	podido
podía	había	podido
podíamos	habíamos	podido
podíais	habíais	podido
podían	habían	podido

Indefinido	Pretérito anterior	
pude	hube	podido
pudiste	hubiste	podido
pudo	hubo	podido
pudimos	hubimos	podido
pudisteis	hubisteis	podido
pudieron	hubieron	podido

Futuro simple	Futuro compuesto	
podré	habré	podido
podrás	habrás	podido
podrá	habrá	podido
podremos	habremos	podido
podréis	habréis	podido
podrán	habrán	podido

Subjuntivo

Presente
pueda
puedas
pueda
podamos
podáis
puedan

Imperfecto
pudiera/pudiese
pudieras/pudieses
pudiera/pudiese
pudiéramos/pudiésemos
pudierais/pudieseis
pudieran/pudiesen

Perfecto	
haya	podido
hayas	podido
haya	podido
hayamos	podido
hayáis	podido
hayan	podido

Pluscuamperfecto	
hubiera/-se	podido
hubieras/-ses	podido
hubiera/-se	podido
hubiéramos/-semos	podido
hubierais/-seis	podido
hubieran/-sen	podido

Condicional

Simple
podría
podrías
podría
podríamos
podríais
podrían

Compuesto	
habría	podido
habrías	podido
habría	podido
habríamos	podido
habríais	podido
habrían	podido

Imperativo

(tú)	puede
(usted)	pueda
(nosotros)	podamos
(vosotros)	poded
(ustedes)	puedan

Infinitivo compuesto

haber podido

Gerundio

Simple	Compuesto
pudiendo	habiendo podido

Participio

podido

Verben mit Präposition

Die folgende Liste enthält häufig verwendete Verb-Präposition-Kombinationen, die als feste Verbindung bestehen.

▸ empezar **a** .... Ha empezado a llover.
anfangen zu — *Es hat angefangen zu regnen.*

acordarse **de** .... No me acuerdo de nada.
sich erinnern an — *Ich kann mich an nichts erinnern.*

acostumbrarse **a** .... Nos hemos acostumbrado a vuestra compañía.
sich gewöhnen an — *Wir haben uns an eure Gesellschaft gewöhnt.*

alegrarse **de** .... Me alegro de tu visita.
sich freuen auf/über — *Ich freue mich auf/über deinen Besuch.*

avergonzarse **de** .... Me avergüenzo de ti.
sich schämen für — *Ich schäme mich für dich.*

▸ comenzar **a** .... Comencé a trabajar hace dos meses.
anfangen zu — *Ich habe vor zwei Monaten angefangen zu arbeiten.*

confiar **en** .... No puedo confiar en él.
sich verlassen auf, trauen — *Ich kann mich nicht auf ihn verlassen.*

confundirse **de** .... Me he confundido de calle.
sich irren in, verwechseln — *Ich habe mich in der Straße geirrt.*

componerse **de** .... La casa se compone de tres habitaciones, cocina y baño.
bestehen aus, sich zusammensetzen aus — *Das Haus besteht aus drei Zimmern, Küche und Badezimmer.*

concentrarse **en** .... No puedo concentrarme en el trabajo.
sich konzentrieren auf — *Ich kann mich nicht auf die Arbeit konzentrieren.*

constar **de** .... El libro consta de 26 capítulos.
bestehen aus, sich zusammensetzen aus — *Das Buch besteht aus 26 Kapiteln.*

contestar **a** .... No quiero contestar a eso.
antworten auf — *Ich will nicht darauf antworten.*

▸ **dudar de** ¿Dudas de mí?
zweifeln an *Zweifelst du an mir?*

▸ **empeñarse en** ¿Por qué os empeñáis en ese viaje?
bestehen auf *Warum besteht ihr auf dieser Reise?*

enamorarse de Él se enamoró de sus ojos.
sich verlieben in *Er hat sich in ihre Augen verliebt.*

enfadarse con Les conté la verdad y se enfadaron conmigo.
böse werden auf, sich ärgern über *Ich erzählte ihnen die Wahrheit und sie wurden böse auf mich.*

equivocarse de Perdone, me he equivocado de número.
sich irren in, verwechseln *Entschuldigen Sie, ich habe mich verwählt.*

▸ **obligar a** Estoy obligada a hacerlo.
zwingen zu *Ich bin dazu gezwungen, es zu tun.*

oler a Huele a café.
riechen nach *Es riecht nach Kaffee.*

▸ **participar de** Participan de una gran fortuna.
Anteil haben an, sich beteiligen an *Sie haben Anteil an einem großen Vermögen.*

participar en Hemos participado en un concurso.
teilnehmen an *Wir haben an einem Wettbewerb teilgenommen.*

pensar en Pensáis a menudo en vuestra familia.
denken an *Ihr denkt sehr oft an eure Familie.*

pertenecer a Ese cuadro pertenece a la colección del museo.
gehören zu *Dieses Bild gehört zur Museumskollektion.*

preguntar por Un señor ha preguntado por ti varias veces esta mañana.
fragen nach *Ein Herr hat heute Vormittag mehrmals nach dir gefragt.*

▸ **quejarse de** Se han quejado de la comida.
sich beschweren über *Sie haben sich über das Essen beschwert.*

▸ **referirse a** La crítica se refiere a nuestro trabajo.
sich beziehen auf *Die Kritik bezieht sich auf unsere Arbeit.*

reírse **de** .... ¿De qué os reís?
lachen über, sich lustig machen über — *Worüber lacht ihr?*

renunciar **a** .... Han renunciado al proyecto.
verzichten auf — *Sie haben auf das Projekt verzichtet.*

responder **a** .... No habéis respondido a mi pregunta.
antworten auf — *Ihr habt nicht auf meine Frage geantwortet.*

responder **de** .... Cada uno responde de sus actos.
verantwortlich sein für; haften für — *Jeder ist für sein Verhalten verantwortlich.*

responder **por** .... Yo responderé por ti si pasa algo.
bürgen für, sich verantworten für — *Ich werde für dich bürgen, falls etwas geschieht.*
Tienen que responder por los delitos que han cometido.
Sie müssen sich für die Verbrechen, die sie begangen haben, verantworten.

▸ saber **a** .... Este postre sabe a vainilla.
schmecken nach — *Dieses Dessert schmeckt nach Vanille.*

sustituir **por** .... Tenemos que sustituir el ordenador por uno nuevo.
ersetzen durch — *Wir müssen den Computer durch einen neuen ersetzen.*

▸ tratar **de** .... Trata de tranquilizarte.
versuchen zu — *Versuch dich zu beruhigen.*

Die folgenden Verben werden im Spanischen mit Präposition gebraucht, im Deutschen hingegen ohne:

▸ arrepentirse **de** .... No me arrepiento de nada.
bereuen — *Ich bereue nichts.*

▸ cambiar(se) **de** .... He cambiado de opinión.
wechseln, ändern, umziehen — *Ich habe meine Meinung geändert.*
Nos hemos cambiado de casa.
Wir sind umgezogen.

carecer **de** .... Carecemos de dinero suficiente.
nicht haben, entbehren — *Wir haben nicht genügend Geld.*

casarse **con** .... Se casó con su novio.
heiraten — *Sie hat ihren Freund geheiratet.*

▸ dedicar(se) **a** .... Dedicaron toda su vida a la Medicina.
(sich) widmen — *Sie haben ihr ganzes Leben der Medizin gewidmet.*

desconfiar **de** .... ¿Por qué desconfías de nosotras?
misstrauen — *Warum misstraust du uns?*

disfrutar **con** .... Hemos disfrutado con el concierto.
genießen — *Wir haben das Konzert genossen.*

disfrutar **de** .... Disfrutan de mucho tiempo libre.
haben — *Sie haben viele Freizeit.*

▸ encontrarse **con** .... Nos hemos encontrado con Alejandro cuando salíamos del cine.
begegnen — *Wir sind Alejandro begegnet, als wir aus dem Kino kamen.*

▸ fiarse **de** .... No se fían de nadie.
trauen — *Sie trauen niemandem.*

▸ jugar **a** .... Me encanta jugar al ajedrez.
spielen — *Ich liebe es, Schach zu spielen.*

▸ influir **en** .... Tus consejos han influido en mi decisión.
beeinflussen — *Deine Ratschläge haben meine Entscheidung beeinflusst.*

▸ quedarse **con** .... Te puedes quedar con el periódico.
behalten — *Du kannst die Zeitung behalten.*

▸ olvidarse **de** .... No me he olvidado de mis amigos.
vergessen — *Ich habe meine Freunde nicht vergessen.*

▸ seguir **a** .... Los periodistas siguieron al cantante.
folgen — *Die Journalisten folgten dem Sänger.*

Verben, die im Gegensatz zum Deutschen im Spanischen ohne Präposition gebraucht werden:

▸ aconsejar .... Os aconsejo prudencia.
raten zu — *Ich rate euch zur Vorsicht.*

agradecer .... Te agradezco tu ayuda.
danken für — *Ich danke dir für deine Hilfe.*

▸ **esperar** .... *warten auf, hoffen auf*	**Estoy esperando una respuesta.** *Ich warte auf eine Antwort.* **Esperamos que lleguen tiempos mejores.** *Wir hoffen auf bessere Zeiten.*
▸ **faltar** .... *mangeln an*	**En el país faltan medicinas.** *Im Land mangelt es an Medizinen*
▸ **indicar** .... *hinweisen auf, deuten auf*	**Las señales indican una mejora de la situación.** *Die Zeichen deuten auf eine Verbesserung der Lage.*
invadir .... *einfallen in, eindringen in*	**Tú no puedes invadir nuestra vida privada.** *Du kannst nicht in unser Privatleben eindringen.*
▸ **pedir** .... *bitten um*	**Tengo que pediros un favor.** *Ich muss euch um einen Gefallen bitten.*
pulsar .... *drücken auf*	**¡Pulse el botón verde!** *Drücken Sie auf den grünen Knopf!*
▸ **recomendar** .... *raten zu*	**Os recomiendo paciencia.** *Ich rate euch zur Geduld.*
recordar .... *sich erinnern an*	**No puedo recordar su nombre.** *Ich kann mich nicht an seinen Namen erinnern.*
▸ **señalar** .... *zeigen auf, deuten auf*	**Señalaron la puerta con la mano.** *Sie haben mit der Hand auf die Tür gezeigt.*
solicitar .... *sich bewerben um, beantragen, nachsuchen um*	**¿Has solicitado el empleo?** *Hast du dich um die Stelle beworben?*
sufrir (de) .... *leiden unter*	**Él sufre (de) fuertes dolores de estómago.** *Er leidet unter starken Magenschmerzen.* Aber: **Él sufre del estomago.** *Er hat es mit dem Magen zu tun.*

Sachregister

Quellennachweis

S. 32: Cervantes Saavedra, Miguel de: ***El Ingenioso Hidalgo Don Quijote de la Mancha***, Colección Biblioteca IV Centenario, Editorial Espasa Calpe 2003, S. 453

S. 42: Calderón de la Barca, Pedro: ***La vida es sueño***, Colección Milenium, las 100 joyas del milenio, El Mundo, Unidad Editorial 1999, S. 88

S. 52: Bécquer, Gustavo Adolfo: ***Rimas***, Rima XXXVIII, Editorial Castalia 1983, S. 82

S. 62: Alemán, Mateo: ***Guzmán de Alfarache***, Colección Letras Hispánicas, Editorial Cátedra 1987–2008, S. 155

S. 70: Larra, Mariano José de: ***Artículos de costumbres***, Edición Luis-F. Díaz Larios, Editorial Espasa-Calpe 1998, S. 158

S. 80: Vives, Juan Luis, in: Silvia López Cabezas, ***Citas empresariales***, Esic Editorial 2001, S. 97

S. 90: Nervo, Amado: ***La última luna***, S. 41, (21.10.2009), www.amadonervo.net/poesia_dispersa/poesianr.html, (8.09.2009)

S. 100: San Martín, José Zorrilla de, in: Silvia López Cabezas, ***Citas empresariales***, Esic Editorial 2001, S. 30

S. 108: Campoamor, Ramón de: ***Fábulas***, Fábula CLXX:XIX, (7.09.2009), www.cervantesvirtual.com./servlet/SirveObras/09258330999892739647857/index.html/(21.10.2009)

S. 118: Gracián, Baltasar: ***Oráculo manual y arte de prudencia***, aforismo 276, Biblioteca de autores españoles, Ediciones Atlas 1969

S. 128: Nebrija, Antonio de: ***Gramática de la lengua castellana,*** Prólogo, (24.10.2009), http://antoniodenebrija.org/prologo.html, (22.10.2009)

S. 138: Avellaneda, Nicolás de, in: Juan Manuel Pérez Suárez, Cruzana Plata de Tamayo: ***Manual de expresión escrita***, Universidad de Medellín 2006, S. 24

S. 148: Ramón y Cajal, Santiago, in: Biografía y curiosidades sobre Santiago Ramón y Cajal, (21.08.2009), http://www.cesramonycajal.com, (11.09.09)

S. 158: Lorca, Federico García, in: Eutimio Martín: ***Sobre un libro de versos: el primer manifiesto poético de Federico García Lorca***, in: Anales de literatura española (publicación periódica) n. 4, 1985, Universidad de Alicante, S. 246

S. 166: Vega y Carpio, Lope de, in: Biografía y citas de Lope de Vega y Carpio, http://www.mundocitas.com/autor/Félix/Lope+De+Vega, (21.08.2009)

S. 176: Alfonso X el Sabio: Citas sobre Alfonso X el Sabio, (5.03.2009), http://es.wikiquote.org/wiki/Alfonso_X_el_Sabio, (21.08.2009)

S. 186: Darío, Rubén: Citas sobre Rubén Darío, (6.03.2009), http://es.wikiquote.org//wiki/Ruben_Dario, (21.08.2009)

S. 194: Llull, Ramon: ***Libre de mil proverbis***, (17.10.2009), http://www.cervantesvirtual.com/servlet/SirveObras/09253852199847262977857/p0000001.htm, (27.10.2009)

S. 202: Rojas, Fernando de: ***La Celestina***, Salvat Editores 1995, S. 92

S. 210: Alfonso V el Magnánimo: Citas sobre Alfonso V el Magnánimo, (17.10.2009), http://www.biografica.info/biografia-de-alfonso-v-el-magnanimo-72, (27.10.2009)

S. 220: Martí, José: Artículo publicado en La nación, Buenos Aires, 1 de enero de 1887. Obras Completas de José Martí, volumen 11, (6.10.2009), http://bibliotecavirtual.clacso.org.ar/ar/libros/marti/marti.html, (27.10.2009)

S. 230: Quevedo, Francisco de: ***El mundo de por dentro***, Homo Legens: Los mejores textos en prosa de Francisco de Quevedo, Bibliotheca Homo Legens, Homo Legens 2006, S. 266

S. 240: Azaña, Manuel: Del discurso pronunciado por D. Manuel Azaña el 28.9.1930, http://www.ciere.org/CUADERNOS/Art%2055/Republicanismo.htm, (3.10.2009)

S. 246: Averroes, in: Edmond Chediak Atic: ***Tres médicos árabes: Rhases, Averroes, Avicena***, Academia Nacional de Medicina 2007, S. 90

S. 254: Machado, Antonio: ***Proverbios y cantares***, El País, Clásicos del siglo XX, Diario El País 2003, S. 16–17

S. 262: Anonymus: Citas y frases célebres (27.10.2009), www.sabidurias.com, (19.10.2009)